汽车美容与装饰

主　编　房宏威　尹永福　李臣华
副主编　贾燕红　贺翠华　汤少岩
　　　　胡克晓　孙　华

北京理工大学出版社
BEIJING INSTITUTE OF TECHNOLOGY PRESS

内 容 简 介

"汽车美容与装饰"作为职业院校汽车类专业课程，以汽车后市场热点问题为依托，培养汽车服务领域技能型人才。本书主要包括汽车美容装饰认知、汽车清洁护理、汽车漆面美容护理、汽车贴膜操作、汽车装饰操作、底盘装饰护理和安全辅助装置加装七个项目，详细介绍了汽车美容装饰服务认知、汽车美容装饰工具认知，车身外部清洁护理、汽车内饰清洁护理，漆面缺陷治理、漆面打蜡上光、漆面封釉护理、漆面镀膜处理，汽车玻璃贴膜操作、车身改色贴膜操作，汽车内部装饰操作、汽车外部装饰操作，安装底盘装甲、汽车轮胎养护，安装倒车雷达与影像和安装车载导航仪。本书可以作为高等院校、高职院校汽车改装课程的教学用书，也可以为汽车美容与维修从业人员和广大汽车美容与装饰爱好者提供参考。

图书在版编目（CIP）数据

汽车美容与装饰 / 房宏威，尹永福，李臣华主编
. --北京：北京理工大学出版社，2023.5
ISBN 978 - 7 - 5763 - 2310 - 8

Ⅰ.①汽… Ⅱ.①房…②尹…③李… Ⅲ.①汽车—车辆保养—高等职业教育—教材 Ⅳ.①U472

中国国家版本馆 CIP 数据核字（2023）第 071327 号

出版发行 / 北京理工大学出版社有限责任公司
社　　址 / 北京市海淀区中关村南大街 5 号
邮　　编 / 100081
电　　话 / （010）68914775（总编室）
　　　　　　（010）82562903（教材售后服务热线）
　　　　　　（010）68944723（其他图书服务热线）
网　　址 / http://www.bitpress.com.cn
经　　销 / 全国各地新华书店
印　　刷 / 河北盛世彩捷印刷有限公司
开　　本 / 787 毫米 ×1092 毫米　1/16
印　　张 / 16
字　　数 / 376 千字
版　　次 / 2023 年 5 月第 1 版　2023 年 5 月第 1 次印刷
定　　价 / 79.00 元

责任编辑 / 时京京
文案编辑 / 时京京
责任校对 / 刘亚男
责任印制 / 李志强

前　言

  我国汽车工业快速发展，汽车保有量不断增加。二十大报告指出，要加快发展方式绿色转型，保持国民经济的可持续发展，一种新兴的服务模式——汽车美容进入我国。同时，国务院印发《国家职业教育改革实施方案》提出的"1＋X"证书制度试点工作，对汽车美容与装饰有了很多新项目教学的要求。广大职业院校及从事汽车美容与装饰行业的人员亟须内容生动、实用性强的图书，以供学习和参考。为此，笔者将新法规、新知识、新技术、新工艺、新装备、新案例有效融合，编写此书。

  本书打破传统的教材编写模式，力求在编写风格和表达形式方面有所突破，充分体现"项目导向、任务驱动"的教学理念，通过构建具体的工作任务作为学生学习的切入点，促使学生主动学习，从而达到"教中做、做中学、学中练"的目的，全面提升学生解决问题的实战经验和能力。

  本书根据最新资料编写，所有学习任务都是来自汽车美容与装饰企业的一线维修案例。本书内容引入国家技能大赛操作规范，并与"1＋X"职业技能等级标准对接，在知识目标和能力目标中对相关内容进行了要求。每个工作任务后都有习题用于巩固所学知识，并对每个任务配备了单独的任务工单，方便学生的实践操作和教师的实训教学。

  本书由烟台汽车工程职业学院的房宏威、尹永福和李臣华担任主编，由烟台汽车工程职业学院的贾燕红、贺翠华、汤少岩和山东技师学院胡克晓、山东城市服务职业学院孙华担任副主编，其他参与编写工作的还有杨波、李世霖、高翠翠、张海彬、林沐杰、杨梅、付文宇、谭福松等。具体分工如下：项目一由贾燕红、孙华编写，项目二由房宏威、胡克晓编写，项目三由房宏威、李臣华编写，项目四由尹永福、李世霖编写，项目五由贺翠华、汤少岩编写，项目六由杨波、李世霖编写，项目七由付文宇、杨梅编写。全书由烟台汽车工程职业学院白秀秀主审。

  本书在编写过程中参考了大量的书籍，并借鉴了汽车维修手册和相关培训资料，谨在此向其作者及资料提供者表示深切的谢意。由于编者水平有限，书中难免有待商榷之处，敬请广大读者批评指正。

编　者

前　言

目　录

项目一　汽车美容与装饰认知

 项目描述

　　在从事汽车美容与装饰服务工作中，工作人员经常会遇到客户关于汽车美容与装饰基本知识的咨询，需要向客户解释说明。能够熟悉了解汽车美容与装饰的相关作业项目，是汽车美容人员一项基本职业能力的要求。本项目与1+X技能等级考核证书制度"汽车美容装饰与加装改装服务技术"中相关模块对接，主要对汽车美容与装饰基础知识进行学习，主要包括汽车美容与装饰认知、汽车美容与装饰工具认知等任务。

 学习目标

能力目标	知识目标	素养目标	权重
1. 能描述汽车美容与装饰的发展历程 2. 能说出汽车美容与装饰的定义和原则 3. 能为客户推荐合适的汽车美容与装饰项目	1. 掌握汽车美容与装饰的定义与原则 2. 掌握汽车美容与装饰行业的发展现状与前景 3. 掌握汽车美容与装饰的作业项目 4. 掌握汽车美容与装饰注意事项	1. 能够在工作过程中与小组其他成员合作、交流，养成团队合作意识，锻炼沟通能力 2. 养成7S的工作习惯 3. 养成服从管理、规范作业的良好工作习惯 4. 培养工匠精神，关怀客户切身利益	30%

续表

能力目标	知识目标	素养目标	权重
1. 能够精准指出汽车具体部位的美容与装饰项目 2. 能选用正确的汽车美容与装饰的工具与设备进行相关作业	1. 掌握汽车基本构造知识 2. 掌握汽车美容与装饰的工具与设备	1. 提高与时俱进、不断学习的意识 2. 增强诚信意识	60%
运用知识分析案例，并指定美容装饰方案			10%

任务1　汽车美容与装饰服务认知

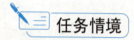 **任务情境**

任务描述

一辆客户新买了一辆小轿车爱不释手，想要给全车进行美容与装饰作业，请你帮忙推荐适合的项目。

任务提示

根据任务要求，需要了解汽车美容与装饰的定义与原则，还需要知道汽车美容与装饰的作业项目，并能够在了解客户真实需求后为客户推荐合适的美容项目并解答客户的疑问。

 必备知识

一、汽车美容与装饰的定义

1. 汽车美容的定义

汽车美容是指根据汽车不同材质部位所需的美容护理需求，专业技术人员在专业场地内运用专业设备、专业工具、专业产品和专业施工工艺，对汽车进行专业的保养护理，达到"旧车焕新颜，新车保颜值"的效果。

汽车美容一词源于欧美发达国家，英文名称为 Car Beauty 或 Car Care，意指汽车的美化与维护。在欧美国家，这一行业被称为汽车保姆，是汽车生产、销售、维修之后的第四行业。

2. 汽车装饰的定义

汽车装饰是指在原厂车的基础上增加或更新一些附属装备和物品，以提高汽车美观性、舒适性和安全性的行为。所增加或更新的装备和物品，称为汽车装饰用品。

二、汽车美容与装饰的起源与发展

1. 汽车美容与装饰的起源

汽车美容养护于 20 世纪 20 年代末至 30 年代初起源于欧美发达国家。国内汽车美容与装饰业出现于 20 世纪 80 年代。

2. 汽车美容与装饰的发展

汽车美容与装饰伴随着中、高档轿车的产生而出现。

第二次世界大战后，汽车美容与装饰业伴随经济复苏日益发展壮大。到 20 世纪 60 年代，汽车美容与装饰业逐步形成规模。

20 世纪 70 年代，汽车美容与装饰业得到了迅猛发展，开始走向亚洲。

到 20 世纪 80 年代，汽车美容与装饰业已发展成为一支不可忽视的产业大军。

3. 我国汽车美容与装饰的发展状况

由于种种原因，我国汽车美容与装饰业长时间滞后于国外发达国家，传统的单一手工养护方法在我国延续了数十年。直到 20 世纪 90 年代初，汽车美容业才在我国出现，此时的汽车美容装饰也只不过是车辆清洁、手工涂蜡等简单初级的美容服务。而到了 21 世纪初，汽车美容与装饰行业受到日本市场的影响，大量的日本先进产品及服务理念进入中国，国内才初步形成差异化、专项化的服务概念。与日本、美国、德国等国家相比，中国汽车美容市场还处在一个初期萌芽状态，发展前途任重道远。回顾我国汽车美容与装饰业的发展，大致经历了以下三个阶段：

（1）起步阶段。

我国汽车美容与装饰行业形成于 20 世纪 90 年代初，由于汽车工业发展限制，轿车数量相对较少，汽车美容与装饰行业也发展迟缓，只在商用车、运输车上进行一些基本的实用型加装，汽车美容与装饰产品也比较单一。汽车以维修为主，不注重养护。汽车美容与装饰企业多以"一块抹布一桶水，三个伙计一个店"的路边摊形式出现，汽车美容与装饰项目也屈指可数，专业技术人员匮乏，施工质量和效果难以保证。

（2）发展阶段。

自 2000 年以来，我国汽车工业迅猛发展，私家车数量呈现井喷式增长。2002 年，我国轿车产量超过 100 万辆，使汽车美容与装饰业也随之得到迅速发展。由于汽车美容与装饰业入门门槛较低，一大批投资者进入汽车美容与装饰业，汽车美容与装饰项目和产品种类迅速增加，大型汽车美容与装饰企业、连锁企业也随之应运而生。

（3）飞跃发展阶段。

2004年以来，汽车美容与装饰业悄然出现变动：一方面，低档次的过度竞争使汽车美容与装饰业在某些地区出现利润下降、消费者投诉增多、在竞争过程中出现企业破产等情况；另一方面，国外汽车美容与装饰企业纷纷加大对中国市场的投入，国外汽车美容与装饰产品进入中国。

三、汽车美容与装饰的类型与项目

根据汽车的服务部位分类，可分为：车身美容与装饰、内饰美容与装饰和漆面美容与装饰；根据汽车的实际美容程度分类，可分为：汽车护理美容、汽车修复美容、汽车专业美容、汽车防护和汽车美容精品。

1. 汽车护理美容

汽车护理美容指对汽车漆面和内饰表面进行美容护理，其中包括对汽车外表漆面、总成表面和内饰物件表面进行清洗除污，对汽车漆面上、抛光、研磨及对新车开蜡等作业，以增加车身表面的光亮度，起到粗浅的美容作用。

2. 汽车修复美容

汽车修复美容是对车身漆膜有损伤的部位和内饰物出现的破损部位进行恢复性作业，其中包括对涂膜表面的病态、损伤和内饰物件的破损进行修补处理等作业内容。漆面损伤处理流程如图1-1所示。

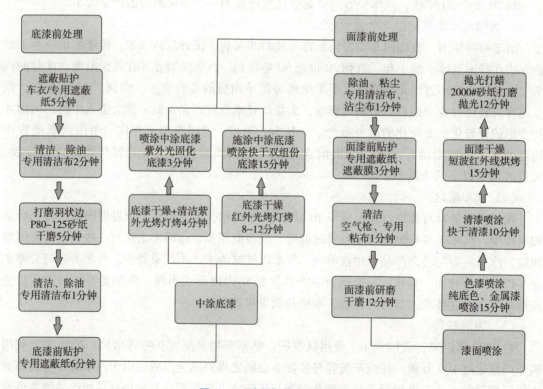

图1-1 漆面损伤处理流程

3. 汽车专业美容

汽车专业美容，不仅仅包括对汽车的清洗、打蜡，更主要的是根据汽车实际需要进行维护，包括对汽车护理用品的正确选择与使用、汽车漆膜的护理（例如对各类漆膜缺陷的处理、划痕的修复美容等）、汽车装饰、精品选装等内容，如图1－2所示。一般认为，汽车专业美容是通过先进的设备和数百种用品，经过几十道工序，从车身、内饰、发动机、钢圈、轮胎、底盘、保险杠、油路、电路、空调系统、冷却系统、进排气系统等各部位进行彻底地清洗、保养和维护，使旧车变为新车并保持长久，使整车焕然一新。这样的汽车美容，才是真正的汽车专业美容。

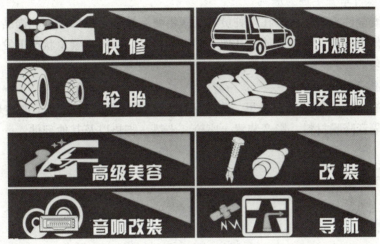

图1－2　汽车专业美容项目

4. 汽车防护

汽车防护服务项目有贴防爆太阳膜、安装防盗器、静电放电器、汽车语音报警装置等。

5. 汽车美容精品

汽车美容精品是能使汽车美容服务更加贴身贴心，体现人性化的服务。作为汽车美容服务的延伸项目，能满足司机及乘员对汽车内部附属装饰、便捷服务的需求，如车用香水、蜡掸、剃须刀、护目镜、脚垫、座套、把套等的配置。

四、汽车装饰的原则及注意事项

汽车装饰必须遵循的基本原则和注意事项主要包括以下几项：

1. 注意要严格依照相关法令进行

2001年10月颁布的《中华人民共和国机动车管理办法》中明确规定，机动车不得擅自改装；要进行机动变更，在交管部门规定的范围内进行。即可以对车身颜色、发动机、燃料种类、车驾号码等进行改装，但司机在提交申请后，必须要经过交管部门批准，才可进行改装。

2. 注意"禁用三色"

在车身颜色方面，有三种颜色不能被批准使用，分别是红色、黄色和上白下蓝。红色属于消防专用，黄色属于工程抢险专用，上白下蓝属于国家行政执法专用。为避免引起歧义或以假乱真，所以禁止使用以上三种颜色作为车身装饰颜色。

3. 遵循协调、实用、整洁和舒适原则

汽车装饰时首先应该注意的是内饰件的色调，其次是注意款式要协调，尽量不要使用对头色，多使用邻近色或协调色，这样才能给驾驶人员和乘坐人员以舒适的驾乘体验，也对驾乘安全起到了一定的促进作用。对于部分饰品的使用应遵循够用原则，如坐垫选择一两款够用即可，没有必要整个座位上放置三四个靠垫，过多容易占用车内空间，甚至遮挡驾驶员的正常视线，不利于安全行车。

4. 注意要以行车安全性为原则

对于行车安全性需要注意，在驾驶员驾驶区不要有挂饰、摆饰等其他饰品，尽量不要在驻车制动器、仪表板前、仪表台放置其他不固定的物品，以免在紧急状况下发生制动踏板被杂物卡滞的危险。

5. 注意装饰工作的顺序

汽车装饰的一般步骤是由表及里、先主后辅。而具体的是先装饰车窗玻璃，后装饰顶棚、门衬里、隔音降噪材料、影音装置、座椅、坐垫、脚垫以及其他部件。

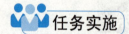 **任务实施**

一、准备工作

（1）防护装备：车内外三件套。
（2）实训车辆：实训汽车等。
（3）工具设备：车身美容工具、内部美容工具、漆面处理工具等。
（4）辅助资料：汽车维修手册、教材。

二、实施步骤

根据实训室的车辆配置，完成以下几项相关的操作：
（1）小组叙述汽车美容与装饰行业的发展现状与前景；
（2）为客户推荐适合的汽车美容与装饰的作业项目；
汽车美容与装饰服务认知任务工单如表1-1所示。

表1-1　汽车美容与装饰服务认知任务工单

汽车美容与装饰服务认知	工作任务单	班级：
		姓名：
1. 学习任务 一辆客户新买了一辆小轿车爱不释手，想要给全车进行美容装饰作业，请你帮忙推荐适合的项目		

任务		自测标准	学习建议
1.1 资料准备	防护装备	车内外三件套	"工欲善其事，必先利其器。"完成好学习任务的第一步是要熟悉并掌握汽车美容与装饰作业相关的工具设备，做好准备工作
	实训车辆	实训汽车等	
	工具设备	车身美容工具、内部美容工具、漆面处理工具等	
	辅助资料	汽车维修手册、教材	
1.2 实施步骤	□	小组叙述汽车美容与装饰行业的发展现状与前景	汽车美容是指根据汽车不同材质部位所需的美容护理需求，专业技术人员在专业场地内运用专业设备、专业工具、专业产品和专业施工工艺，对汽车进行专业的保养护理，达到"旧车焕新颜，新车保颜值"的效果
	□	小组叙述汽车美容与装饰的类型与项目	
	□	小组叙述汽车装饰的原则及注意事项	
	□	为客户推荐适合的汽车美容与装饰的作业项目	

2. 学习笔记

1）汽车美容与装饰的定义是什么？

2）汽车美容与装饰的类型与项目有哪些？

3）汽车装饰的原则及注意事项有哪些？

三、任务评价

汽车美容与装饰服务认知任务评价表如表 1-2 所示。

表1-2 汽车美容与装饰服务认知任务评价表

序号	项目	内容	程度	不能的原因
1	知识学习	汽车基本构造知识	□能　□不能	
2		汽车美容与装饰定义与原则	□能　□不能	
3		汽车美容与装饰行业的发展现状与前景	□能　□不能	
4		汽车美容与装饰的作业项目	□能　□不能	
5		汽车美容与装饰注意事项	□能　□不能	
6	技能学习	能叙述汽车美容与装饰行业的发展现状与前景	□能　□不能	
7		能描述汽车美容与装饰的发展历程	□能　□不能	
8		能说出汽车美容与装饰的定义和原则	□能　□不能	
9		能为客户推荐适合的汽车美容与装饰的作业项目	□能　□不能	
经验积累与问题解决				
经验积累		问题解决		
签审	1. 小组意见： 　　　　　　　　　　　　年　　月　　日			评价等级认定
	2. 指导教师意见： 　　　　　　　　　　　　年　　月　　日			

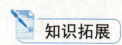 知识拓展

（一）我国汽车装饰业的现状

1. 行业的市场空间巨大

市场调查表明，我国60%以上的私人高档汽车车主有给汽车做外部美容养护的习惯。30%以上的低档车车主也开始形成给汽车做美容养护的观念。不难看出，汽车美容与装饰业在我国有着巨大的市场发展空间。

2. 从业人员专业素质低，操作技术处于低水平阶段

汽车美容与装饰行业要求从业人员掌握汽车底盘、车身和电器等方面的知识，还需要具备车身钣金件、塑料、橡胶和玻璃的相关知识以及相关设备的原理及使用知识。但目前汽车美容与装饰企业的大多数从业人员仅具有初中文化程度，很多从业人员仅靠师傅的传帮带，没有接受过正规的专业教育。从业人员素质低，制约了汽车美容与装饰业的持续发展。

3. 装饰与美容用品存在假冒伪劣产品

有相当数量的汽车美容与装饰企业由于利益的驱使或者不能识别养护用品的质量，存在

使用假冒伪劣养护产品的现象，不能保证装饰美容的施工质量。

4. 品牌优势不强，服务满意度不高

国际上的著名装饰与美容品牌如美国的施耐普（SNAP）、3M和英国的尼尔森（NIELSENA）在近几年都进入了中国市场，凭借其强大的品牌号召力和市场口碑，开始建立连锁经营网络，拥有较大的市场份额。反观国内的本土品牌，由于管理不到位，服务质量不尽如人意。据调查，高达78.2%的车主对汽车美容与装饰的服务质量不满意，影响了品牌的建立与维持，不能够培育起顾客的品牌认知度和忠诚度。

5. 规模经济不明显，缺乏诚信和统一的服务标准

中国大部分汽车美容与装饰企业的特点是规模小，仅有单一的门店，管理水平低，造成了经营不能持续，影响了整个行业朝上规模、上档次的方向发展。据了解，按照约定俗成的行规，汽车美容与装饰业的利润一般在50%左右，由于缺乏行业自律，个别不良商家的利润可以达到100%甚至更高。行业内没有统一的服务标准，服务质量参差不齐，造成了规模小的美容与装饰企业不断地被市场淘汰，进一步影响了行业向规模化发展。

（二）汽车美容与装饰业的前景

根据调查，目前市场上许多汽车美容与装饰店都处于"无专业正规培训""无专业名牌产品""无专业机械设备""无服务质量保证"的"四无"状况。这说明汽车美容与装饰市场仍然存在较大的利润空间，顾客的消费意识和消费观念将会进一步提高。

随着城市管理的日趋完善和车主对汽车美容与装饰知识的日益丰富，以及汽车美容与装饰市场的逐渐成熟，上述"四无"现象将会得到极大改善。目前，我国正逐步加大对汽车美容与装饰业的关注，加强宏观管理，健全规章制度，目的是要逐步对汽车服务业进行规范化管理。随着汽车美容与装饰市场的不断规范和人们消费意识的不断提高，伪劣产品将无处立足，无专业服务的汽车美容店如不改变现状也将被淘汰。汽车美容与装饰业将逐步向着系统化、正规化、专业化、品牌化的方向发展。

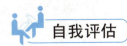

学习小结

本任务首先介绍了汽车美容与装饰的定义与发展背景，又对汽车美容与装饰的分类及作业项目进行了详细介绍。请同学们掌握本任务的内容并多练习，掌握向客户推荐汽车美容与装饰项目的技巧。

自我评估

1. 填空题

1）汽车美容是指根据汽车不同材质部位所需的美容护理需求，专业技术人员在专业场地内运用<u>专业设备</u>、<u>专业工具</u>、<u>专业产品</u>和<u>专业施工工艺</u>，对汽车进行专业的保养护理，达到"旧车焕新颜，新车保颜值"的效果。

2）汽车装饰是指在原厂车的基础上增加或更新一些附属装备和物品，以提高汽车<u>美观性</u>、<u>舒适性</u>和<u>安全性</u>的行为。

3）根据汽车的服务部位分类，可分为：<u>车身美容与装饰</u>、<u>内饰美容与装饰</u>和<u>漆面美容与装饰</u>。

2. 判断题

1）专业汽车美容，仅包括对汽车的清洗、打蜡，不包括根据汽车实际需要进行维护。

（×）

2）根据汽车的实际美容程度分类，可分为：汽车护理美容、汽车修复美容和汽车专业美容。

（√）

3）在车身颜色方面，有三种颜色不能被批准使用，分别是红色、黄色和上白下蓝。

（√）

3. 选择题

汽车外部清洁护理包括（ABCD）。

A. 车身的清洁护理　　　　　　　　B. 玻璃的清洁护理

C. 保险杠的清洁护理　　　　　　　D. 轮辋的清洁护理

任务 2　汽车美容与装饰工具认知

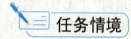 **任务情境**

任务描述

一辆客户新买了一辆家用汽车，进店要给车辆进行美容装饰作业，新来的学徒小房对美容装饰作业所需工具却一无所知，请你帮忙给他一一介绍。

任务提示

根据任务要求，需要了解汽车美容与装饰作业的相关工具，并能够掌握工具的使用方法，并在了解客户真实需求后为客户解答疑问。

 必备知识

一、汽车基本知识

（一）轿车车身结构（整体式车身）

轿车车身结构（整体式车身）如图 1 - 3 所示。

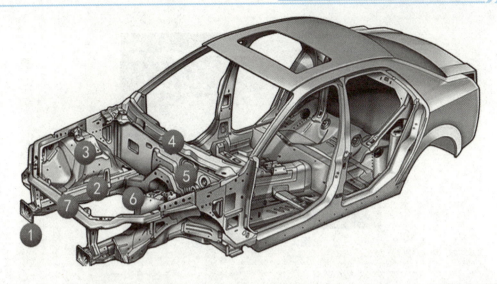

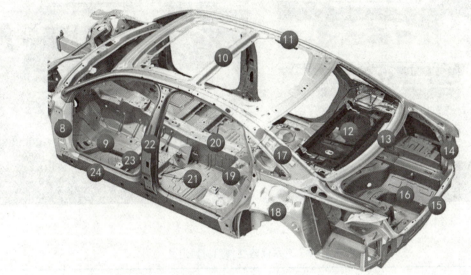

图 1 - 3　轿车车身结构（整体式车身）图

1—前纵梁延伸板；2—前纵梁；3—前挡泥板；4—前围上盖板；5—前围板；6—中间梁；7—散热器支架；

8—前立柱；9—前地板；10—车顶横梁；11—车顶纵梁；12—后盖板；13—后上围板；14—后侧板；15—后围板；

16—后地板；17—后立柱；18—后轮罩外板；19—后座椅横梁；20—地板隆起；

21—中地板；22—中立柱；23—前座椅横梁；24—门槛

（二）汽车内外饰知识

1. 汽车外观件

汽车外观件是指在汽车外部能够看到的所有部件的总称，由安装在车身外侧的一系列附件组成，如图 1 - 4 所示。

（1）保险杠系统。

汽车保险杠属于被动安全件，是吸收缓和外界冲击力、防护车身前后部的安全装置，如图 1 - 5 所示。目前大多数轿车保险杠本体通常采用塑料材质，如表 1 - 3 所示。

图 1-4　汽车外观件图

图 1-5　汽车保险杠

表 1-3　汽车保险杠常用材料汇总

序号	零件名称	常用材料
1	保险杠本体	PP + EPDM - Tx
2	散热器格栅（中网）	ABS、ASA、PC + PET、PP + EPDM - Tx
3	雾灯格栅	ASA、PP + EPDM - Tx
4	前保险杠下部扰流板	PP + EPDM、PP + EPDM - Tx
5	前保险杠脱钩堵盖	PP + EPDM - Tx
6	牌照安装板	ASA、PP + EPDM - Tx
7	中部进气格栅	ASA、PP + EPDM - Tx

（2）外后视镜。

属于重要安全件，用来反映汽车后方、侧方和下方的情况，使驾驶员可以间接看清这些位置的情况，扩大驾驶员的视野范围。主要由镜壳、基板、电动机或拉索、调节支座、镜片等零部件组成。镜壳通常由 ASA、改性 PP 等塑料制成，如图 1-6 所示。

（3）前照灯。

俗称汽车大灯，主要是在天气不好的状况下或夜间行车时，为驾驶员提供良好的照明条件。汽车前照灯主要由灯罩（配光镜）、灯泡、灯座、反光罩、透镜、灯光调节装置几部分组成。灯罩通常由 PMMA、改性 PC 等塑料制成，如图 1-7 所示。灯座通常由 ABS 等塑料制成。

图 1-6　汽车外后视镜

图 1-7　汽车前照灯

（4）尾灯。

尾灯通常由示廓灯、转向灯、制动灯、后雾灯、倒车灯等组合而成。主要起警示、提醒行人和后方车辆的作用。汽车尾灯主要由灯罩（配光镜）、灯泡、灯座、反光罩几部分组成，如图 1-8 所示。灯罩（配光镜）通常由 PMMA 塑料制成；灯座通常由耐热 ABS、PC 或 ABS、ASA 等塑料制成。

（5）车轮。

车轮直接与路面接触，承受着汽车的质量，与汽车悬架共同来缓和汽车行驶时所受到的冲击，保证汽车有良好的乘坐舒适性和行驶平顺性；同时，保证车轮和路面有良好的附着性，进而提高汽车的牵引性、制动性和通过性，如图 1-9 所示。汽车车轮主要由轮胎、轮毂、轮毂盖等部件组成。轮胎由橡胶材料制成；轮毂通常由钢、合金（铝合金、钛合金、镁合金）等材料制成，现在也开始出现由碳纤维材质制成的轮毂。轮毂盖通常由添加一定比例矿物粉的 PA6 塑料制成。

图 1-8　汽车尾灯

图 1-9　汽车车轮

（6）车窗。

汽车车窗通常由风窗玻璃和车窗胶条两部分组成，如图1-10所示。玻璃是以石英砂、纯碱、长石和石灰石等为主要原料，经熔融、成型、冷却固化而成的非结晶无机材料。汽车风窗玻璃也是玻璃的一种。车窗胶条主要采用异丁烯橡胶（添加炭黑和粘结剂）和三元乙丙橡胶（EPDM）材质。

图1-10　汽车车窗

2. 汽车内饰件

汽车内饰件是指在汽车内部安装且能够被直观看到的部件，如图1-11所示。

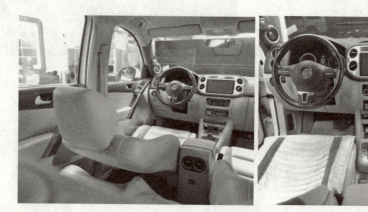

图1-11　汽车内饰件

（1）仪表板系统。

仪表板系统通常包含仪表板总成、副仪表板总成、仪表板横梁总成等零部件，如表1-4所示。

表1-4　仪表台零件常用材料汇总

序号	零件名称	常用材料
1	仪表板	硬质仪表板：改性PP，ABS，ABS＋PC，PPO 软质仪表板：表皮采用PVC＋ABS膜、PVC粉料；填充采用半硬泡PU；骨架采用ABS、钢板、PP、PP＋木粉、木纤＋塑料等
2	手套箱	PP、ABS
3	副仪表板	PP＋EPDM＋TALC
4	出风口	ABS、PC＋ABS
5	饰框	ABS、PC＋ABS

（2）门护板。

门护板按其材料不同可分为硬质门护板和软质门护板两类。硬质门护板一般是用ABS或PP塑料注射而成；软质门护板一般是由骨架、发泡材料和表皮材料构成，如图1-12所示。骨架部分通常由塑料注射而成，然后用真空成型的方法，将带有 PU 发泡材料的针织涤纶表皮复合在塑料骨架上。

（3）座椅。

汽车座椅一般由骨架、缓冲部分、面套和座椅附件四部分组成，如图 1-13 所示。座椅缓冲软垫（座椅填充物）通常由发泡成型的聚氨酯（PU）泡沫制成。座椅面套一般采用真皮、仿皮（人造革）或针织织物面料。

图 1-12　汽车门护板

图 1-13　汽车座椅

（4）地毯。

汽车地毯一般由面料层、中间骨架层和底料层构成，如图 1-14 所示。面料层常用 PET 针刺地毯面料和 PA 簇绒地毯面料；中间骨架层一般是将 PE、PP、EVA、EPDM 等橡塑粒子加热到熔融状态后均匀地背涂到地毯面料上；底料层一般采用水刺或针刺无纺布。

（5）顶棚。

汽车顶棚不仅能起到装饰的作用，还能起到隔音、隔热和保护车内人员头部的作用，如图 1-15 所示。汽车顶棚通常由蒙皮（饰面）和衬垫两部分组成。饰面材料主要采用织物、TPO 或 PVC 膜制成。

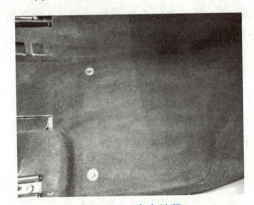

图 1-14　汽车地毯

图 1-15　汽车顶棚

3. 车辆识别代码（VIN）

车辆识别代码是汽车制造厂家为每辆汽车给定的一组特定代码，由字母和数字组成，俗称十七位码，它包含了车辆的生产国家、制造厂家、汽车类型、品牌名称、车型系列、车身

形式、发动机型号、车型年款等信息。

（1）VIN 码组成。

VIN 由 WMI（世界制造厂识别代码，1～3 位）、VDS（车辆说明部分，4～9 位）、VIS（车辆指示部分，10～17 位）三部分组成。

（2）VIN 码常见查找位置。

车辆 VIN 码可以从主驾侧 B 柱或车门侧部、前挡风玻璃左下角、发动机舱减震底座、发动机舱散热器框架、发动机舱防火墙、副驾驶座椅下方等位置查找，如图 1-16 所示。

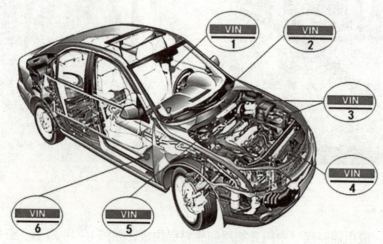

图 1-16　汽车 VIN 码的位置
1—主驾侧 B 柱或车门侧部；2—前挡风玻璃左下角；3—发动机舱减震底座；
4—发动机舱散热器框架；5—发动机舱防火墙；6—副驾驶座椅下方

二、汽车美容与装饰工具与设备

古语云："工欲善其事，必先利其器。"汽车美容施工是一项庞杂的系统工程，"麻雀虽小，五脏俱全。"在汽车美容业数十年发展完善的过程中，汽车美容护理所使用的设备和工具已经逐渐成熟，而且越来越专业化。这样既可以保证施工作业的质量，提高工作效率，降低生产成本，又可以增强企业的市场竞争力。

汽车美容和护理所使用的设备和工具分两类：一类是和汽车维修兼容的通用设备和工具，如高压清洗机、空气压缩机、汽车举升机等；另一类是用于专项处理的设备和工具，如打蜡机、抛光机、发动机燃油供给系统免拆清洗机和自动变速箱免拆清洗剂等。全面系统地了解各种设备和工具的性能特点和使用方法，有利于正确地选择、使用设备和工具，确保人身与设备安全，提高作业质量和效率。

1. 空气压缩机

空气压缩机是汽车美容护理以及维修的通用设备之一，应用范围很广，如图 1-17 所示。空气压缩机在汽车美容、维护、护理方面主要用于提供充足的高压压缩空气，以确保汽车美容、维修、护理作业车间所有的气动设备都能有效地工作。空气压缩机按压缩级数可分为单级式和双级式两种。

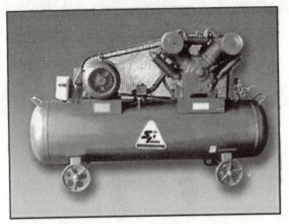

图 1-17 空气压缩机

气压缩机的正确使用
与维护（装饰）1

空气压缩机的正确
用与维护（装饰）2

2. 高压清洗机

高压清洗机常用于汽车外表、发动机以及底盘等的清洗。输出的水流压力在 0.2 ~ 1.2 MPa 范围内，并可以按需要进行调节。高压清洗机使用普通的自来水为水源，并通过动力装置（可以是电动机或燃机）使水流增加一定的压力。利用水压将污垢剥离、冲走，达到清洗物体表面的目的。高压清洗机一般分为两种。一类是高压冷/热两用清洗机；另一类是高压冷水清洗机。

高压清洗机的正确使用与维护（装饰）1

高压清洗机的正确使用与维护（装饰）2

（1）高压冷/热两用清洗机。

高压冷/热两用清洗机主要用于发动机、水箱与重油污等处的清洗。出水温度可以自行调节，保证在最短时间内使出水达到高温高压，如图 1-18 所示。

（2）高压冷水清洗机。

高压冷水清洗机主要用于汽车外表的清洁，发动机、底盘、车轮等的清洗，如图 1-19 所示。

3. 泡沫清洗机

泡沫清洗机为汽车美容清洁用的主要设备之一，如图 1-20 所示。它与高压清洗机不同之处在于能加入专用的清洗剂，再通过压缩空气，使清洗剂泡沫化；然后从喷枪中喷出，能将泡沫状的清洗液均匀地涂敷于车身外表；通过化学反应，从而起到极佳的除尘和去油污作用。

图 1-18 高压冷/热两用清洗机

图 1-19　高压冷水清洗机

图 1-20　泡沫清洗机

泡沫清洗机的种类较多，汽车美容中常使用气动和电动两种类型。其功能包括以下几点：

①冲水：利用水压冲洗汽车表面，去除大块污物。

②泡沫清洗：清洁剂以泡沫的形式喷到设备表面，泡沫可以在设备表面停留较长时间，与污垢充分接触、浸润和反应，从而达到清洗效果。

③消毒：将消毒剂喷洒成雾状，可对清洗后的设备表面、墙壁地面以及车间内的空气进行消毒。

泡沫清洗机的正确使用与维护
（泡沫 PA 壶的正确使用与维护）（装饰）1

泡沫清洗机的正确使用与维护
（泡沫 PA 壶的正确使用与维护）（装饰）2

4. 水枪和气枪

（1）水枪。

水枪是与高压清洗机和空气压缩机配套使用的，是重要的清洗设备，如图 1-21 所示。

（2）气枪（又名吹缝枪）。

气枪是与空气压缩机配套使用的，主要是用来吹除汽车各个缝隙的水分，如图 1-22 所示。

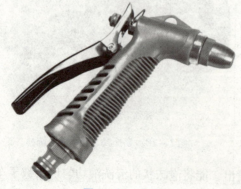

图 1-21　水枪

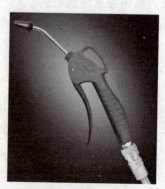

图 1-22　气枪

5. 抛光机及其附件

抛光机也称为研磨机，常常用作机械式研磨、抛光及打蜡用。其工作原理是电机带动安装在抛光机上的兔毛盘或羊毛抛光盘高速旋转，达到去除漆面污染、氧化层、浅痕的目的。抛光盘的转速一般在 1 500~3 000 r/min，多为无级变速，施工时可根据需要随时调整。

（1）抛光机。

汽车美容用抛光机若按转速分类有高速立式抛光机和低速卧式抛光机。

① 高速立式抛光机。

高速立式抛光机抛光盘的转速一般在 4 500 r/min，但此种抛光机在工作时不可调整转速，优点是质量比较轻，使用起来方便灵活，如图 1-23 所示。

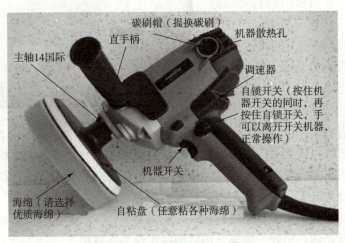

图 1-23　高速立式抛光机

② 低速卧式抛光机。

低速卧式抛光机抛光盘转速在 1 200~2 800 r/min 之间，转速可以调节；不足的是此种抛光机较重，使用起来不够灵活，如图 1-24 所示。

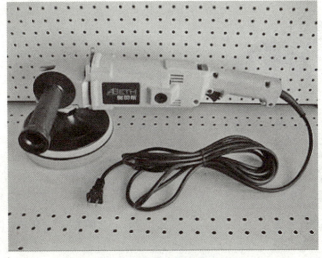

图 1-24　低速卧式抛光机

（2）抛光机附件。

抛光机附件主要为抛光盘。汽车美容用抛光盘的材料可分为羊毛抛光盘、海绵抛光盘和兔毛抛光盘三种。

①羊毛抛光盘。

羊毛抛光盘研磨能力强、功效大，研磨后会留下旋纹。一般用于普通漆的研磨和抛光。羊毛抛光盘一般分白色和黄色两种。

白色羊毛抛光盘切削力强，能去除漆面严重瑕疵，配合较粗的蜡打磨以达到快速去除橘皮或修饰研磨痕；黄色羊毛抛光盘切削力较弱，配合细蜡做抛光漆面、去除漆面粗蜡抛光痕及轻微擦伤痕。但是羊毛抛光盘一般只能在低转速下使用，如图 1－25 所示。

图 1－25　羊毛抛光盘

②海绵抛光盘。

海绵抛光盘切削力较羊毛抛光盘弱，不会留下旋纹，能有效去除中度漆面的瑕疵。用于车身普通漆和透明漆的研磨和抛光，一般用于羊毛抛光盘之后的抛光、打蜡之用。海绵抛光盘按颜色一般可分为以下三种，如图 1－26 所示。

黄色盘：作研磨盘，质硬，用以消除氧化膜或划痕。

白色盘：作抛光盘，质软，细腻，用以消除发丝划痕或抛光。

黑色盘：作还原盘，质软，柔和，适合车身为透明车漆的抛光和普通车漆的还原，如除眩光机。

除眩光机主要是利用波浪型的海绵抛光盘将抛光后留下的眩光圈打散，从而去掉眩光，如图 1－27 所示。

图 1－26　海绵抛光盘

图 1－27　除眩光机

③兔毛抛光盘。

兔毛抛光盘切削力介于羊毛抛光盘和海绵抛光盘之间，底部有自动粘贴装置，如图1-28所示。兔毛抛光盘比羊毛抛光盘软得多，但是它可以配合4 500 r/min的高速抛光机使用，具有相当好的效果。

图1-28　兔毛抛光盘

6. 打蜡机及其附件

（1）打蜡机。

汽车打蜡机也称轨道抛光机。主要用于汽车的洗涤、美容、打蜡等处的表面处理，提高了打蜡的工作效率和工作质量，如图1-29所示。

（2）打蜡机的主要附件。

打蜡机使用的是固定打蜡托盘，其配套件是指和打蜡托盘配套的各种盘套。

7. 封釉振抛机

封釉振抛机是汽车封釉的专用工具，是通过振抛机的高转速振动和摩擦，利用釉特有的渗透性和黏附性把釉分子强力渗透到车漆表面、缝隙中去，如图1-30所示。

图1-29　打蜡机　　　　　　　图1-30　封釉振抛机

8. 高温蒸汽清洗机

高温蒸汽清洗机，又名饱和蒸汽清洗机，是利用饱和蒸汽的高温和高压，清洗车身内饰和地毯等纤维绒布织品表面的油渍污垢，并将其汽化蒸发的一种清洗设备，如图1-31所示。

9. 吸尘器

吸尘器是汽车美容车间必备的工具，如图1-32所示。其工作原理是：利用电动机带动叶片高速旋转，产生空气负压，吸入尘屑。现在常见的吸尘器主要有便携式、家用型和专业型三种。

10. 汽车美容甩干机

车上的座椅套、可拆式地毯和脚垫等织物容易弄脏，每隔较长一段时间使用后应取下用水或用泡沫清洗，彻底去除灰尘、污渍和杀灭滋生细菌。汽车美容甩干机如图1-33所示。

图1-31　高温蒸汽清洗机

图1-32　吸尘器

图1-33　汽车美容甩干机

吸尘、吸水机的正确
使用与维护（装饰）1

吸尘、吸水机的正确
使用与维护（装饰）2

高温蒸汽干洗、消毒机的
正确使用与维护（装饰）1

高温蒸汽干洗、消毒机的
正确使用与维护（装饰）2

任务实施

一、准备工作

（1）防护装备：车内三件套。
（2）实训车辆：实训汽车等。
（3）工具设备：汽车美容与装饰所用各种工具等。
（4）辅助资料：汽车维修手册、教材。

二、实施步骤

根据实训室的车辆配置及美容与装饰的工具，完成以下几项相关的操作：
（1）在实训指导老师的引导下，完成汽车总体结构的认知。
（2）观察实训发动机，对发动机型号进行记录。
（3）观察汽车美容与装饰各种工具，说出其名称并记录。
汽车美容与装饰工具认知任务工单如表1-5所示。

表1-5　汽车美容与装饰工具认知任务工单

汽车美容与装饰工具认知	工作任务单	班级：
		姓名：
1. 学习任务 　一辆客户新买了一辆家用汽车，进店要给车辆进行美容装饰作业，新来的学徒小房对美容装饰作业所需工具却一无所知，请你帮忙给他一一介绍		

任务	自测标准		学习建议
1.1 资料准备	防护装备	车内外三件套	"工欲善其事，必先利其器。"完成好学习任务的第一步是要熟悉并掌握汽车美容与装饰作业相关的工具设备，做好准备工作
	实训车辆	实训汽车等	
	工具设备	车身美容工具、内部美容工具、漆面处理工具等	
	辅助资料	汽车维修手册、教材	
1.2 实施步骤	□	小组完成汽车总体结构的认知	在汽车美容业数十年发展完善的过程中，汽车美容护理所使用的设备和工具已经逐渐成熟，而且越来越专业化，这样既可以保证施工作业的质量，提高工作效率，降低生产成本，又可以增强企业的市场竞争力
	□	小组叙述汽车美容与装饰工具的识别	
	□	小组发动机型号进行识别	
	□	小组叙述汽车美容与装饰工具使用注意事项	

2. 学习笔记

1）汽车内外饰包含哪些部分？

2）汽车美容与装饰工具与设备有哪些？

3）汽车美容与装饰工具与设备使用时的注意事项有哪些？

三、任务评价

汽车美容与装饰工具认知任务评价表如表1-6所示。

表 1-6 汽车美容与装饰工具认知任务评价表

序号	项目	内容	程度	不能的原因
1	知识学习	汽车基本构造知识	□能 □不能	
2		汽车内饰知识	□能 □不能	
3		汽车外观件识别	□能 □不能	
4		汽车维修兼容的通用设备和工具认知	□能 □不能	
5		汽车用于专项处理的设备和工具认知	□能 □不能	
6	技能学习	能够精准指出汽车具体部位的美容与装饰项目	□能 □不能	
7		能选用正确的汽车美容与装饰的工具与设备进行相关作业	□能 □不能	
8		能完成汽车总体结构的认知	□能 □不能	
9		能对发动机型号进行识别	□能 □不能	

经验积累与问题解决	
经验积累	问题解决

签审	1. 小组意见: 　　　　　　　　　　　　年　月　日	评价等级认定
	2. 指导教师意见: 　　　　　　　　　　　　年　月　日	

 知识拓展

汽车护理的其他设备还有很多,常用的主要有以下几种:

1. 发动机燃油供给系统免拆清洗机

发动机燃油供给系统清洗机从输油管输入混有清洁剂的燃料,在发动机运转的同时,混合物经燃烧将分布在化油器、喷油器和燃烧室等处的积炭、胶质与积垢软化、剥落、溶解并随尾气排出,如图 1-34 所示。

清洗时将燃油系统清洁剂按一定的比例与燃油混合,制成同时具有燃烧和清洗作用的特种燃料,然后切断原车的供油管路,改用上述特种燃料向发动机供油,启动发动机,并怠速运转,清洁剂随着燃油流动、燃烧。当特种燃料通过喷油器时,便同时完成了对喷油器针阀的清洗,同时将燃油泵、油管、火花塞、燃烧室、活塞和进排气门等处的积碳、胶质

图 1-34 发动机燃油供给系统免拆清洗机

和积垢软化、剥落、溶解并使其随废气排出缸外，从而达到清洁的目的。

2. 发动机冷却系统免拆清洗机

汽车冷却系统管路长时间使用，管路内壁产生锈、污垢以致管路阻塞不通畅、发动机温度升高、冷却效果变差，严重时可使发动机发生烧瓦、抱轴，致使汽车无法行驶，如图1-35所示。

使用冷却系统循环清洗机，不仅可以清除水箱、水道内的水垢、杂质，而且可以自动更换防冻液，彻底保养水箱，操作简单方便。

3. 发动机润滑系统免拆清洗机

发动机润滑系统免拆清洗机采用专用清洗液，以一定的压力打入发动机油泵入口，冲洗循环，溶解发动机内油泥、积炭，最后循环清洗至油底壳，如图1-36所示。清洗机从发动机内抽出，经由滤芯过滤，将油泥、金属屑、轴承合金粉末、油漆、微粒等除去，以改善发动机润滑油品质、恢复发动机的性能，提高效率，减少有害气体排放，延长发动机的使用寿命。

图1-35　发动机冷却系统免拆清洗机

图1-36　发动机润滑系统免拆清洗机

4. 汽车举升机

汽车举升机是用于汽车维修过程中举升汽车的设备从立柱构造来分类，主要有单柱式举升机、双柱式举升机、四柱式举升机、剪式举升机等。

（1）单柱式举升机。

单柱式举升机是将停放在地面上的轿车举升到一定的高度进行维修的专用设备，是一种典型的用于汽车局部举升、以便更换车轮轮胎或对车辆底盘进行各种维修作业的机具，如图1-37所示。

（2）双柱式举升机。

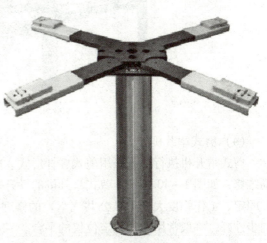

图1-37　单柱式举升机

双柱式举升机广泛应用于轿车等小型车的维修和保养，如图 1 - 38 所示。双柱式举升机将汽车举升在空中的同时可以节省大量的地面空间，方便地面作业。但是双柱式举升机为了最大地节省材料，一般都去掉了底板。由于没有底板，使得立柱的扭力需要靠地面来抵消，所以对地基要求很高，若是有横梁（龙门举升机）就靠横梁抵消。

图 1 - 38　双柱式举升机

（3）四柱式举升机。

四柱式举升机是一种大吨位汽车或货车修理和保养单位常用的专用机械举升设备，如图 1 - 39 所示。四柱式汽车举升机也很适合四轮定位用。

图 1 - 39　四柱式举升机

（4）剪式举升机。

剪式举升机执行部分采用剪式叠杆形式、电力驱动机械传动结构，目前广泛用于大型车辆维修，如图 1 - 40 所示。剪式举升机的举升速度适中且不占用车坑位置，对于一些车型相对固定、工作强度大（如在公共汽车）的修理领域无疑是最好的选择；而且由于结构简单、同步性好，一般常用作四轮定位仪的平台。

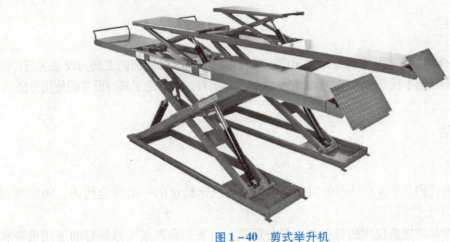

图 1-40　剪式举升机

5. 轮胎拆装机

轮胎拆装机是一种半自动设备，适用于一般小车及轻型货车的轮胎拆装，如图 1-41 所示。它采用带气压式自动中心正位锁定机构的正反旋转盘，用两个或三个脚踏板来分别控制夹紧和正、反旋转操作，结构简单，操作容易，占地面积小，是汽车美容的必备设备之一。其附件包括清洁毛刷、撬棍和轮胎充气压力表。

6. 车轮动平衡机

汽车车轮的不平衡是影响汽车运行稳定和驾驶安全的主要因素之一。目前，汽车维护和修理作业主要对车轮动平衡机进行校正。车轮动平衡机如图 1-42 所示。车轮动平衡机附件包括轮胎量规、快速锁止螺母、安全护罩、平衡铅块、平衡块钳锤等。

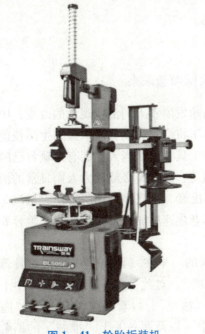

图 1-41　轮胎拆装机

图 1-42　车轮动平衡机

 学习小结

本任务首先介绍了汽车基本构造相关知识，对汽车美容与装饰所需的工具与设备进行详细的介绍。请同学们根据本任务的内容多加记忆，掌握汽车美容与装饰的工具与设备的使用方法。

 自我评估

1. 填空题

1）车辆识别代码（VIN）是汽车制造厂家为每辆汽车给定的一组特定代码，由字母和数字组成，俗称十七位码。

2）汽车美容和护理所使用的设备和工具分两类：一类是和汽车维修兼容的通用设备和工具，一类是用于专项处理的设备和工具。

2. 判断题

1）汽车外观件是指在汽车外部能够看到的所有部件的总称，由安装在车身外侧的一系列附件组成。 （√）

2）门护板按其材料不同可分为硬质门护板和软质门护板两类。 （√）

3）高速立式抛光机抛光盘的转速一般在 4 500 r/min，可调整转速，优点是质量比较轻，使用起来方便灵活。 （×）

3. 选择题

以下哪一项不是汽车美容与装饰的专用工具（D）。

A. 研磨机 B. 封釉机 C. 吸尘器 D. 洗车液

 阅读之窗

传承"工匠精神"点亮大国制造未来

汽车美容市场含金几何？随着我国经济的持续高速发展和人们消费观念的改变，中国已成为世界轿车的最大消费国之一。在不久的将来，开车将会是人们普遍掌握的生活技能，轿车也不再是特权人士的标志，而将是人们出门的代步工具。那么当人们拥有一辆自己的爱车时，无疑会关怀备至，而汽车的平时清洁护理和定期美容保养，必然成为人们日常的消费内容。另外，我国各大中城市虽然发展很快，但建设不配套，缺乏停车场所，使大量汽车只能露天栖息，饱受风吹、雨淋、日晒的无奈，致使汽车老化速度加快。这就为汽车美容养护业的存在和发展提供了必要的条件。

工匠精神是中国人自古及今、绵延百代孜孜以求的。早在《诗经》中就把对骨器、象牙、玉石的加工形象地描述为"如切如磋""如琢如磨"。对此，孔子在《论语》中十分肯定，朱熹《论语》注中解读为"治之已精，而益求其精也"。再看《庄子》中的"庖丁解牛，技进乎道"、《尚书》中的"惟精惟一，允执厥中"以及贾岛关于"推敲"的斟酌，都体现了古代中国的匠人精神。

　　汽车，作为一个集成千上万零件的集合体，每一个零件、每一处设计都影响到整体的性能表现，如果没有耐心对品质进行掌控，养车修车都是敷衍。匠心，是一种个性化的定制，是一种柔化的生产；这种精神不是冰冷的机械产物，更不是故步自封的保守做法，恰好相反地，它要求"汽车工匠们"（图1-43）勇于创新，懂得顺应时代而变，不变的是对高品质的执着追求，并且锲而不舍地坚持下去！

图1-43　齐鲁首席技师带领学生路边救援，
传承工匠精神

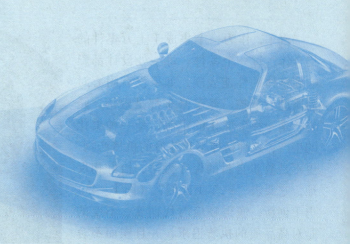

项目二　汽车清洁护理

 项目描述

　　在从事汽车美容与装饰服务工作中，汽车清洁与护理工作是最基本、最常规的工作。能够熟练完成汽车清洁护理的相关作业项目，是汽车美容人员应掌握的一项基本技能。本学习项目与1＋X技能等级考核证书制度"汽车美容装饰与加装改装服务技术"中相关模块对接，主要对汽车清洁护理作业进行学习，包括车身外部清洁护理、汽车内饰清洁护理等任务。

 学习目标

能力目标	知识目标	素养目标	权重
1. 能说出汽车外观清洁的时机 2. 能说出汽车外观件的护理方法 3. 能使用设备对汽车内饰进行深度清洁 4. 能使用设备对汽车室内进行高温蒸汽消毒和臭氧消毒 5. 能使用外观清洁设备和工具对汽车进行清洁 6. 能按照标准流程对仪表台进行清洁作业 7. 能按照标准流程对清洁表面喷涂保护剂	1. 掌握汽车外观清洁的时机 2. 掌握汽车外观清洁设备和工具对汽车进行清洁 3. 掌握汽车室内主要污染气体的来源及危害 4. 掌握汽车内饰清洁设备和工具使用方法 5. 掌握全车擦拭作业流程知识 6. 掌握仪表台清洁作业流程知识 7. 掌握座椅清洁作业流程知识 8. 掌握方向盘清洁作业流程知识	1. 能够在工作过程中与小组其他成员合作、交流，养成团队合作意识，锻炼沟通能力 2. 养成7S的工作习惯 3. 养成服务从管理、规范作业的良好工作习惯 4. 提高与时俱进、不断学习的意识 5. 培养爱国情怀，提高民族自豪感	30%

续表

能力目标	知识目标	素养目标	权重
1. 能够按照标准流程进行全车冲水作业 2. 能够按照标准流程对车辆进行全车擦拭作业 3. 能够按照标准流程进行车身擦拭作业 4. 能够按照标准流程对车辆进行吹水作业 5. 能按照标准流程对地毯、脚垫进行清洁养护作业 6. 能按照标准流程对脚踏板进行清洁作业 7. 能按照标准流程对座椅进行清洁作业 8. 能按照标准流程对内饰进行吸尘作业	1. 掌握汽车外观件的护理方法 2. 掌握汽车室内污染的治理措施 3. 掌握压缩空气枪使用知识 4. 掌握洗车机使用工作原理知识 5. 掌握擦车工具如何选用常识 6. 掌握车辆风枪吹水流程知识 7. 掌握内饰清洗工具及清洗剂选用知识 8. 掌握顶棚清洁作业流程知识	1. 培养创新精神、不断学习的意识 2. 增强核心意识，优化管理效能	60%
运用知识分析案例，并指定汽车美容与装饰方案			10%

任务1　车身外部清洁护理

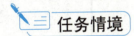 **任务情境**

任务描述

客户王先生的汽车在使用过程中，由于日晒雨淋、风吹砂击、尘土飞扬，以及高温、严寒、强光、酸雨等恶劣的环境影响，沾染污垢，严重地影响汽车装饰的效果和使用寿命。如果你是美容技师，请对此进行相应处理。

任务提示

根据任务要求，需要掌握汽车外观清洁设备和工具的使用方法和注意事项，并能够在了解客户真实需求后为客户对汽车进行清洁并解答客户的疑问。

必备知识

一、汽车外观清洁

汽车外饰件主要有风窗玻璃、车窗玻璃、后视镜、车灯、轮毂、轮罩、保险杠与饰板等。外饰件美容主要包括玻璃的清洗与抛光、车灯的清洁与抛光、后视镜的清洁与护理、轮毂与轮罩的清洁与护理、保险杠及饰板等作业项目。

1. 汽车外观清洁的作用

（1）保持汽车外观整洁。

（2）消除大气污染的侵害。

（3）清除车身表面顽渍。

2. 汽车外观清洁时机的选择

汽车车身需要清洗，否则可能会违反交通规定，如图2-1所示。汽车外观清洁时机的选择有如下几种情况：

（1）根据气候状况选择。雨天——雨后及时清洁、灰霾天气——及时清洁。

（2）根据行驶路况选择。工地、海岸、积雪撒盐道路行驶应及时清洁。

（3）其他特殊情况。车身黏附鸟屎、虫尸、树胶、沥青、柏油、飞漆、水泥应及时清洁。

注意：极端天气状况下（夏季暴晒后、极度寒冷天气）不宜进行汽车外观清洁。

图2-1　车身需要清洗

3. 汽车外观污垢种类

（1）水溶性污垢。能溶于水（泥土、沙粒、灰尘等），可以用水清洗。

（2）非水溶性污垢。不溶于水（炭烟、矿物油、油脂、胶质物、铁锈、废气凝结物等），应用清洗剂清洗。

4. 汽车外观清洁方法

（1）普通人工洗车。

整个洗车过程主要由人工操作，借助冲洗、泡沫、吸尘等设备完成，对洗车人员要求较高，如图2-2所示。

人工洗车技巧（装饰）3

（2）电脑自动洗车。

电脑洗车是利用电脑对毛刷、高压水、车辆移动的控制来清洗汽车的一种设备，具备高效省时不伤漆面、耗水量小的特点，如图2-3所示。电脑洗车机分为半自动洗车机和全自动洗车机两种。常见有全电脑整车无刷清洗机、隧道式电脑洗车机、1+1电脑洗车机、龙门式电脑洗车机等。

图2-2 普通人工洗车

图2-3 电脑自动洗车

人工洗车操作技巧

电脑洗车机和人工洗车哪个好？

二、汽车外观清洁步骤

汽车外观清洁步骤如下。

（1）车况检查。

检查汽车外观和室内，对损伤部位进行记录，检查完后让客户确认并签字，如图2-4所示。

（2）车辆预洗。

均匀喷洒泥沙松弛剂，使车身表面泥沙软化、松弛。喷洒时与车身保持一定距离，增大喷洒范围，如图2-5所示。

（3）冲洗车身。

用高压水枪（调成扇形出水）冲洗车身，

图2-4 车况检查

如图2-6所示。按车顶→后风窗玻璃→行李舱盖→后保险杠→右后翼子板→右后轮舱→右后门→右前门→右侧裙边→前风窗玻璃→刮水槽→右前翼子板→右前轮舱→发动机舱盖→前保险杠→左前翼子板→左前轮舱→左前门→左后门→左侧裙边→左后翼子板→左后轮舱顺序冲洗。

图2-5　车辆预洗

图2-6　冲洗车身

（4）喷洒泡沫。

均匀喷洒洗车液泡沫于车身表面。喷洒时与车身保持一定距离，增大喷洒范围，如图2-7所示。

（5）清洁车身。

清洁车身一般是用擦车海绵（或专用擦车手套）擦拭车身，如图2-8所示。两人从发动机舱盖前端开始同步擦拭，车身裙部留到最后用裙部专用海绵单独擦拭。

全车外部清洁护理

图2-7　喷洒泡沫

图2-8　清洁车身

（6）清洁车轮。

清洁车轮一般是用轮胎刷刷洗轮胎，用轮毂专用海绵清洁轮毂，防止轮毂边缘部位割伤手，如图2-9所示。

（7）冲洗车身。

冲洗车身一般是用高压水枪（调成扇形出水）将车身上的泡沫冲洗干净，如图2-10所示。冲洗顺序同第（3）步。中网、进气格栅、车标、胶条缝、门把手、后视镜、前照灯缝隙处认真冲洗。

图 2-9　清洁车轮

图 2-10　冲洗车身

（8）脱水擦车。

脱水擦车一般是用大毛巾拖水（发动机舱盖、车顶、前后风窗玻璃和行李舱盖），三色毛巾擦干车身水分（漆面、玻璃、车身裙部），正向拖水后再反向拖水一次，如图 2-11 所示。车身、裙部、玻璃毛巾不能混用。

（9）缝隙除水。

缝隙除水是用气枪吹除进气格栅、车标、胶条缝、门把手、后视镜、车灯缝隙等处水分，如图 2-12 所示。气枪不能触碰车身表面。用毛巾将吹出的水分擦干。

图 2-11　脱水擦车

图 2-12　缝隙除水

（10）清洁门框。

清洁门框一般是用专用毛巾清洁门框，如图 2-13 所示。按"左前门框→左后门框→尾门框→油箱盖→右后门框→右前门框"的顺序清洁。毛巾折成 4 层（8 面），擦完 1 个门框更换 1 面。门框较脏时，用毛刷和清洗液刷洗后再擦干。

（11）取出脚垫。

取出脚垫一般是用将脚垫略微弯曲后拿出车外，如图 2-14 所示。不要触碰到内饰。脚垫上的灰尘不要掉落到车内地毯上。

图 2-13　清洁门框

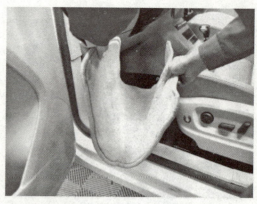

图 2-14　取出脚垫

（12）清洁脚垫。

清洁脚垫应根据脚垫材质选用对应的清洁方法，如图 2-15 所示。皮革类脚垫用万能泡沫洁剂配合毛巾进行；亚麻、化纤类脚垫先用水枪冲洗，再喷洒清洗剂，用脚垫刷刷洗后甩干；橡胶、PVC 塑料、丝圈类脚垫先用水枪冲洗，再喷洒清洗剂，用脚垫刷刷洗后擦干。

（13）物品收纳。

物品收纳即将车内物品放入专用收纳盒内，如图 2-16 所示。收纳前观察好各物品的摆放位置。发现贵重物品及时提醒车主保管。

图 2-15　清洁脚垫

图 2-16　物品收纳

（14）室内除尘。

室内除尘即吸除座椅、储物格和地毯上的灰尘，如图 2-17 所示。吸尘顺序从上到下；座椅吸尘时先用手掌拍打几下；不要忘记清洁烟灰缸。

全车内饰清洁护理

（15）室内清洁。

室内清洁即用内饰清洁剂和专用毛巾清洁内饰件表面，按从上到下、从前到后的顺序清洁，如图 2-18 所示。

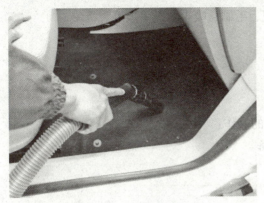

图 2-17 室内除尘

图 2-18 室内清洁

（16）放回物品。

即将收纳到车外的所有物品放回车内，所有物品放回原来的位置，如图 2-19 所示。

（17）放入脚垫。

即将清洁干净的脚垫略微弯曲后放入车内，如图 2-20 所示。放入后调整好位置。主驾一侧脚垫不要压住离合器、制动踏板。

（18）检查交车。

即按验收标准进行自检，再交由质检人员或组长进行验收，如图 2-21 所示。

图 2-19 放回物品

图 2-20 放入脚垫

图 2-21 检查交车

任务实施

一、准备工作

（1）防护装备：车内外三件套。

（2）实训车辆：实训汽车二辆。

（3）工具设备：泡沫机、高压清洗机、拖把、毛刷、吸尘器、手巾等。

（4）辅助资料：汽车维修手册、教材。

二、实施步骤

根据实训室的车辆配置，完成以下几项相关的操作：

1）准备好汽车外部清洁所需要的工具和设备。

2）完成汽车外部清洁前的车辆检验工作。

3）按步骤对汽车外部进行清洁操作。

4）完成实训任务后，对工作过程进行自我评价，提交实训工作单，接受指导老师的技能考核。

5）整理并清洁工作场所，清点和收拾借出的工具、设备和资料，交回实训室。

车身外部清洁护理任务工单如表2-1所示。

表2-1 车身外部清洁护理任务工单

车身外部清洁护理	工作任务单	班级： 姓名：	
1. 学习任务 客户王先生的汽车在使用过程中，由于日晒雨淋、风吹砂击、尘土飞扬，以及高温、严寒、强光、酸雨等恶劣的环境影响沾染污垢，严重地影响汽车装饰的效果和使用寿命。如果你是美容技师，请对此进行相应处理			
任务		**自测标准**	**学习建议**
1.1 资料准备	防护装备	车内外三件套	"工欲善其事，必先利其器。"完成好学习任务的第一步是要熟悉并掌握汽车美容与装饰作业相关的工具设备，做好准备工作
	实训车辆	实训汽车二辆	
	工具设备	泡沫机、高压清洗机、拖把、毛刷、吸尘器、手巾等	
	辅助资料	汽车维修手册、教材	
1.2 实施步骤	外观检查	检查汽车外观和室内，对损伤部位进行记录	要注意清洗擦拭的位置顺序。例如冲洗车身应按车顶→后风窗玻璃→行李舱盖→后保险杠→右后翼子板→右后轮舱→右后门→右前门→右侧裙边→前风窗玻璃→刮水槽→右前翼子板→右前轮舱→发动机舱盖→前保险杠→左前翼子板→左前轮舱→左前门→左后门→左侧裙边→左后翼子板→左后轮舱顺序冲洗
	车辆冲洗	先预洗，再对车辆进行冲洗	
	喷洒泡沫清洁车身	均匀喷洒洗车液泡沫于车身表面，用擦车海绵擦拭车身	
	清洁车轮冲洗车身	用轮胎刷刷洗轮胎，用高压水枪冲洗泡沫	
	脱水擦车	大毛巾拖水，并进行缝隙除水	
	清洁门框	用专用毛巾清洁门框	

续表

任务	自测标准		学习建议
1.2　实施步骤	清洁脚垫	取出脚垫，根据脚垫材质选用对应的清洁方法，并进行物品收纳	
	室内除尘	吸除座椅、储物格和地毯上的灰尘，用内饰清洁剂和专用毛巾清洁内饰件表面	
	检查交车	放回物品，放回脚垫。按验收标准进行自检，再交由质检人员或组长进行验	

2. 学习笔记

1）汽车外观污垢种类有哪些？

2）汽车外观清洁的作用有哪些？

3）汽车外观清洁的步骤及注意事项有哪些？

三、任务评价

车身外部清洁护理任务评价表如表2-2所示。

表2-2　车身外部清洁护理任务评价表

序号	项目	内容	程度	不能的原因
1	知识学习	汽车外观污垢识别	□能　□不能	
2		汽车外观清洁的时机	□能　□不能	
3		汽车室内主要污染气体的来源及危害	□能　□不能	
4		汽车内饰清洁设备和工具使用方法	□能　□不能	
5		全车擦拭作业流程	□能　□不能	

续表

序号	项目	内容	程度	不能的原因
6	技能学习	能叙述汽车外观清洁的时机	□能　□不能	
7		能叙述汽车外观件的护理方法	□能　□不能	
8		能正确使用车身外部清洁护理工具	□能　□不能	
9		能完成车身外部清洁护理作业	□能　□不能	
经验积累与问题解决				
经验积累		问题解决		
签审	1. 小组意见：　　　　　　　　　　　　　年　月　日			评价等级认定
	2. 指导教师意见：　　　　　　　　　　　年　月　日			

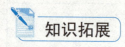
知识拓展

漆面附着物清除

夏季，汽车在新修的柏油路上行驶，经常会沾上刚浇的沥青或烤化的沥青。沥青是无法用普通布擦掉的。同时，这些沥青或焦油是需要及时清理的，如图2-22所示。

图2-22　漆面附着物

1. 清除沥青、焦油

（1）原因、危害。

1）保持车表清洁的需要。

2）保护车身漆面的需要。

3）漆面破损处发生电化学反应。

（2）清洗剂选择。

沾在汽车车身上的沥青、焦油一定不能用汽油或香蕉水等擦拭，这些化学物质对车身表面油漆有腐蚀作用，会溶解油漆，使其失去光泽。

要去掉在车身上的沥青，用涂车蜡最好，因为蜡中的油分能将沥青的焦油溶解。用它作为去除沥青焦油的污迹，是十分有效的。车蜡对车身有保护作用，它原有的功能是使车身表面光泽。如沾的焦油太多太厚，很难擦除。可以反复涂抹车蜡，在拭除之后再以干净的粗布擦拭。这样就可将车身上的焦油污迹彻底擦拭干净。

（3）清除方法。

当沥青或焦油附着于车身表面，应及时予以清除。可以采取以下几种方法：

1）清水刷洗。

2）有机溶剂清除。

3）焦油去除剂清除。

4）抛光机清除。

2. 清除树胶

树胶完全可以自己动手清理，对付树胶越早处理越轻松。树胶一旦硬化，就要先用温水冲洗树胶，再将浸水后的擦车布敷在树胶上，待附着在车漆和前挡风上的树胶软化之后再进行处理，以免造成漆面的损伤。

车主也可以从汽车用品市场购买一些洗车泥。洗车泥是由特制的黏土材料制成的，能够清洁和吸附掉漆面的污垢，操作起来非常简单，对于清除树胶很有效，价格通常为十几元到几十元不等。

同时提醒广大车主，千万不要用小刀之类的坚硬物品直接刮除树胶，或使用不当的有机溶剂进行清洁，以免损伤车漆。

 学习小结

本任务首先介绍了汽车外部清洁的必要性及汽车外部清洁的各种方法，并通过具体实操过程展示了如何在实车上进行作业。请同学们根据本任务的内容多练习，掌握实操流程和技巧。

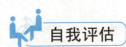 自我评估

1. 填空题

1）汽车外部清洁美容主要包括玻璃的清洗与抛光、车灯的清洁与抛光、后视镜的清洁与护理、轮毂与轮罩的清洁与护理、保险杠及饰板等作业项目。

2）汽车外观污垢种类包括水溶性污垢和非水溶性污垢。

3）电脑洗车机分为半自动洗车机和全自动洗车机两种。

2. 判断题

1）非水溶性污垢。不溶于水（炭烟、矿物油、油脂、胶质物、铁锈、废气凝结物等），可以用水清洗。 （×）

2）极端天气状况下（夏季暴晒后、极度寒冷天气）不宜进行汽车外观清洁。 （√）

3）沾在汽车车身上的沥青、焦油一定不能用汽油或香蕉水等擦拭，这些化学物质对车身表面油漆有腐蚀作用，会溶解油漆，使其失去光泽。 （√）

3. 选择题

汽车外饰件主要有（ABCD）等。

A. 风窗玻璃　　　　 B. 车窗玻璃　　　　 C. 后视镜　　　　 D. 轮罩

任务 2　汽车内饰清洁护理

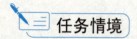 **任务情境**

任务描述

客户王先生的汽车在使用过程中，由于使用和维护不当，车内异味明显，脏污随处可见。如果你是美容技师，请对此进行相应处理。

任务提示

根据任务要求，需要掌握汽车内饰清洁设备和工具的使用方法和注意事项，并能够在了解客户真实需求后为客户对汽车进行清洁并解答客户的疑问。

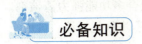
必备知识

汽车发动机室清洁护理

一、车室清洁护理的必要性

现代车辆已越来越注重车身内部的装饰，特别是一些豪华的轿车，装备有结构复杂和昂贵的仪表、空调、音响、电视（VCD）、各类电控装置，以及丝绒或真皮座椅等，有如家居般舒适。因此，要创造一个良好的乘坐环境，保持车内的清洁和做好各项美容和护理工作已显得非常重要。

车厢内饰部分平时受外界油、尘、泥沙、烟雾、乘客汗渍及空调循环等不良因素的影响而易被污染，内饰中的地毯、真皮或丝绒座椅、空调风口、后备厢等处，经常接触潮湿的空气和水渍而发霉、老化，产生难闻的气味，甚至还会滋生细菌，既影响身心健康又不利于驾驶心境。因此，汽车车室的清洁护理非常重要，一般每三个月应做一次全套室内专业护理。

二、常见的车室清洁护理方法

1. 汽车车室污垢种类与形成过程

（1）污垢的种类。

汽车车室污垢主要有以下三种。水溶性污垢有糖浆、果汁中的有机酸、盐、血液及黏附性的液体等。非水溶性固体污垢有泥、沙、金属粉末、铁锈、虱虫等。油脂性污垢有润滑油、漆类产品、油彩、沥青及食物油等。

（2）污垢的形成过程。

①黏附：污垢会在重力作用下停落或黏附在物件的表面。当有压力或摩擦力产生时，污垢也会渗透物件的表层，变得难以去除，如汽车玻璃及仪表台上的灰尘。

②渗透：饮料或污水会渗透物件的表面，被物件所吸收，以致很难清除。如车门内饰板、后挡台、脚垫上的饮料或血渍等。

③凝结：黏性污垢变干凝固后，会紧紧粘贴在物件表面，如汽车内饰丝绒、脚垫或地毯表面的轻油类污垢。

2. 去除污垢的方法

（1）有效清洗污渍的方法。

①高温蒸汽。可以使极难去除的污垢，在清洗之前先软化，为手工清洁部件上的污渍做好准备。

②水。用水可去除水溶性污垢，但不能去除油脂性污垢，而且难以清洁触及不到的内部部件上的水溶性污垢。

③清洁剂。能去除轻油脂及重油脂类污垢，帮助水分渗入内饰丝绒化纤制品。

④动力。清洗车室内部件时，拍打、刷洗、挤压等皆有助于去除污垢。

（2）清洗方法。

①机器清洗。机器清洗最大的特点就是使用内饰蒸汽清洗机。配合多功能强力清洁剂。蒸汽清洗机可以清除内饰部件上很难清洗的污渍，利用温度极高的热蒸汽软化污渍。可用于丝绒、化纤、塑料、皮革等几乎所有车室部件的清洗。

②手工清洗。手工清洗要求配制合适的清洗剂。一般来说，清洗剂应使用负离子纯净水作为溶媒，采用 pH 值平衡配方。

三、汽车室内污染治理

车厢异味的清除

1. 汽车空调系统深度净化

（1）清洁（更换）空调滤芯。

取出空调滤芯，如脏污情况较轻或使用时间不长时，用高压气枪吹干净，并在空调滤芯的正反两面喷上杀菌剂；如果已经堵塞，建议更换新的或带活性炭的空调滤芯，如图 2 – 23 所示。

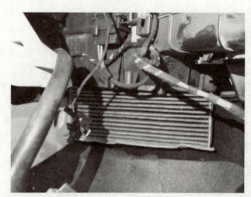

图 2 – 23　清洁（更换）空调滤芯

（2）清洗空调风道。

清洗前，取下空调滤芯，起动车辆，打开空调外循环。将空调清洗剂喷到空调滤芯安装处，空调的外循环风把清洗剂吸入风道内，对风道、蒸发器的脏污进行分解并进行除菌和去除异味，如图 2 – 24 所示。

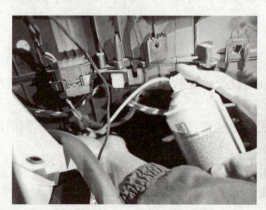

图 2 – 24　清洗空调风道

（3）清洗空调蒸发器。

拆卸空调滤芯和鼓风机→放置污水收集盘（车底空调出水口处）→伸入内窥镜摄像头和喷头（鼓风机电机孔洞）→查看蒸发器污染情况→向清洗机装入空调清洗产品→接通压缩空气→清洗蒸发器→更换清洗剂→清洗蒸发器→装入清水→冲洗蒸发器→向蒸发器喷洒空调杀菌剂→安装鼓风机和空调滤芯。

（4）空调除臭杀毒。

添加空调脱臭剂（空调清洗机）→将清洗机雾化管和臭氧管伸入车内（副驾座椅下方）→起动发动机→开启空调内循环（风量最大）→关闭车门和车窗→设置除臭消毒时间→进入雾化和消毒功能→除臭消毒→关闭空调→打开车门、车窗通风（约 15 min）→擦拭玻璃、仪表台、方向盘、座椅等→安装空调滤芯→恢复拆卸部件→打开空调（风量最大）（6～8 min）→关闭空调。

2. 汽车室内高温蒸汽消毒

（1）蒸汽消毒技术。

汽车高温蒸汽消毒机对室内高温蒸汽消毒，具有无毒、无害、环保；去污、杀菌效果良好；不留水渍；不损坏清洗表面；不释放有害气体等优势，如图 2-25 所示。

（2）汽车室内高温蒸汽消毒方法。

①室内防护。

用塑料遮蔽纸防护音响主机、空调面板、电子开关等部位，如图 2-26 所示。

图 2-25　汽车高温蒸汽消毒机

图 2-26　室内防护

②加注清水。

向蒸汽消毒机里加注清水，如图 2-27 所示。

③通电工作。

连接蒸汽消毒机电源，打开开关，等温度高于 100 摄氏度时，开始下一步的消毒操作，如图 2-28 所示。

图 2-27　加注清水

图 2-28　通电工作

④蒸汽消毒。

先向空调口里喷蒸汽，然后向车室内部喷蒸汽，等到室内已有大量蒸汽时，关闭所有车门，如图 2-29 所示。

⑤室内清洁。

待蒸汽完全消失后，打开车门，用干毛巾把蒸汽所产生的水珠擦干，如图 2-30 所示。

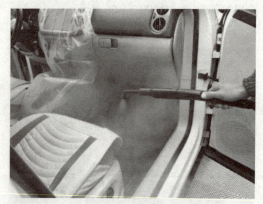

图 2-29　蒸汽消毒

图 2-30　室内清洁

3. 汽车室内臭氧（O_3）消毒

（1）O_3 的特点及作用。

O_3 又称为超氧，是氧气（O_2）的同素异形体，属不可燃气体，在常温下有特殊臭味（青草味），O_3 常温常压下可自行分解成氧气。O_2 通过电击作用可转化为 O_3。

吸入少量臭氧对人体有益，过量吸入则对人体有一定危害。臭氧对酵母和寄生生物等有活性，既可以用它去除病毒、孢囊、孢子、真菌、寄生生物、病菌等微生物和病毒，也可以用它分解空气中的臭味、烟味、浓香水味。

（2）汽车臭氧消毒机。

电晕放电合成 O_3 是目前应用最多的 O_3 制取技术，该类 O_3 发生器是使用一定频率的高压电流制造高压电晕电场，使电场内或电场周围的氧分子发生电化学反应，从而制造 O_3，如图 2−31 所示。汽车 O_3 消毒机也采用这一原理产生臭氧。

（3）汽车臭氧消毒的特点。

优点：成本低、效果好、清洁环保。缺点：长时间使用 O_3 会加快车内橡胶的老化，高浓度的 O_3 也会对人体造成损害。

（4）汽车室内臭氧消毒方法。

①室内清洁。

对室内进行吸尘、清洁，如图 2−32 所示。

图 2−31　汽车臭氧消毒机

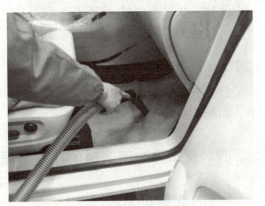

图 2−32　室内清洁

②接入胶管。

关闭车门、车窗玻璃，将 O_3 消毒机胶管从车窗玻璃缝隙伸入车内，如图 2−33 所示。

③打开空调。

打开空调（内循环），如图 2−34 所示。

图 2−33　接入胶管

图 2−34　打开空调

④开机定时。

接通消毒机电源，把定时器调节到所需的工作时间，再开启电源开关，如图 2−35 所示。

⑤臭氧消毒。

利用空调的空气循环，将消毒机产生的高浓度 O_3 送到车内的每个角落进行消毒，如图 2−36 所示。

图 2 - 35　开机定时

图 2 - 36　臭氧消毒

⑥通风透气。

打开车窗，让室内残留的 O_3 味分解、散出，如图 2 - 37 所示。

四、汽车内饰清洁时的注意事项

1. 使用适当的清洁剂

清洁汽车不同材质的内饰部件时，最好使用专用于该物件或最相称的清洁剂。如用化纤织物清洁剂清洗丝绒纤维制成的座套、地毯等。

图 2 - 37　通风透气

2. 不能随意混合或加温使用内饰清洁用品

不同的内饰清洁用品混合后，可能产生有害物质，而某些化学成分混合后，可能会释放有毒气体。将清洁剂加温，如放入蒸汽清洗机内使用，也会产生有害气体。

3. 使用不熟悉的产品应先测试

对于首次使用的清洁剂，应先在待清洗部件的不显眼处进行测试，以防褪色或有其他损害。

全车内饰清洁
注意事项

4. 正确保存清洁用品

注意正确地保存清洁剂，这样既保证产品充分发挥效能，更有助于防止产品过早变质。

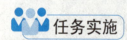
任务实施

一、准备工作

（1）防护装备：车内外三件套。

（2）实训车辆：实训汽车两辆。

（3）工具设备：高温蒸汽消毒机、汽车臭氧消毒机、手巾等。

（4）辅助资料：汽车维修手册、教材。

二、实施步骤

根据实训室的车辆配置，完成以下相关的操作：

1）准备好汽车内部清洁所需要的工具和设备。

2）完成汽车内部清洁前的车辆检验工作。

3）按步骤对汽车内部进行清洁操作。

4）完成实训任务后，对工作过程进行自我评价，提交实训工作单，接受指导老师的技能考核。

5）整理并清洁工作场所，清点和收拾借出的工具、设备和资料，交回实训室。

汽车内饰清洁护理任务工单如表 2-3 所示。

表 2-3　汽车内饰清洁护理任务工单

汽车内饰清洁护理		工作任务单	班级： 姓名：	
1. 学习任务 客户王先生的汽车在使用过程中，由于使用和维护不当，车内异味明显，脏污随处可见。如果你是美容技师，请对此进行相应处理				
任务		自测标准		学习建议
1.1　资料准备	防护装备	车内外三件套		"工欲善其事，必先利其器。"完成好学习任务的第一步是要熟悉并掌握汽车美容与装饰作业相关的工具设备，做好准备工作
	实训车辆	实训汽车两辆		
	工具设备	高温蒸汽消毒机、汽车臭氧消毒机、手巾等		
	辅助资料	汽车维修手册、教材		
1.2　实施步骤	汽车空调系统深度净化	清洁（更换）空调滤芯、清洗空调风道、清洗空调蒸发器、空调除臭杀毒		（1）机器清洗。机器清洗最大的特点就是使用内饰蒸汽清洗机。配合多功能强力清洁剂。蒸汽清洗机可以清除内饰部件上很难清洗的污渍，利用温度极高的热蒸汽软化污渍。可用于丝绒、化纤、塑料、皮革等几乎所有车室部件的清洗。 （2）手工清洗。手工清洗要求配制合适的清洗剂。一般来说，清洗剂应使用负离子纯净水作为溶媒，采用 pH 值平衡配方
	汽车室内高温蒸汽消毒	先室内防护，向蒸汽消毒机里加注清水，通电进行蒸汽消毒，待蒸汽完全消失后，打开车门，用干毛巾把蒸汽所产生的水珠擦干		
	汽车室内臭氧（O_3）消毒	室内清洁后，关闭车门、车窗玻璃，将 O_3 消毒机胶管从车窗玻璃缝隙伸入车内，打开空调，开机定时，进行臭氧消毒，最后通风透气		
2. 学习笔记				

任务	自测标准	学习建议
1）车室清洁护理的必要性有哪些？		
2）常见的车室清洁护理方法有哪些？		
3）汽车内饰清洁时的注意事项有哪些？		

三、任务评价

汽车内饰清洁护理任务评价如表 2-4 所示。

表 2-4　汽车内饰清洁护理任务评价

序号	项目	内容	程度	不能的原因
1	知识学习	车室清洁护理的必要性认识	□能　□不能	
2		车室清洁护理的方法	□能　□不能	
3		汽车空调系统深度净化的方法	□能　□不能	
4		汽车室内高温蒸汽消毒的方法	□能　□不能	
5		汽车室内臭氧（O_3）消毒的方法	□能　□不能	
6	技能学习	能使用设备对汽车室内进行高温蒸汽消毒	□能　□不能	
7		能使用设备对汽车室内进行臭氧消毒	□能　□不能	
8		能正确使用汽车内饰清洁护理工具	□能　□不能	
9		能完成室内空气清洁作业	□能　□不能	
经验积累与问题解决				
经验积累			问题解决	

序号	项目	内容		程度	不能的原因
签审	1. 小组意见：			年　月　日	评价等级 认定
	2. 指导教师意见：			年　月　日	

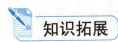 **知识拓展**

车室清洗护理工艺

1. 室内除尘

（1）首先将车内的脚踏垫和杂物取出，抖去尘粒，倒掉烟灰。

（2）对于汽车内的刹车踏板等部件，可以用小牙刷或沾有清洗剂的抹布进行刷洗。要特别注意的是离合器踏板、刹车踏板、油门踏板部分，要认真清扫，特别是要清除上面的油脂类污垢，这对开车时防滑有很大好处。

（3）用真空吸尘机进行细致吸尘，应遵循从高到低的原则。首先进行顶棚的除尘，然后依次是仪表板、座椅、车门内侧及后备厢。

2. 内饰清洁与护理

（1）全车"桑拿"（选用）。

内饰清洁与护理前可以用蒸汽机给汽车"蒸个桑拿"，以增加污物的活性，使之在清洁时容易从载体上分离。

（2）顶棚的清洁与护理。

顶棚多为毛料或纤维绒布制成，因其位置特殊，黏附的油污不多。主要是由于车顶棚绒布具有吸附性，故其主要污染是吸附烟雾、粉尘及人体头部的油脂，这些污物如果不及时清除，在空气中水汽的作用下便黏附在顶棚上，难以清除。此外，清除这些污物时，难以使用机器，只能人工操作。

（3）仪表板等塑胶件的清洁护理。

仪表板与置物箱大多为塑胶制品，外表存在较多细条纹，其上沾染的成分简单，多为灰尘，容易清除。

清洁方法一般是先用湿毛巾擦拭，再使用专用塑胶护理上光剂处理。只需轻轻擦拭、清洁、上光便一次完成，即可得到一个干净光亮的表面。

（4）座椅的清洁护理。

座椅的使用频率极高，沾有大量的人体汗渍、油渍和细菌，是车内清洁的重点。座椅的清洁护理应根据座椅的材质来确定。座椅一般有两种材质，一种是化纤织物，一种是人造革或真皮制品。不同的面料要使用不同的清洁剂清洁，否则不科学的清洁方法会给面料带来损害。

（5）门饰板的清洁护理。

门饰板有化纤织物和皮革两类。

一般汽车的门饰板距离坐车人近，最容易因"手"而弄脏，而且油污等较多，可采用与座椅清洁相同的方式进行。

（6）安全带的清洗。

拆下脏的安全带，用中性肥皂水或温水擦洗。不可选用染色剂或漂白剂作为清洗剂清洗，否则将降低安全带的强度。

（7）地毯和踏脚垫的清洁。

地毯和踏脚垫多为纤维织物制作，对于不可拆卸的地毯，应用电热式喷水/吸尘/吸水多功能清洗机清洁，或用蒸汽机进行消毒处理，最后喷涂保护剂和光亮剂。

（8）空调通风口的清洁。

空调系统为司乘人员提供了舒适的乘坐环境。但汽车在行驶时，大量的灰尘污物会加入空调的进风口，吸附在风道内侧，在高湿的环境下，会滋生大量的细菌，危害人体健康。

学习小结

本任务首先介绍了汽车内部清洁的必要性及汽车内部清洁的各种方法，并通过具体实操过程展示了如何在实车上进行作业。请同学们根据本任务的内容多练习，掌握实操流程和技巧。

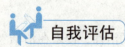

自我评估

1. 填空题

1）汽车车室污垢主要有<u>水溶性污垢</u>、<u>非水溶性固体污垢</u>、<u>油脂性污垢</u>三种。

2）污垢的形成过程包括：<u>黏附</u>、<u>渗透</u>、<u>凝结</u>。

3）清洗空调风道前，取下空调滤芯，起动车辆，打开空调<u>外循环</u>。

2. 判断题

1）拆下脏的安全带，用中性肥皂水或温水擦洗。也可选用染色剂或漂白剂作为清洗剂清洗。 （×）

2）一般来说，清洗剂应使用负离子纯净水作为溶媒，采用 pH 值平衡配方。 （√）

3）仪表板与置物箱大多为塑胶制品，外表存在较多细条纹，其上沾染的成分简单，多为灰尘，容易清除。 （√）

3. 选择题

非水溶性固体污垢有（BCD）等。

A. 果汁　　　　　B. 泥　　　　　　　C. 沙　　　　　　D. 虱虫

金山银山不如绿水青山

车内是一个密闭空间，车内的空气不容易与外界流通更换，尤其春夏风沙天气，车内经常会积存一些沙粒，严重影响人员乘坐的舒适性。在春夏季呼吸道疾病多发时期，容易增加车内人员的患病概率，甚至增加乘车者之间病菌交互传染的可能性。车身的整洁不但能延长车漆寿命，保持车漆光亮，而且有利于城市美观。所以，保证汽车内外的"绿水青山"意义重大。（蓝天保卫战如图2-38所示）

图2-38 蓝天保卫战

2018年5月18日至19日，习近平在全国生态环境保护大会上提出"坚决打赢蓝天保卫战是重中之重"。这既是国内民众的迫切期盼，也是我们就办好北京冬奥会向国际社会作出的承诺。

项目三　汽车漆面美容护理

项目描述

在从事汽车美容与装饰服务工作中，汽车漆面美容护理工作是技能水平要求很高的工作。能够熟练完成汽车漆面美容护理的相关作业项目，是汽车美容人员应掌握的一项基本技能。本学习项目与1+X技能等级考核证书制度"汽车美容装饰与加装改装服务技术"中相关模块对接，主要对汽车漆面的美容护理作业进行学习，包括漆面缺陷治理、漆面打蜡上光、漆面封釉护理、漆面镀膜处理等任务。

学习目标

能力目标	知识目标	素养目标	权重
1. 能掌握汽车不同类型漆膜划痕治理的工艺流程 2. 能够正确操作抛光机 3. 能够正确选用抛光剂 4. 能掌握汽车封釉的工艺流程 5. 能掌握汽车镀膜的工艺流程 6. 能正确选用漆面缺陷治理设备和材料 7. 能正确选用漆面打蜡上光设备和材料	1. 掌握汽车车漆的结构和种类 2. 掌握汽车漆面损伤种类和原因 3. 掌握汽车漆膜划痕类型的判别 4. 掌握汽车车蜡类型 5. 熟悉车漆斑点去除剂的选用 6. 掌握汽车车漆封釉的基本原理 7. 掌握汽车漆面封釉和打蜡的区别 8. 掌握汽车车漆镀膜的基本原理 9. 掌握汽车镀膜的注意事项	1. 能够在工作过程中与小组其他成员合作、交流，养成团队合作意识，锻炼沟通能力 2. 养成7S的工作习惯 3. 养成服从管理、规范作业的良好工作习惯 4. 提高节能降耗意识 5. 增强爱岗敬业意识	30%

续表

能力目标	知识目标	素养目标	权重
1. 能用抛光机和粗海绵球配水溶性粗蜡 2. 能用水溶性漆膜上光保护蜡 3. 能对车身漆面状况进行仔细评估 4. 能干磨或湿磨需要修整的区域 5. 能正确选用漆面封釉设备和材料 6. 能正确选用漆面镀膜设备和材料	1. 掌握汽车漆面划痕治理操作流程 2. 掌握汽车漆面打蜡上光操作流程 3. 掌握汽车漆面封釉操作流程 4. 掌握汽车漆面镀膜的操作流程 5. 掌握汽车漆面镀膜、封釉和打蜡的区别 6. 掌握抛光机原理、操作要点 7. 掌握汽车封釉的注意事项	1. 提高勇于争先、不断学习的意识 2. 增强耐心、韧性	60%
运用知识分析案例，并指定美容装饰方案			10%

任务1　漆面缺陷治理

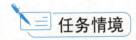 任务情境

任务描述

车主老王新买的轿车在上班途中和其他车辆发生了剐蹭，看着鲜亮的车漆上出现的这道口子，老王很是心疼，于是他立马来到汽车美容店进行询问处理。假如今天你是汽车美容技师，对此问题你将如何处理？

任务提示

根据客户的需求，这辆轿车的漆面出现刮擦现象，需要对轿车的漆面损害程度进行鉴定。这项工作任务需要了解汽车车漆缺陷相关知识，掌握漆膜划痕治理的工艺流程。

一、汽车漆的组成

1. 成膜物质

成膜物质是油漆的主体成分，其作用是使颜料保持明亮状态，使之坚固耐久并能黏附在物体表面，是决定油漆类型的物质。

2. 颜料

颜料是油漆中两种不挥发物质之一，赋予漆面色彩和耐久性，同时使油漆具有遮盖力，并提高强度和附着力，改变光泽，改善流动性和涂装性能。

3. 溶剂

溶剂是油漆中的挥发成分，主要作用是充分溶解漆膜中的树脂，使油漆正常涂抹。

4. 添加剂

添加剂中有能加速干燥并能增强色泽的固化剂，有能减缓干燥速度的缓凝剂，有减弱光泽的消光剂等。

二、汽车漆面种类

根据漆面成分和制作工艺的不同，可将汽车漆面分为以下三种。

1. 素色漆

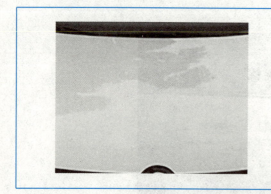

普通漆：
* 成本低、工艺简单；
* 颜色单调、光泽度不太好；
* 车漆软、容易划伤；
* 容易氧化变色和受外界腐蚀。

2. 金属漆

漆基中加有微细的铝粒：
- 成本较高；
- 颜色丰富、亮度较高、有层次感；
- 硬度较高、不易被划伤；
- 抗氧化抗腐蚀能力较强。

3. 珍珠漆

漆基中加有云母：
- 成本高、工艺复杂；
- 颜色丰富、亮度高、有通透的立体感；
- 硬度高；
- 抗氧化、抗腐蚀能力强。

三、漆面损伤诊断

　　汽车漆受损主要由氧化危害、水垢危害、划痕危害、鸟（虫）粪便危害、铁粉危害、酸雨危害、树胶危害、不当护理危害等常见的几种情况造成，如图 3 - 1 所示。总结起来可分为两大类，一是漆面失光；二是漆面划痕。

图 3 - 1 漆面主要污染物

1. 漆面失光

　　造成漆面失光的因素有：氧化、交通膜、蚀痕、水痕纹、鸟屎、太阳纹、沥青/柏油、虫尸、树胶、飞漆、龟裂。

2. 漆面划痕

（1）划痕类型。

漆面划痕有五种类型，如图 3 - 2 所示。具体包括以下几点：

1）发丝划痕：洗车、擦车或轻微摩擦而产生的细划痕，未穿透透明漆，一般手感觉不出凹痕处；

2）轻度划痕：比发丝划痕要深，虽穿过透明漆层但未穿透底色漆层；

漆面划痕分类

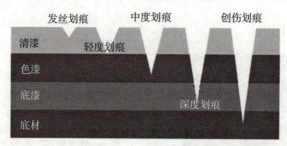

图 3 - 2 漆面划痕

3）中度划痕：可见底色漆，但未划破底色漆层；

4）深度划痕：可见电解漆层，但未伤及金属；

5）创伤划痕：使金属受到严重伤害的划痕。

（2）划痕判断。

视线与漆面的角度：

超过 60°角看不清划痕时，为轻度划痕；

超过 45°角看不清时为中度划痕；

超过 30°角看不清时为重度划痕。

看得到但指甲感受不到的划痕可以进行修复；

看得到、指甲也能感受得到的划痕已伤及整个漆层。

（3）漆面厚度判断。

一般借助漆面厚度计测量漆膜的总厚度。漆面厚度计如图
3 - 3 所示。

当车漆厚度 >200 μm 时，表明漆面无损失；

当车漆厚度为 100 ~ 200 μm 时，表明清漆厚度正常，可以
执行抛光作业；

当车漆厚度为 80 ~ 100 μm 时，表明清漆可能太薄，抛光要

图 3 - 3　漆面厚度计

小心；

当车漆厚度 <80 μm 时，表明车漆太薄，尽量取消研磨步骤或采取长效填充研磨剂。

四、漆面失光原因的判别

（1）自然老化导致失光。

当漆面无明显划痕时，用放大镜观察漆面斑点较少，此类失光主要由漆面出现氧化还原
反应所致，属于自然老化失光。

（2）浅划痕导致的失光。

当漆面分布较多的未伤及底漆的划痕时，特别是在强光照射下尤为明显，此类失光主要
是由漆表划痕所致。

（3）透镜效应导致的失光。

用放大镜仔细观察漆面，若发现车表有较多的斑点时，说明漆面受透镜效应的侵蚀严
重，此类失光多为透镜效应所致。

五、漆面失光的处理方法

（1）自然氧化导致的失光。

对于自然氧化导致的漆面失光，通常可采用漆面翻新美容的方法进行处理。

①车身漆面翻新美容的作用原理。

车身漆面在进行翻新美容处理时，是通过静电、摩擦和抛光的作用原理来消除和改善漆面的一些缺陷的。

②旧车漆面翻新美容施工工艺流程。

车身清洗→漆面研磨→抛光→还原→打蜡或封釉。

（2）自然氧化严重或透镜效应严重引起的失光。

指受污染的漆面粗糙失光但不须喷漆，用放大镜仔细观察漆面，会发现漆面有较多的斑点，则说明漆面受侵蚀严重。由于上述原因导致的漆面失光，要求重新进行涂装翻新施工。这部分工作一般由汽车修理厂实施。

六、防止漆面失光的方法

1. 正确进行日常护理

从漆面失光原因的分析中，得知日常护理时洗车不当、擦车不当以及选用的清洗剂、护理剂和清洗护理的方法不当等，均可导致漆面失光，相应地从这些方面采取措施，即可预防漆面失光。

2. 选装相应装置和采取对应措施，预防失光现象发生

（1）加强日常护理，防止漆面失光。

（2）为停放较长时间的车辆罩上防潮防蚀罩，并选择适合的车库停放。

（3）加强护理，加装汽车防静电装置，解决汽车运行中形成的所谓"交通膜"，防止漆面失光。

（4）及时护理，消除残存于漆面上的雨滴，防止透镜效应的产生。

七、汽车漆面浅度划痕的处理

漆面划痕处理

漆面划痕处理装饰（1）

漆面划痕处理装饰（2）

汽车漆面浅划痕修复的基本方法有以下几种：

1. 漆笔修复法

用相近颜色的漆笔涂在划伤处即为漆笔修复法。

2. 计算机调漆喷涂法

结合计算机调漆并采用新工艺方法的划痕修补技术，是一种快速的技术修复，但要求颜色调配准确，修补的面积尽可能缩小，再经过特殊溶剂（驳口水）处理后，能使新旧面漆

更好地融合，达到最佳附着。

3. 抛光法

抛光是在抛光盘、研磨剂和漆面三者之间进行的。

抛光盘高速旋转、摩擦产生热量，同时产生的热量也促使漆膜变软、漆面毛细孔扩张，在静电的作用下，孔内的脏物被吸出。

抛光盘与研磨剂一同又将漆面的氧化层磨掉，并将轻度微划痕拉平填满。同时，研磨剂中的一些成分溶于漆面并发生还原反应，最后使得漆面清洁如新、光滑亮丽。

八、汽车漆面中重度划痕的处理

与轻度划痕修复的不同之处在于：在抛光工序前多了一步砂纸打磨工序。中度划痕汽车漆面的色漆层已经被刮透但未伤及底层涂漆，其处理方法如下：打磨→清洗→干燥→中涂层涂装→面漆涂装→清漆涂装→抛光上蜡。对深度划痕首先应清除损伤板面的旧漆层，用钣金或焊装等方法，修复好已损伤车身的板面，达到与原来的形状、尺寸、轮廓相同要求，然后进行修补涂装。

任务实施

一、全车抛光处理

1. 准备工作

（1）准备实训轿车两辆。

（2）准备常用工具：抛光机，抛光盘，研磨蜡，红外线温度枪，与车身原漆膜配套的原子灰、面漆、清漆。

2. 实施步骤

根据任务要求，每六人一组，每组选出一名组长，组长对小组成员进行任务分配。以小组为单位，根据实训车辆配置，完成以下相关的操作：

（1）外观清洁。高压冲洗后去除虫尸、沥青、黏胶、铁粉、树胶、氧化层，如图3-4所示。

（2）遮蔽防护。用塑料遮蔽纸和纸胶带遮蔽后视镜、字标、车标、车窗玻璃、车窗胶条、前照灯、尾灯、喷水嘴、天线、牌照框等部位，如图3-5所示。

图3-4　汽车外观清洁　　　　　　　　图3-5　汽车遮蔽防护

（3）损伤修复。用美容砂纸、研磨剂、抛光机修复漆面划痕、蚀痕、严重氧化层等损伤，如图3-6所示。

图3-6　漆面损伤修复

（4）抛光。

漆面抛光如图3-7所示。

（5）还原。

漆面还原如图3-8所示。

图3-7　漆面抛光　　　　　　　　　　　图3-8　漆面还原

（6）完成实训任务后，对工作过程进行自我评价，提交实训工作单，接受指导老师的技能考核。

（7）整理并清洁工作场所，清点和收拾借出的工具、设备和资料，交回实训室。

二、发丝划痕、轻度划痕的处理

1. 准备工作

（1）准备实训轿车两辆。

（2）准备常用工具：抛光机，抛光盘，研磨蜡，红外线温度枪，与车身原漆膜配套的原子灰、面漆、清漆。

2. 实施步骤

根据任务要求，每六人一组，每组选出一名组长，组长对小组成员进行任务分配。以

小组为单位，根据实训车辆配置，完成以下相关的操作：

（1）用高压水冲洗表面并擦干，清除浮尘、泥土及污物等，如图3-9所示。

（2）若车身污垢较重，则用清洗剂，或用美容粗蜡，配合PNO5723白色波浪海绵轮及PNO5717托盘与气动或电动抛光机，以1 500～2 500 r/min中速抛光，可一次轻易去除细小划痕、砂痕、氧化层、美纹纸细砂痕等缺陷，如图3-10所示。

（3）用至尊美容手蜡和多功能擦拭纸进行手工抛光，可有效地清除细部污垢，可使漆膜长久保持镜面效果，如图3-11所示。

图3-9　冲洗车辆

图3-10　漆面抛光

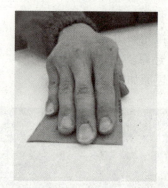

图3-11　手工抛光

（4）完成实训任务后，对工作过程进行自我评价，提交实训工作单，接受指导老师的技能考核。

（5）整理并清洁工作场所，清点和收拾借出的工具、设备和资料，交回实训室。

三、中度划痕的处理

1. 准备工作

（1）准备实训轿车两辆。

（2）准备常用工具：抛光机，抛光盘，研磨蜡，红外线温度枪，与车身原漆膜配套的原子灰、面漆、清漆。

2. 实施步骤

根据任务要求，每六人一组，每组选出一名组长，组长对小组成员进行任务分配。以小组为单位，根据实训车辆配置，完成以下相关的操作：

（1）用脱蜡洗车液去除残蜡，如图3-12所示。

（2）用细毛笔、漆笔或喷枪，将底漆均匀涂布在划痕处，应涂布1～3层，如图3-13所示。

图 3 - 12　脱蜡

图 3 - 13　补漆

（3）用脱蜡洗车液除去划痕周围的污垢及残蜡（一定不能有残蜡），如图 3 - 14 所示。

（4）确定汽车中涂层漆和面漆的种类、牌号，或可代用的涂料品种（这是不得已时而为之）。

（5）用电脑配漆或找出相应的划痕漆。

（6）将配好的漆（按需要的程序）倒入微型喷枪，如图 3 - 15 所示。

（7）先将喷枪在废纸上试喷，直到喷射均匀为止。

（8）把喷枪放到距划痕约 2 寸（1 寸 = 3.33 厘米）距离处，开始喷漆，以常速对划痕覆盖式喷涂，不宜过厚，如图 3 - 16 所示。每隔 2 ~ 3 分钟喷涂一层，直到把划痕全部覆盖为止。喷涂时，应按底漆→中涂层漆→面漆→罩光清漆的顺序进行，喷涂时按喷涂→干燥→打磨的程序分别进行。

图 3 - 14　去除残蜡

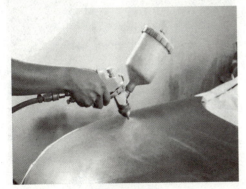

图 3 - 15　喷枪

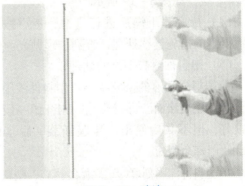

图 3 - 16　喷漆

（9）将划痕周边溅出的漆，用蘸过稀释剂的洁净拭布擦掉。

（10）每喷涂一种漆之后，需进行适当的干燥、打磨，然后才能喷涂第二种漆。

（11）完成实训任务后，对工作过程进行自我评价，提交实训工作单，接受指导老师的技能考核。

（12）整理并清洁工作场所，清点和收拾借出的工具、设备和资料，交回实训室。

四、深度划痕的处理

1. 准备工作

（1）准备准备实训轿车两辆。

（2）准备常用工具：抛光机，抛光盘，研磨蜡，红外线温度枪，与车身原漆膜配套的原子灰、面漆、清漆。

2. 实施步骤

根据任务要求，每六人一组，每组选出一名组长，组长对小组成员进行任务分配。以小组为单位，根据实训车辆配置，完成以下相关的操作：

（1）用脱蜡洗车液，除去划痕中的残蜡及周围的污垢，如图 3-17 所示。

（2）用 600 号砂纸，将划痕棱角打圆，如图 3-18 所示。

图 3-17　冲洗车辆

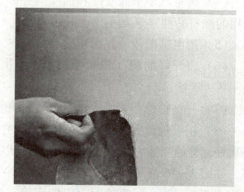

图 3-18　砂纸打磨

（3）用含有原子灰的底漆涂于划痕处，应涂 2~3 层，如图 3-19 所示。

（4）待底漆干燥后进行打磨，然后按中度划痕处理的措施继续处理，直到护理抛光为止。

（5）塑料件漆膜划痕的处理。

①塑料件划痕的修复特点：塑料件漆膜划伤后，若直接喷涂面漆进行修复，刚开始一段时间还很好，但不久后便出现漆膜断裂、脱落的现象，使用寿命很短。

②塑料件漆膜划痕的正确修复措施：塑料件漆膜划伤后，直接修补喷涂面漆，会造成漆膜断裂和脱落现象，其根本原因是补漆工艺错误所致。

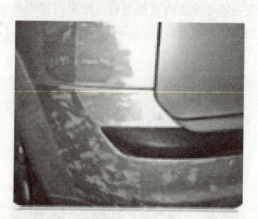

图 3-19　涂原子灰

塑料件因外界环境温度变化影响而自然伸展或弯曲时，由于修补漆的硬度和弹性与原塑料件的硬度和弹性不一致，所以出现漆膜断裂和脱落。

（6）正确的修复工艺如下：

①打磨划痕部位，可用 600 号砂纸打磨漆膜划痕部位，并清洗擦拭干净，晾干或吹干。

②先在打磨部位喷涂一层塑料底漆，并使之干燥。

③在面漆修补漆中，加入专用塑料柔软剂，并调和均匀，然后喷涂在塑料底漆上。

④待塑料修补漆干燥后，进行打磨抛光，并清洗干燥。

⑤涂面漆美容护理蜡，并抛光护理，即可使漆膜色泽光亮如新。

⑥经过正确地修补工艺施工后，可提高漆膜使用寿命，克服了断裂和脱落现象，并提高了塑料件漆膜的装饰效果。

（7）完成实训任务后，对工作过程进行自我评价，提交实训工作单，接受指导老师的技能考核。

（8）整理并清洁工作场所，清点和收拾借出的工具、设备和资料，交回实训室。

漆面缺陷治理任务工单如表3-1所示。

表3-1　漆面缺陷治理任务工单

漆面缺陷治理		工作任务单	班级：
			姓名：
1. 学习任务 车主老王新买的轿车在上班途中和其他车辆发生了剐蹭，看着鲜亮的车漆上出现的这道口子，老王很是心疼，于是他立马来到汽车美容店进行询问处理。假如今天你是汽车美容技师，对此问题你将如何处理			
任务		自测标准	学习建议
1.1　资料准备	防护装备	车内外三件套	"工欲善其事，必先利其器。"完成好学习任务的第一步是要熟悉并掌握汽车美容与装饰作业相关的工具设备，做好准备工作
	实训车辆	实训汽车两辆	
	工具设备	抛光机，抛光盘，研磨蜡，红外线温度枪，与车身原漆膜配套的原子灰、面漆、清漆	
	辅助资料	汽车维修手册、教材	
1.2　实施步骤	全车抛光处理	外观清洁、遮蔽防护、损伤修复、抛光、还原	喷涂时，把喷枪放到距划痕约2寸距离处，开始喷漆，以常速对划痕覆盖式喷涂，不宜过厚。每隔2~3分钟喷涂一层，直到把划痕全部覆盖为止。喷涂时，应按底漆→中涂层漆→面漆→罩光清漆的顺序进行，喷涂时按喷涂→干燥→打磨的程序分别进行
	发丝划痕、轻度划痕的处理	用高压水冲洗表面并擦干，清除浮尘、泥土及污物等，先用抛光机抛光，再手动抛光	
	中度划痕的处理	用脱蜡洗车液去除残蜡；用细毛笔、漆笔或喷枪，将底漆均匀涂布在划痕处，应涂布1~3层；除去残蜡；将配好的漆（按需要的程序）倒入微型喷枪；将划痕周边溅出的漆，用蘸过稀释剂的洁净拭布擦掉	
	深度划痕的处理	用脱蜡洗车液除去划痕中的残蜡及周围的污垢；用600号砂纸，将划痕棱角打圆；用含有原子灰的底漆涂于划痕处，应涂2~3层，最后护理抛光	

任务	自测标准	学习建议
2. 学习笔记		
1）汽车车漆种类有哪些？		
2）如何诊断漆面损伤？		
3）汽车漆面缺陷治理的注意事项有哪些？		

五、任务评价

漆面缺陷治理任务评价如表 3-2 所示。

表 3-2　漆面缺陷治理任务评价

序号	项目	内容	程度	不能的原因
1	知识学习	汽车车漆的结构和种类认识	□能　□不能	
2		汽车漆面损伤种类和原因识别	□能　□不能	
3		漆面失光的处理方法	□能　□不能	
4		防止漆面失光的方法	□能　□不能	
5		漆面划痕处理方法	□能　□不能	
6	技能学习	能够正确选用抛光剂	□能　□不能	
7		能正确使用抛光机	□能　□不能	
8		能掌握汽车不同类型漆膜划痕治理的工艺流程	□能　□不能	
9		能完成汽车不同类型漆膜划痕治理作业	□能　□不能	

续表

序号	项目	内容	程度	不能的原因
		经验积累与问题解决		
		经验积累	问题解决	
签审		1. 小组意见：　　　　　　　　年　月　日		评价等级认定
		2. 指导教师意见：　　　　　　　年　月　日		

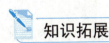

知识拓展

一、外界因素导致的涂膜缺陷

1. 水斑

当漆膜表面点状痕迹，像小水塘，有时侵蚀到油漆表面；漆膜上出现一片片直径在 6 毫米以下的圆形印记；通常印记内的颜色比周围漆膜的颜色稍淡，如图 3 - 20 所示。

图 3 - 20　水斑

（1）起因：

水滴（雨水、洗车所使用的自来水或井水）中含有钙和硅等矿物质，当水分蒸发后，所残留下来的白色沉淀物（即矿物质）会集中在水滴的周围。

（2）修补方法：

①清洗车辆，从涂膜表面去除污物和尘垢。

②使用抛光剂抛光涂膜表面，以去除洗车后残留在车辆上的水斑。

（3）防治对策：

在阴凉处清洗车辆，要擦掉洗车后残留在车辆上的所有水滴。对汽车表面喷涂后，要将车辆停放在室内直到涂膜完全干燥为止，避免涂膜表面与雨水接触。

2. 花粉斑

花粉斑是在涂膜表面形成轻微的皱纹和白色的污物，如图 3-21 所示。虽然大多发生在车辆的水平面，也会依照风运送花粉的方向而在车辆侧面形成。当花粉掉落在涂膜表面并且与水混合时，就会产生一个像水斑状的花粉斑的现象，而个别的花粉也会在涂膜表面形成小点。

（1）成因。

由于长时间暴露在阳光及各种气候条件下，油漆中的颜料自然老化而导致油漆表面的逐渐剥落。

（2）预防及修正。

轻度粉化可以抛光去除，较严重的情况需要进一步打磨及打蜡。重度粉化，需要重新修补。

图 3-21　花粉斑

3. 酸蚀斑

酸蚀陷进漆膜内，有时颜色变异并感觉凹凸不平，有时由于化学品对油漆中颜料的腐蚀导致漆面呈"点"状颜色差异，如图 3-22 所示。

（1）成因。

鸟屎、昆虫、落叶或树液、工业释放物。

（2）预防及修正。

立即从漆面上清除上述物质。抛光或打蜡然后抛光，严重时要打磨重喷。

4. 黑点

黑点大多是形成在银粉漆色的保险杆或车外后视镜上，没有喷涂清漆的银粉漆更容易形成，且多出现于水平面，如图 3-23 所示。

图 3-22　漆面酸蚀斑

图 3-23　黑点

（1）起因。

当没有喷涂清漆的银粉漆面与酸雨接触后，浓缩后的酸会使铝颜料氧化，因此形成圆形的黑点。高温会让水更容易蒸发，这样会增加黑点的产生，因为热会促使化学反应加快。

（2）修补方法。

①使用约 400 号砂纸研磨缺陷部位；

②使用调好色的涂料来喷涂修补部位。

（3）防治对策。

若车辆淋到雨水，应尽快将车清洗。打上一层保护蜡可以有效地保护一个新漆面。

5. 铁粉

这类型的缺陷是在车辆的水平表面显露出小的红色锈斑，摸起来有很粗糙的感觉，且无法用水洗去；当在涂膜表面涂抹除锈剂时，锈斑的颜色会改变成为微红紫色，如图 3 – 24 所示。

（1）起因。

若车辆停放在靠近时会产生铁粉的铁路或钢铁工厂旁的地方时，铁粉就可能与车身涂膜接触而附着在涂膜上，并且生锈，进而侵蚀涂膜。

（2）修补方法。

①大损伤首先使用除锈剂，除锈剂利用化学反应将铁粉转换成红锈（氧化铁），去除涂膜面上的铁粉。然而，它并不能完全去除铁粉。

②小损伤直接使用除铁粉粘土，去除已经深入涂膜面生锈的铁粉。

③抛光去除涂膜表面上的轻微刮伤。

6. 油斑

涂膜表面的颜色若和油渍接触到就会改变为褐色；偶尔，涂膜表面会发生隆起的现象，如图 3 – 25 所示。

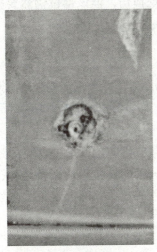

图 3 – 24 铁粉

图 3 – 25 油斑

（1）起因。

焦油、沥青或机油渗透入涂膜表面形成褐色的油斑。若涂膜表面接触到有色的油渍时（例如自动变速箱油），油渍的颜色将会残留在涂膜表面上。

（2）修补方法。

①使用浸泡溶剂的抹布去除油斑。

②损伤较大时使用研磨的方法去除缺陷的部位；若油斑仍无法被去除，则重新喷涂该区域。

7. 蓄电池液斑

涂膜表面被电瓶液溶解，在银粉漆车身中，铝颜料被氧化而变黑；若钢板已暴露，则会导致生锈；若车辆的电瓶破损，将会从引擎室内部损害至底盘部位，如图 3 – 26 所示。

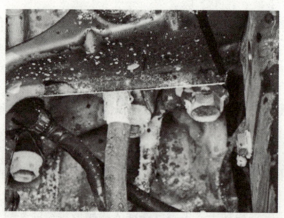

图 3 – 26　蓄电池液斑

（1）起因。

这种形式的损伤是由硫酸所导致的，这种损伤的方式基本上与酸雨相同。

（2）修补方法。

①将缺陷周围部位的涂膜彻底去除，即使还没有出现损伤，但该部位仍然要整个研磨至钢板，因为这类型的损伤会延伸遍及涂膜表面。若已经生锈，则将锈彻底去除。

②由底漆作业开始重新喷涂该区域。

8. 塑化剂或硫化剂污染

当塑胶板或橡胶材质的物体被放置在涂膜上，顺着塑胶或橡胶物体的形状涂膜会隆起或变色。

（1）起因。

这起因于塑胶板中包含的塑化剂（一种添加剂，具有易挠曲性，增进材料的耐冲击性和抗弯性）或橡胶材质包含的硫化剂（一种添加剂，由分子的链接形成架桥结构，将橡胶转换成弹性体）转移至涂膜表面，导致涂膜有隆起或变色的现象。隆起现象大多发生于塑胶材质，变色现象大多发生于橡胶材质。

（2）修补方法。

①若损伤较小，将浸泡有脱脂剂、溶剂或煤油的抹布放置在污染痕上，并将其加热至40 ~ 50 摄氏度以去除斑痕。

②若以上述步骤无法去除污染时，则用抛光来去除缺陷。

③若损伤较大，研磨将污染痕去除后，重新喷涂该区域。

9. 飞石损伤

当车辆行驶时，会有一些小石子撞击涂膜而导致涂膜剥落，这种情形经常发生在车辆引擎盖或车顶的前端边缘部位；若小石子弹跳起来也可能损伤到车门槛板、车门下围板或轮弧外板部位，涂膜剥落的部位通常会形成锐利或锯齿状的表面；偶尔，小石子会导致该区域中间部位产生小凹陷的现象，如图 3 – 27 所示。

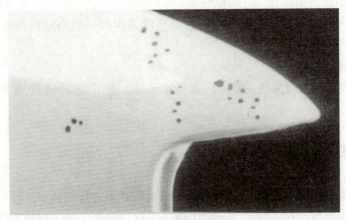

图 3 – 27　飞石损伤

（1）起因。

小石子冲击涂膜表面，其结果使涂膜剥落。

（2）修补方法。

①研磨缺陷部位直到表面平顺为止。若有生锈，须将锈完全去除。

②使用调好颜色的涂料，重新喷涂该部位。

还有简单的方法，就是在损伤的区域实施局部修补，然后将凸出部位磨除并抛光。

10. 褪色或变白

车辆使用很长的时间后，涂膜会有失光的现象（褪色）；浅色系会转变为微黄色，涂膜表面会变白、粉化且没有光泽，如图 3 – 28 所示。

图 3 – 28　褪色或变白

（1）起因。

这种缺陷的产生是由于紫外线、高温和湿气而导致涂膜中的树脂和颜料变质。褪色是由于颜料变质所导致的，变黄是由于紫外线照射导致树脂的变质，变白和粉化则是由于树脂的变质而变成粉状。

（2）修补方法。

①若损伤较小，使用抛光作业去除缺陷层。

②若抛光仍无法修复缺陷或修复不久后又再度发生时，则将缺陷层磨除并重新喷涂该区域。

（3）防治对策。

尽可能将车辆停放在有屋顶的地方。重新喷涂时，使用双组份的氨基甲酸乙酯涂料取代硝基涂料。

二、漆面浅划痕处理应注意的问题

（1）在进行漆面浅划痕处理施工前，待处理表面必须进行清洁和开蜡。

（2）抛光剂不可涂在抛光轮上，应用小块毛巾均匀涂抹于漆面待处理部位。

（3）抛光剂涂抹面积要适当，既可便于抛光操作，又要避免未及时抛光出现干燥现象。

（4）抛光时，要掌握好轻重缓急，漆面瑕疵多的地方要重、要缓慢；去时重，回时轻；棱角边处抛光要轻；来回抛光速度要快。

（5）抛光时，应及时洒水，洒水最好雾状喷洒，防止因水流过大，冲去抛光剂。

（6）欧美汽车的漆面涂层一般较厚，而日本、韩国及国产车辆漆面涂层一般较薄。在抛光时要注意把握好分寸，千万别抛露漆面。

（7）抛光作业可以手工完成，在手工抛光时，应注意抛光运动路线不可胡乱刮擦、环形运动，应该以车身纵向平行线为准往复运动。

总之，抛光作业是漆面划痕处理的核心技术，抛光剂的选择、抛光剂的用量、抛光机的正确使用，以及抛光程度的鉴定等事项，要在实践过程中不断探索和总结经验，才能提高技术水平。

学习小结

1）汽车车漆由成膜物质、颜料、溶剂、添加剂等组成。

2）汽车漆受损总结起来可分为两大类，一是漆面失光；二是漆面划痕。

3）漆面划痕修复的基本方法包括漆笔修复法、计算机调漆喷涂法、抛光法。

自我评估

1. 填空题

1）漆基中加有微细的铝粒，成本较高，颜色丰富、亮度较高、有层次感的是金属漆。

2）当漆面无明显划痕时，用放大镜观察漆面斑点较少，此类失光主要由漆面出现氧化还原反应所致，属于自然老化失光。

3）划痕判断时，视线与漆面的角度超过60°角看不清划痕时，为轻度划痕。

2. 判断题

1）对于自然氧化导致的漆面失光，不可采用漆面翻新美容的方法进行处理。 （×）

2）抛光盘高速旋转、摩擦产生热量，同时产生的热量也促使漆膜变软、漆面毛细孔扩张，在静电的作用下，孔内的脏物被吸出。 （√）

3）中度划痕汽车漆面的处理方如下：打磨→清洗→干燥→中涂层涂装→面漆涂装→清漆涂装→抛光上蜡。 （√）

3. 选择题

1）金属漆的特点包括（ABCD）。

A. 漆基中加有云母

B. 成本高、工艺复杂

C. 颜色丰富、亮度高、有通透的立体感

D. 抗氧化、抗腐蚀能力强

2）漆面厚度判断时，漆面厚度（C），清漆可能太薄，抛光要小心。

A. > 200 μm 时　　　　　　　　　　B. 100 ~ 200 μm 时

C. 80 ~ 100 μm 时　　　　　　　　　D. < 80 μm 时

任务 2　漆面打蜡上光

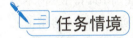

任务情境

任务描述

车主老王新买的轿车 2 年多了，他平时总说忙没时间，所以从未给车漆面进行过养护。最近他看到朋友的车光泽亮丽，而自己的车漆几乎没有了光泽，就想给自己的车也收拾一下，以让汽车重现美丽容颜。假如你是汽车美容技师，对此现象进行维护。

任务提示

根据客户的需求，这辆轿车的漆面存在氧化或刮擦现象，需要对轿车的漆面进行打蜡上光作业，这个工作任务需要了解汽车车蜡相关知识，掌握打蜡上光操作步骤。

漆面打蜡

一、汽车漆面蜡

车蜡是传统的汽车漆面保养物，如图 3 - 29 所示。汽车蜡的主要成分是聚乙烯乳液或硅酮类高分子化合物，并含有油脂和其他添加成分，它通过渗透入漆面的缝隙中使表面平整而起到增加光亮度的效果。

图 3 - 29　车蜡

蜡是一种有机物质，来源于动物、植物或矿物；常温时（20℃、68 华氏度以下）为固体；由大、小微晶体组成，呈透明或半透明状；溶点为 40 摄氏度（华氏为 104 度），但不分解；溶解后黏度相对较低；在轻微磨擦（抛光）后呈现光泽；有较强的防水功能（溶解前）。蜡的最后两种特性是使其成为汽车养护行业倍受欢迎产品的主要因素。如果车蜡使用的是100% 的树脂材料，它应被称作纯合成蜡；如果车蜡里既有树脂，又有石蜡（或其他传统蜡），这是半合成蜡；如果车蜡使用的是 100% 的石蜡，这就是我们所熟悉的传统车蜡。

传统汽车打蜡是以上光保护为主。而今随着汽车美容业的发展，汽车打蜡被赋予新的内涵，即研磨蜡的出现及日益广泛的应用。如果一辆车打了蜡，能够达到较好的光亮效果就需要比较厚的蜡层。但车蜡属于油性物质，油膜与漆面的结合力差，保护时间较短，这种蜡常常因下雨或冲洗等因素流失，有时甚至附着在挡风玻璃上而形成油垢，所以汽车美容打蜡应该定期进行。

汽车车蜡经过了六个阶段的发展，性能和品质在不断提升，种类也是越来越多。车蜡发展的阶段及其性能特点如表 3 - 3 所示。

表 3 - 3　车蜡发展的阶段及其性能特点

发展阶段	性能特点	
第一代车蜡：固体石蜡	此蜡的石油蒸馏物含量很高，附着力很差，无保护作用，闪干时间很长，约 24 小时，非专业人员使用会出现亮度不匀的现象	属于低档蜡。是以石油蒸馏物为主原材料的传统蜡，俗称石蜡，使用比较麻烦，彻底晒干后才能抛光，具有一沾水就掉的特性
第二代车蜡：膏状石蜡	此蜡是液状石蜡的过渡性产品，附着力很好，但闪干时间较长，约 8 小时，使用后容易出现油腻现象	

续表

发展阶段	性能特点	
第三代车蜡：液状石蜡	此蜡是经稀释以后的复合型石蜡，渗透力较强，附着力较好，闪干时间较长，约8小时，但仍采用以前的配方，使用后很难在第二次打蜡时洗干净	
第四代车蜡：单种聚合物	此蜡是内含单种聚合物的保护性上光蜡，包括清洗型和非清洗型两种。清洗型上光蜡内含柔和的上光材料，上光的同时能够去除漆面轻度氧化和轻度划痕。非清洗型上光蜡具有保护作用	属于中高档蜡，蜡中加了聚合物成分（氟、釉、硅等）使车蜡具有多种功能，对车漆起到保护作用，一旦晒干后，可在车漆面形成一层保护膜，同时起上光作用，功效可达12个月。俗称保护性上光蜡，即含有聚合物成分的车蜡，汽车漆面研磨后做保护性上光蜡
第五代车蜡：多种聚合物	此蜡是内含多种聚合物的保护性车蜡，能在漆面形成一层薄薄的膜，具有上光、防腐蚀、抗氧化等多种功能，可适用于任何颜色的漆膜，保护时间长，用于透明漆的效果极佳	
第六代车蜡：纯天然原料蜡	此蜡属于高科技产品，采用纯天然原材料更有利于对车漆的保护	

二、汽车漆面打蜡的作用

（1）防水作用——在强烈阳光照射下，每个小水滴就是一个凸透镜。在它聚焦作用下，焦点处温度达800~1 000摄氏度，造成车漆暗斑，极大影响车漆的质量与寿命，还易使暴露金属表面产生锈蚀，如图3-30所示。车蜡对水性物质有排斥作用，可使水珠不易附着在车体表面，能使车身漆面上的水滴附着减少60%~90%。

图3-30 防水效果

（2）抗高温作用——车蜡的抗高温作用原理是对来自不同方向的入射光产生有效的反射，防止反射光使漆面和底色漆老化变色。

（3）防静电作用——静电给驾驶员带来诸多不便，甚至会造成伤害。车蜡防静电作用主要体现在车表面静电防止上，其作用原理是隔断尘埃与金属表面摩擦。由于涂覆蜡层的厚度及车蜡本身附着能力不同，它的防静电作用有一定差别，一般防静电车蜡在阻断尘埃与漆面的摩擦能力方面优于普通车蜡。

（4）防紫外线作用——由于紫外线的特性决定了紫外线较容易折射进入漆面，防紫外线车蜡充分考虑了紫外线的特性，使其对车表的侵害得以最大限度降低。

（5）上光作用——上光是车蜡最基本作用，经过打蜡的车辆，都能改善其表面的光亮度，使车身恢复亮丽本色。

三、汽车漆面蜡产品种类

汽车漆面蜡按照使用性质不同可以分为研磨/抛光蜡（去污蜡）、上光蜡、保护蜡；按照车蜡的物理状态不同可以分为固体蜡、膏状蜡、液体蜡、喷雾蜡；按照生产国别不同可以分为国产蜡、进口蜡；还可以按照组成成分和作用的不同来分类。本书详细介绍按照成分和作用不同的分类。

1. 按照组成成分分类

（1）石蜡（Paraffin Wax）。

石油馏分物，呈固状，白色晶体。它们由选择性溶剂程序，被提炼为不同溶解度的等级，如图 3 – 31 所示。石蜡呈油脂状，其油脂特性有助于打蜡时的均匀分布，同时也容易控制蜡中溶剂（清洁煤油）的挥发。在没有催化的作用下，可直接与油性物质、其他种蜡和树脂结合。石蜡是我们常说的第一代蜡。

（2）微晶体蜡（Micro – crystallline Wax）。

微晶体蜡有人称之为合成蜡，如图 3 – 32 所示。它的溶解点和分子量都远远高于石蜡。它们同样来自石油的馏分，也根据石化上游产品的构成和提炼方法分为多种等级。微晶体蜡在光滑度和溶解点上较石蜡有了很大改进。当把石蜡和微晶体蜡混合在一起时，不但蜡的溶点提高（从 104 华氏度提高到 160 ~ 170 华氏度），而且石蜡的结晶现象也很好控制。正如微晶体的名字所示，混合后的蜡比单纯石蜡要细腻多了。我们通常把微晶体蜡称为第二代蜡。

图 3 – 31　石蜡

图 3 – 32　微晶体蜡

（3）褐煤蜡（Montan Wax）。

顾名思义，褐煤蜡是从特种煤（德国开采的一种煤）中提炼和加工的一种蜡。褐煤蜡原料要与多种溶剂混合，并经 CrO_3 的氧化过程，氧化完成后，以褐煤酸为主体的有机化合物和半皂化（用碱液水解酯类物质的过程）后形成含有多种特性的褐煤酯蜡，如图 3 – 33 所示。

褐煤蜡独具的化学与物理特点可使其单成一种蜡，也可作为其他蜡的原材料。蜡中所含的酸与酯能使未曾乳化的石蜡均匀地弥散。

褐煤蜡可以硬化软质蜡，以此来改进保护层的表层特性，降低在热溶化过程中蜡的黏度，提高聚合物的加工效率，最终让车漆光泽更亮，保持得更长久！

图 3 - 33　褐煤蜡

褐煤蜡的成本很高，因此低档蜡中很少含有这种成分。中、高档蜡，特别是使用极为方便的、易打易抛零售包装产品中常常含有褐煤蜡。因此，人们常把褐煤蜡称作现代膏状和液体抛光剂的运载蜡。

（4）蜜蜂蜡（Bee's Wax）。

蜜蜂蜡是唯一用于各种抛光剂的动物质蜡，如图 3 - 34 所示。但这些抛光剂一般用在家具（木制品）等多孔物体上。有些厂家宣传车蜡中的主要成分是蜜蜂蜡，这对消费者而言的确有一定的吸引力，但实际上蜜蜂蜡的许多特性并不适合用于车蜡，蜜蜂蜡保持的时间也短得多。

（5）聚酯蜡（Synthetic Wax）。

聚酯蜡虽然叫蜡，但实际上不是蜡。它是由单种或多种聚合物（由单体合成分子量较高的化合物）的反应为主要原材料制成，如图 3 - 35 所示。聚酯蜡大多以硅氧树脂（Silicone）为原材料。

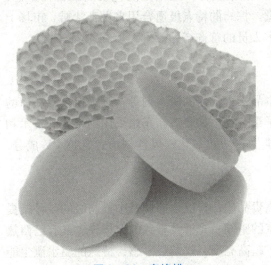

图 3 - 34　蜜蜂蜡

图 3 - 35　聚酯蜡

德国在第二次世界大战期间研制了硅氧树脂，当时缺少原油，科研人员奉命开发一种人工合成材料来替代润滑油。后来被证实德国科学家发明的硅氧树脂可替代石蜡作为抛光材料，并且效果惊人，它可以很好地将漆表层密封起来；远远超过石蜡的润滑效果；大大提高蜡的溶点；手感、光泽和持续时间也令人满意。

硅氧树脂最大的特点是其光滑的表面。拿条毛巾贴着刚打完聚质蜡的表层轻轻抛出去，毛巾的"滑翔"距离远远超过石蜡的效果。

从 20 世纪 60 年代起，硅氧树脂已被广泛运用在汽车蜡的配方中，一般都是以硅脂为底料，加一些矿物质蜡、溶剂或其他树脂。因此，许多专业人员，特别是烤漆房的专业人员，更愿意选择棕蜡作为他们的专用蜡。

（6）棕蜡（Carnauba Wax）。

棕蜡是从巴西"雨林"棕榈叶中提炼的物质，属纯天然产品。棕蜡原料实际上非常娇脆，很容易剥落，不能直接作为蜡使用。只有在与石蜡或溶剂混合后才能成为车蜡，因此，没有百分之百的棕蜡。即便不掺其他的蜡，也必须要加入润滑媒体，例如硅油、溶剂或树脂，甚至人工合成蜡，如图 3－36 所示。

棕蜡目前是汽车养护行业首选的原材料，特别是用来生产膏状、（稠）液状蜡的各种乳化产品。对这些产品而言，棕蜡提供了它们最需要的特性。棕蜡有着钻石般的光泽，能提供持久的保护层，而且能大大提高蜡的溶点——在高温下能对汽车起到很好的保护作用。

图 3－36　棕蜡

棕蜡很容易与碳氢化合物（溶剂）混合，产生凝胶体。无论是灌包装后的膏体形态，还是打蜡时涂抹到车上，都给人以非常好的感觉。棕蜡的特点极适合用来做膏状蜡。市场上的棕蜡一般为高档蜡，同时它也是专业汽车养护人员的首选产品。

2. 按照作用分类

（1）新车保护蜡。

新车漆面十分娇嫩，易产生轻度划痕，故本品不含任何的研磨剂等，以确保车漆表面的光滑。新车保护蜡的特有功能是含有大量高分子聚合物，如魔兽新车蜡采用纳米分子技术和超硬蜡壳，自始至终的保护；超强泄尘、驱水能力；防止氧化、风沙划痕；含抗 UV 成分，超长持久保持。

（2）钻石蜡。

该车蜡是一种高级美容蜡，具有钻石般的高贵品质；含巴西棕榈蜡中最高级的一号蜡提取的精华卡娜巴成分，使用后能形成棕榈蜡特有的坚硬、光滑及雅致的保护膜，具有巴西热带植物特有的香味；使用漆面后产生水晶效果，超高亮度，丝绸般手感，特殊的驱水泄尘能力；含抗 UV 成分，不怕阳光暴晒、抗洗涤，且能长时间保留，为蜡中极品，适用于各种颜色的高级轿车。

（3）至尊硬蜡。

不怕洗涤，超硬保护，坚固耐用，真正抗划痕，超强防水，能完全截断雨水及酸雨的渗透，能保护持久，光泽耀眼夺目，可持续数月之久；不怕高温，耐酸碱侵蚀；独特的氟素纳米技术，顶级虫白蜡与超硬树脂为基础，不怕风沙划痕、擦洗划痕；超强防水性能，蜡壳形成后，不怕强光曝晒且耐酸碱侵蚀，是真正的车漆钢甲保护层。

（4）水晶蜡。

水晶蜡为多种聚合物合成，不含石蜡成分，配以持久树脂精，能使漆面形成长久性保护膜；增强漆面透彻感，去污、防水、耐酸雨腐蚀、抗静电；能清除车体表面的细孔、焦油、树汁、氧化物、尘垢等，延长抛光寿命，避免车漆产生皱纹、划痕、氧化、脱落及发黄。

（5）彩色蜡。

有白、红、黄、绿、蓝、黑、灰多种颜色选择，针对不同颜色的车漆增艳效果研制，具有培养颜色效果，并能修饰局部补漆产生的色差或褪色；具有清洁、上光和保护功能，可使划痕减轻或消失；与原漆本色浑然一体，使旧漆焕然一新。

（6）手喷蜡。

手喷蜡有柔和的清洁功能，可以在不影响整体效果的前提下为您的爱车除污；同时又含树脂型增光剂，使清洗处及时补色，与全车的光泽协调一致；手喷蜡不含石油提炼物，不属油脂，因此不会造成油迹。

（7）抗 UV 蜡。

高分子聚合酯配方，具有抗 UV 成分，防酸雨，抗氧化，耐腐蚀，是恶劣环境下车漆的保护神，超抗洗涤；独特的高分子聚合酯配方，使车漆更亮、更长久；含有抗 UV 吸收剂、折射剂和稳定剂，加上特有合成工艺，长期使用抗 UV 蜡，可防止车漆氧化而褪色发乌、龟裂、发白的现象。抗 UV 蜡含清洁、保护、上光三种功效为一体。

（8）防水蜡。

超强防水能力，完全迅速、极度防水效果；超长时间保护车漆；顶级防水树脂，空气反应型配方，可以完全阻断雨水酸雨侵蚀，并产生无与伦比的光泽效果；超抗洗涤，效力持久，是普通防水蜡的三倍。

（9）光洁蜡。

由多种高分子聚合物组成，天然植物配方，强力去污，轻松去除发丝划痕，防止漆面发白、发污变色；独特还原成分，对漆面无伤害，可有效地修复因长年使用造成的车漆氧化、老化、褪色及漆面发丝划痕；含抗 UV 成分，防止紫外线造成的氧化腐蚀；天然香料，芬芳异常。

（10）复彩护漆上光蜡。

该产品集去除轻度划痕和上光为一体，能快速清除车身表面的轻度划痕、擦纹、花斑，去除旧漆膜的氧化层和哑光色，使老化、褪色、失光的漆面恢复原有的色泽和光洁度，用打蜡的时间，得到研磨与上光双重效果。

（11）清洁砂蜡。

本产品为快干型，光洁度高，用于清洁汽车表面，能防止汽车漆面褪色、污垢，清除轻度划痕、擦纹、花斑，去除旧漆膜的氧化层和哑光色，使老化、褪色的旧漆面恢复原有的色泽和光洁度，还原如新。

四、车蜡的正确选用

车漆为什么要打蜡养护？这是因为汽车打蜡养护后，能去除漆面的顽固污渍，形成一层保护膜；对车漆已形成的氧化膜有很好的去除效果并能修补车漆的一些微裂间隙；并能够防止紫外线、酸、碱性等物质的腐蚀，延缓车漆的老化，延长车漆的使用寿命。所以正确地选用车蜡很重要。车蜡的选择应考虑以下几个因素：

1. 根据汽车的行驶环境来选择

由于车辆的运行环境千差万别，受外界污染物侵害的方式、程度也不相同，因而在车蜡的选择上对汽车漆面的保护应该有所侧重。例如，若汽车经常行驶在泥泞、山区、尘土等恶劣道路环境中，应用保护功能较强的硅酮树脂蜡；沿海地区宜选用防盐雾功能较强的车蜡；而化学工业区宜选用防酸雨功能较强的车蜡；多雨地区宜选用防水性能优良的车蜡；光照好的地区宜选用防紫外线、抗高温性能优的车蜡。

2. 根据漆面的质量来选择

对于中高档轿车，其漆面的质量较好，宜选用高档车蜡；对于普通轿车或其他车辆，可选用一般车蜡。

3. 根据漆面的新旧程度来选择

新车或新喷漆的车辆应选用上光蜡，以保持车身的光泽和颜色，对旧车或漆面有漫射光痕的车辆，可选用研磨蜡对其进行抛光处理，再用上光蜡上光。

4. 根据季节不同来选择

夏季一般光照较强，宜选用防高温、防紫外线能力强的车蜡。

5. 选用车蜡时应考虑与车漆颜色相适应

一般深色车漆宜选用黑色、红色、绿色系列的车蜡。浅色车漆则宜选用银色、白色、珍珠色系列的车蜡。

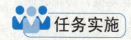 **任务实施**

一、全车漆面抛光

漆面打蜡装饰（1）

1. 准备工作

1）准备实训轿车两辆。

2）准备常用工具：抛光机、抛光盘、研磨蜡、红外线温度枪。

2. 实施步骤

根据任务要求，每六人一组，每组选出一名组长，组长对小组成员进行任务分配。以小组为单位，根据实训车辆配置，完成以下相关的操作：

1）外观清洁。高压冲洗后去除虫尸、沥青、黏胶、铁粉、树胶、氧化层，如图3-37所示。

图 3 - 37　外观清洁

2）遮蔽防护。用塑料遮蔽纸和纸胶带遮蔽后视镜、字标、车标、车窗玻璃、车窗胶条、前照灯、尾灯、喷水嘴、天线、牌照框等部位，如图 3 - 38 所示。

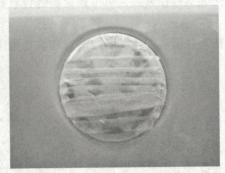

图 3 - 38　遮蔽防护

3）损伤修复。用美容砂纸、研磨剂、抛光机修复漆面划痕、蚀痕、严重氧化层等损伤，如图 3 - 39 所示。

图 3 - 39　损伤修复

4）抛光。此步骤要注意抛光盘与漆面的角度应保持 3°～15°，注意抛光时的施力点与切削方向。按照发动机舱盖、前后保险杠、翼子板、车顶、车门、立柱的顺序进行抛光处理，如图 3 - 40 所示。

漆面打蜡装饰（2）

81

5）还原。更细微的研磨剂，用来去除抛光工序留下的太阳纹，提高漆面亮度和滑度，如图 3－41 所示。

图 3－40　抛光

图 3－41　还原

6）完成实训任务后，对工作过程进行自我评价，提交实训工作单，接受指导老师的技能考核。

7）整理并清洁工作场所，清点和收拾借出的工具、设备和资料，交回实训室。

二、漆面打蜡护理

1. 准备工作

1）准备实训轿车两辆。

2）准备常用工具：抛光机、抛光盘、研磨蜡、红外线温度枪、洗车泥、美容蜡。

2. 实施步骤

根据任务要求，每六人一组，每组选出一名组长，组长对小组成员进行任务分配。以小组为单位，根据实训车辆配置，完成以下相关的操作：

1）车况检查。检查外观和室内，记录并请客户确认签字。注意：重点检查漆面（划痕、掉漆、变形、补漆部位），如图 3－42 所示。

2）外观清洁。按外观清洁流程机进行，如图 3－43 所示。注意：使用专用清洁剂将漆面上的顽固污垢进行彻底清除。

图 3－42　车况检查

图 3－43　外观清洁

3）深度清洁。用洗车泥清洁处理漆面氧化层和脏污，如图3-44所示。清洁顺序：发动机舱盖→前保险杠→前翼子板→车顶→车门→后翼子板→行李舱盖→后保险杠。清洁完成后，冲洗并擦干车身。

4）遮蔽防护。用纸胶带防护车窗胶条/缝隙、车身缝隙、车身塑料件、车标等部位，如图3-45所示。

图3-44　深度清洁

图3-45　遮蔽防护

5）抛光处理。正确选用抛光盘和研磨，进行全车漆面抛光处理，如图3-46所示。

6）还原处理。正确选用还原盘和还原剂/镜面去污处理剂，进行全车漆面还原处理，如图3-47所示。

图3-46　抛光处理

图3-47　还原处理

7）打蜡护理。

方法一：手工上蜡。用上蜡海绵沾取适量蜡进行上蜡，如图3-48所示。

方法二：机器上蜡。将蜡涂在打蜡机海绵上，来回直线往复上蜡，如图3-49所示。

上蜡顺序：引擎盖→前保险杠→右前翼子板→右前车门→右侧车顶→右后车门→右后翼子板→尾箱盖→后保险杠→左后翼子板→左后车门→左侧车顶→左前车门→左前翼子板。注意：上蜡时不遗漏，不超出漆面。

8）抛蜡处理。上完蜡等待10分钟左右，用手背感受漆面，车蜡刚刚干燥不粘手时进行

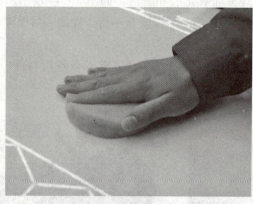
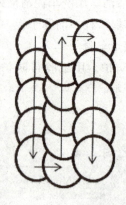

图 3-48　手工上蜡

抛蜡处理，如图 3-50 所示。选用干净的不脱毛纯棉毛巾，将毛巾折平，按照上蜡顺序做直线往复抛蜡，也可采取机器抛蜡。

图 3-49　机器上蜡

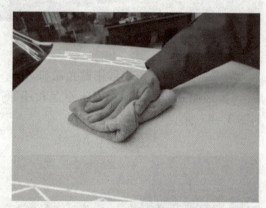

图 3-50　抛蜡处理

9）清洁残蜡。用干净纯棉毛巾和软毛刷清除漆面过多积蜡、越界蜡和死角残蜡，如图 3-51 所示。

图 3-51　清洁残蜡

10）完成实训任务后，对工作过程进行自我评价，提交实训工作单，接受指导老师的技能考核。

11）整理并清洁工作场所，清点和收拾借出的工具、设备和资料，交回实训室。

漆面打蜡上光任务单如表3－4所示。

表3－4　漆面打蜡上光任务单

| 漆面打蜡上光 | 工作任务单 | 班级： |
| | | 姓名： |

1. 学习任务

车主老王新买的轿车2年多了，他平时总说忙没时间，所以从未给车漆面进行过养护。最近他看到朋友的车光泽亮丽，而自己的车漆几乎没有了光泽，就想给自己的车也收拾一下，以让它重现美丽容颜。假如你是汽车美容技师，对此现象进行维护

任务	自测标准		学习建议
1.1　资料准备	防护装备	车内外三件套	"工欲善其事，必先利其器。"完成好学习任务的第一步是要熟悉并掌握汽车美容与装饰作业相关的工具设备，做好准备工作
	实训车辆	实训汽车两辆	
	工具设备	抛光机、抛光盘、研磨蜡、红外线温度枪、洗车泥、美容蜡	
	辅助资料	汽车维修手册、教材	
1.2　实施步骤	全车漆面抛光	外观清洁、遮蔽防护、损伤修复、抛光、还原	上蜡顺序：引擎盖→前保险杠→右前翼子板→右前车门→右侧车顶→右后车门→右后翼子板→尾箱盖→后保险杠→左后翼子板→左后车门→左侧车顶→左前车门→左前翼子板。注意：上蜡时不遗漏，不超出漆面
	漆面打蜡护理	车况检查、外观清洁、深度清洁、遮蔽防护、抛光处理、还原处理、打蜡处理、抛蜡处理、清除残蜡	

2. 学习笔记

1）汽车车蜡的种类特点有哪些？

2）汽车漆面打蜡的作用有哪些？

续表

任务	自测标准	学习建议
3）汽车漆面打蜡上光的注意事项有哪些？		

三、任务评价

漆面打蜡上光任务评价如表 3 – 5 所示。

表 3 – 5　漆面打蜡上光任务评价

序号	项目	内容	程度		不能的原因
1	知识学习	汽车车蜡的分类	□能	□不能	
2		汽车漆面打蜡的作用	□能	□不能	
3		车蜡的正确选用	□能	□不能	
4		汽车车蜡的特点	□能	□不能	
5		汽车漆面打蜡的注意事项	□能	□不能	
6	技能学习	能够正确选用抛光剂	□能	□不能	
7		能正确使用抛光机	□能	□不能	
8		能用水溶性漆膜上光保护蜡	□能	□不能	
9		能完成汽车漆面打蜡上光作业	□能	□不能	
经验积累与问题解决					
经验积累			问题解决		
签审	1. 小组意见：　　　　　　　　　　　　　　　　年　月　日				评价等级认定
	2. 指导教师意见：　　　　　　　　　　　　　　年　月　日				

 知识拓展

一、新车开蜡

1. 定义

新车开蜡，就是把汽车表面原有的蜡去掉。汽车出厂时车漆表面会覆盖一层蜡，是为了防止运输过程中雨水或者其他物质的腐蚀。一般情况下，汽车生产商不允许封蜡停留于车漆表面一年半以上，否则封蜡将会因阳光紫外线、大气酸性物质的助解性而演变成有害物质腐蚀车体。所以，新买的车辆都要清除封蜡，这种过程被称为新车开蜡。

2. 封蜡的类型

下面是市场上几种在新车上经常见到的保护性封蜡：

油脂封蜡车体蜡壳呈半透明状态，多用于长途海运的出口汽车。它可提供蜡壳极硬的保护层，即使碱性极高的海水飞溅于涂有封蜡的车体表面，也不能对其造成任何损害，并可防止大型双层托运车在途中遇到树枝或其他人为所造成的轻微损伤，保证了新车在出厂后一年内不受其他有害物质的侵蚀。

树脂封蜡车体蜡壳呈亚透明状态，主要用于本国短途运输的汽车。它可为车身提供一年以上良好的硬质保护层，能防止运输新车过程中人为轻微剐蹭所造成的划痕现象，但无法抵御海水的侵蚀，所以这种树脂封蜡不适合在海洋运输中为汽车提供防止碱性物质侵蚀的保护层。

硅性油脂保护蜡车体蜡壳呈透明状态，新车出厂时为汽车提供短期的保护层。能有效防止阳光紫外线、酸碱气体、树枝、风沙等一般的侵害。对于海水或运输新车过程中所造成的剐蹭现象却不能起到很好的保护作用。

3. 开蜡所需产品

油脂开蜡洗车液市场上80%的产品属于非生物降解型溶剂，主要原料提炼于石油、强碱性药剂，因此使用时应注意劳动保护。

树脂开蜡洗车液属于多功能轻质水溶性清洁剂，含有树脂聚合物的溶解元素，渗透性较好，使用起来比较安全。

强力脱蜡洗车液本品属于生物降解型产品，主要提炼于天然橙皮，并含有阴离子表面活性剂，泡沫丰富，分解性较好，因此成本也较高。

4. 开蜡所需工具

专用洗车海绵这种中密度海绵具有极好的包容性，在清洁车身过程中能将沙粒及尘土深藏于气孔之内，避免了因擦洗工具过硬而不易包容泥沙给车体造成划痕的问题，配合高润滑性阴离子表面活性剂（高泡洗车液）更可保证操作中万无一失。

高密度纯棉毛巾三遍开蜡工序中都需使用，因质地比较柔软，即使清洁车体后表面仍存有少量泥沙，开蜡过程中也不致对漆面造成影响外观效果的较大伤害。

塑料异形刮板这种刮板材料较软，具有一定韧性，加之垫有纯棉毛，所以操作时不会对漆面造成任何损伤。

防护眼镜防止施工中毛巾擦洗车体时药剂飞溅入眼。

橡胶手套因多数开蜡液均属轻质性煤油类产品，渗透分解性极强，对皮肤有害，所以应使用橡胶手套采取防护措施。

5. 开蜡操作工序

由于封蜡的种类不同，进行开蜡时所采取的操作步骤也不尽相同。

油脂封蜡开蜡程序有以下几点：

（1）首先将车体污物冲净，然后用配制好的脱蜡洗车液清洁车身，冲洗后无须擦干。

（2）将油脂开蜡洗车液均匀喷洒于车体。

（3）晾 3 分钟后，喷洒少许清水，用半湿的毛巾按顺序全车擦拭，然后用配制好的脱蜡洗车液将全车清洗，冲净后无须擦干。

（4）将油脂开蜡洗车液再次喷洒于某一板块，晾 1 分钟后，将喷洒过药液的板块用半湿性毛巾再次擦拭，这时此板块残留封蜡应可完全清除，然后用脱蜡洗车液清洁。

（5）最后验车时，应将车身连接缝隙处残留的封蜡清除干净，并将全车外表用脱蜡洗车液再次清洁，擦干后打蜡即可。

树脂封蜡开蜡程序有以下几点：

（1）用高压水枪将车体大颗粒泥沙冲洗干净，然后用配制好的脱蜡洗车液均匀喷洒于车体，并用洗车海绵擦拭全车，冲净后无须擦干。

（2）将树脂开蜡洗车液均匀喷洒于单一板块，晾 1 分钟后，将喷洒过药液的板块用半湿性毛巾擦拭，然后用脱蜡洗车液清洁此板块。按此方法逐块清洗，直至将全车封蜡清除。

（3）将车身连接缝隙处残留的封蜡用塑料刮片垫半湿性毛巾清除干净。

（4）用配制好的脱蜡洗车液将全车再次清洁，擦干后打蜡即可。

硅性油脂保护蜡开蜡程序有以下几点：

（1）将车身大颗粒泥沙冲洗干净。

（2）将强力脱蜡洗车液用喷雾器均匀喷洒于车体。

（3）用洗车海绵按汽车板块顺序将全车快速擦拭。

（4）最后用高压水枪将车身擦掉的蜡质及污物冲净，擦干后打蜡即可。

6. 注意事项

在进行高压冲洗时，压力不要高于 7 MPa；高压冲洗只需冲掉灰尘及泥沙等可能影响除蜡效果的杂质；喷施开蜡水一定要均匀，边角缝隙处千万不可忽视；喷施开蜡水后，要待开蜡水完全渗透蜡层并使其开始溶解后（5～10 分钟），才能用毛巾擦拭；最后的清洁及擦干，要按洗车作业规程实施，因为经开蜡水清洗开蜡后，仍有部分蜡质及杂质留在车表；开完蜡后必须打蜡保护。

 学习小结

1）汽车蜡的主要成分是聚乙烯乳液或硅酮类高分子化合物，并含有油脂和其他添加成分。

2）汽车漆面蜡按照使用性质不同可以分为研磨/抛光蜡（去污蜡）、上光蜡、保护蜡。

3）新车开蜡，就是把汽车出厂时候车漆表面覆盖的一层蜡去掉。

自我评估

1. 填空题

1）第六代车蜡（纯天然车蜡）属于高科技产品，采用纯天然原材料更有利于对车漆的保护。

2）按照车蜡的物理状态不同可以分为固体蜡、膏状蜡、液体蜡、喷雾蜡。

3）抗 UV 蜡是高分子聚合脂配方，具有抗 UV 成分，防酸雨，抗氧化，耐腐蚀，恶劣

环境下车漆的保护神。

2. 判断题

1）光洁蜡具有超强防水能力，完全迅速、极度防水效果，超长时间保护车漆。（×）

2）清洁砂蜡为快干型，用于清洁汽车表面，能防止汽车漆面褪色、污垢等。（√）

3）对于中高档轿车，其漆面的质量较好，宜选用高档车蜡：对于普通轿车或其他车辆，可选用一般车蜡。（√）

3. 选择题

1）汽车车漆蜡按照组成成分可以分为（ABC）。

A. 微晶体蜡　　　　　　　　　　B. 聚酯蜡

C. 蜜蜂蜡　　　　　　　　　　　D. 水晶蜡

2）汽车打蜡的步骤正确的是（A）。

A. 清洗→抛光→还原→上蜡→上光　　　B. 清洗→还原→抛光→上蜡→上光

C. 清洗→上蜡→还原→抛光→上光　　　D. 清洗→上光→还原→上蜡→抛光

任务3　漆面封釉护理

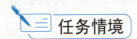 **任务情境**

任务描述

车主老王刚买了一辆大众轿车，车漆鲜亮。老王甚是喜欢，想给漆面做个美容项目，于是他立马来到汽车美容店进行询问处理。假如你是汽车美容技师，对此问题你将如何处理？

任务提示

根据客户的需求，这辆新轿车的漆面可以选择封釉处理，这个工作任务需要了解汽车车漆封釉的相关知识，掌握车漆封釉护理的工艺流程。

 **必备知识**

一、封釉的定义

车漆封釉是指将某种特殊的药剂涂装在车漆表面，利用这种药剂在车漆表面的化学变化，形成一层很薄、坚硬、透明的保护膜，从而在一定期间内保护车漆不受外界污秽、杂质等的影响，最终达到车漆不氧化、易清洁、保靓丽的功效目的。封釉美容是指运用专用的抛光机将一种高分子结构的涂装剂（即釉）压进车漆内部，使其形成一层坚固的网状结构。

二、封釉的基本原理

1. 必要性

车漆经常暴露在阳光和复杂的空气环境中，在 60 天内就会形成肉眼可见的氧化层，氧化层的形成就会出现汽车漆面褪色、表面粗糙的现象。虽然新车表面一般都有一层保护层，但时间一长（一般在 3 个月左右），保护层上面的亮油就会变薄脱落，起不到保护作用。所以，新车如果不进行漆面保护，强烈的紫外线、恼人的酸雨和尘砂这三大杀手很容易就会伤害到车漆。

2. 原理

封釉美容的基本原理是依靠震抛技术，用柔软的羊毛或海绵通过震抛机的高速震动和摩擦，利用釉特有的渗透性和黏附性把釉分子强力渗透到汽车表面油漆的缝隙中，形成一种特殊的网状保护膜，使油漆也具备釉的特点，从而提高原车漆面的光泽度、硬度，使车漆能更好地抵挡外界环境的侵袭，有效减少划痕，保持车漆亮度，从而起到美观和对车漆保护的作用。

三、封釉的作用

经过多道工序处理以后，在车漆表面形成一层保护膜，具有隔紫外线、防氧化、抵御高温和酸雨的功能。

1. 釉剂不溶于水

由于汽车打蜡时所使用的蜡都是溶于水的，因此如果汽车刚刚打完蜡后碰上阴雨天气，打上的蜡会被雨水所溶解，起不到保护漆面和美容的作用。同时由于蜡可溶于水，打完蜡后给洗车也造成了诸多不便。而釉剂使用后会在车漆表面渗透并形成带固化剂的液体玻璃，而且层层积累，不溶于水。因此，汽车封釉后，不用担心被水溶解的现象发生，可以长期保护汽车漆面。

2. 不损坏原有漆面

和打蜡对比，封釉的第二个优点就是不会损坏汽车漆面。由于传统的汽车打蜡都要先洗车后打蜡，频繁的洗车自然会对汽车漆面造成危害，久而久之就会使蜡层变薄。而釉剂则是采用一种类似纳米的技术，使流动的釉剂在汽车漆层表面附着并以透明状硬化，相当于给汽车漆面穿上一层透明坚硬的保护衣，因此可以起到保护汽车漆面的作用。

3. 保护时间长

汽车封釉之后，可以保护一年左右，同时避免了经常洗车的烦恼。汽车表面上的灰尘可以轻松擦去。

新车买了之后就去封釉，可以留住车漆的艳丽、光彩永驻；旧车做封釉可以使氧化褪色的车漆还原增艳，颇有翻新的效果。车展上的样车大多都经过了封釉处理，因此看起来晶莹剔透、光彩照人。

4. 独有的漆面保护和还原性

釉剂具有独有的漆面保护和还原性，达到从根部护理，有效去除污垢，渗透填塞漆孔的功能。

汽车封釉后就如同穿上了隐形玻璃车衣，漆面能够达到甚至超过原车车漆效果。釉表面不粘、不附着的特性，使得漆面即使在恶劣和污染的环境中也能长久保持洁净。汽车封釉还可以有效抵御温度对车漆造成的影响，使漆面硬度得到大幅度的提高，同时还有防酸、防碱、防褪色、抗氧化、防静电、抗紫外线、高保真等功能。

四、釉和蜡的区别

釉和蜡的区别如表 3-6 所示。

表 3-6　釉和蜡的区别

蜡	区分项目	釉
聚乙烯乳液或硅酮类高分子化合物，并含有油脂成分	组成不同	含有利用特殊工艺提炼出"Tempera - Flex"专利素，具有不溶于水、不怕火、不怕酸的特性
汽车打蜡所使用的蜡都易溶于水	水溶性	封釉不溶于水，因此做完封釉后，不用担心被水溶解的现象发生，可以长期保护汽车漆面
汽车打蜡都要先洗车后蜡，频繁地洗车自然会对汽车漆面造成危害，久而久之会使之变薄	漆面保护	封釉是采用一种类似纳米的技术，使流动的釉体在汽车漆面表层附着并以透明状硬化，相当于给汽车漆面穿上一层透明坚硬的保护衣，起到保护汽车漆面的作用
汽车打蜡后，保护时间一般 2~3 周	保护时间	整车封釉后为漆面提供一年左右的瓮中保护，增加了漆面的硬度，减少了车表划痕的产生，避免了经常洗车的烦恼，汽车表面的灰尘也很容易擦拭

五、漆面封釉护理步骤

1. 车况检查

检查外观和室内，记录并请客户确认签字，重点检查漆面（划痕、掉漆、变形、补漆部位），如图 3-52 所示。

2. 外观清洁

按外观清洁流程进行。使用专用清洁剂将漆面上的顽固污垢进行彻底清除，如图 3 - 53 所示。

图 3 - 52　车况检查

图 3 - 53　外观清洁

3. 深度清洁

用洗车泥清洁处理漆面氧化层和脏污，如图 3 - 54 所示。清洁顺序：发动机舱盖→前保险杠→前翼子板→车顶→车门→后翼子板→行李舱盖→后保险杠。清洁完成后，冲洗并擦干车身。

4. 清洁胶条缝

用牙刷或稍硬的毛刷配合洗车液清洁胶条缝隙内的脏污，如图 3 - 55 所示。

漆面封釉装饰（1）

图 3 - 54　深度清洁

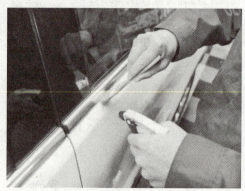
图 3 - 55　清洁胶条缝

5. 清洁车身

冲洗并擦干车身，如图 3 - 56 所示。

6. 遮蔽防护

用纸胶带防护车窗胶条/缝隙、车身细小缝隙、车身塑料件、车标等部位，如图 3 - 57 所示。

图 3-56　清洁车身

图 3-57　遮蔽防护

7. 研磨处理

用 P-1000、P1500、P2000 美容砂纸对漆划痕、严重氧化层、橘皮等进行打磨处理，如图 3-58 所示。砂纸选用应遵循从粗到细的原则。

8. 抛光处理

正确选用抛光盘和研磨剂，进行全车漆面抛光处理，如图 3-59 所示。

图 3-58　研磨处理

图 3-59　抛光处理

9. 还原处理

正确选用还原盘和还原剂/镜面处理剂，进行全车漆面还原处理，如图 3-60 所示。

10. 清洁车身

冲洗并擦干车身，如图 3-61 所示。

11. 封釉护理

将滴在封釉盘上的釉在漆面上涂开，开机后进行直线往复式封釉，如图 3-62 所示。发动机舱盖、车顶、行李舱盖采用"井"字形网状封釉，车身侧部采用"一"字形直线封釉，不要将釉涂到塑胶件表面。

图 3-60　还原处理

图 3-61　清洁车身

图 3-62　封釉护理

12. 抛釉处理

封釉后 15 分钟左右，待釉充分深入漆面微孔中，再开始抛釉；将干净的抛釉毛巾折成四方形，手型打开，按封釉顺序做直线往复抛釉，如图 3-63 所示。

漆面封釉装饰（2）

13. 清洁残釉

用干净纯棉毛巾和软毛刷清除漆面过多积釉、越界釉和死角残釉，如图 3-64 所示。

图 3-63　抛釉处理

图 3-64　清洁残釉

14. 质检交车

先自检，发现问题及时进行处理。最后交由质检人员验收和交车。

一、准备工作

1）准备实训轿车两辆。

2）准备常用工具，电动封釉机、气动封釉机、封釉盘、釉等。

二、实施步骤

根据任务要求，每六人一组，每组选出一名组长，组长对小组成员进行任务分配。以小组为单位，根据实训车辆配置，完成以下相关的操作：

1）外观清洁。高压冲洗后去除虫尸、沥青、黏胶、铁粉、树胶、氧化层。

2）遮蔽防护。用塑料遮蔽纸和纸胶带遮蔽后视镜、字标、车标、车窗玻璃、车窗胶条、前照灯、尾灯、喷水嘴、天线、牌照框等部位。

3）进行汽车漆面封釉操作。

4）完成实训任务后，对工作过程进行自我评价，提交实训工作单，接受指导老师的技能考核。

5）整理并清洁工作场所，清点和收拾借出的工具、设备和资料，交回实训室。

漆面封釉护理任务单如表 3 - 7 所示。

表 3 - 7　漆面封釉护理任务单

漆面封釉护理	工作任务单	班级：
		姓名：

1. 学习任务
车主老王刚买了一辆大众轿车，车漆鲜亮。老王甚是喜欢，想给漆面做个美容项目，于是他立马来到汽车美容店进行询问处理。假如你是汽车美容技师，对于此问题你将如何处理

任务		自测标准	学习建议
1.1　资料准备	防护装备	车内外三件套	"工欲善其事，必先利其器。"完成好学习任务的第一步是要熟悉并掌握汽车美容与装饰作业相关的工具设备，做好准备工作
	实训车辆	实训汽车两辆	
	工具设备	电动封釉机、气动封釉机、封釉盘、釉等	
	辅助资料	汽车维修手册、教材	
1.2　实施步骤	车况检查和外观清洁	检查外观和室内，记录并请客户确认签字。并对漆面进行清洁	和打蜡对比，封釉的第二个优点就是不会损坏汽车漆面。由于传统的汽车打蜡都要先洗车后打蜡，频繁地洗车自然会对汽车漆面造成危害，久而久之就会使蜡层变薄。而釉剂则是采用一种类似纳米的技术，使流动的釉剂在汽车漆层表面附着并以透明状硬化，相当于给汽车漆面穿上一层透明坚硬的保护衣，因此可以起到保护汽车漆面的作用
	深度清洁	清洁胶条缝和清洁车身并擦拭干净	
	遮蔽防护	用纸胶带防护车窗胶条/缝隙、车身细小缝隙、车身塑料件、车标等部位	
	研磨抛光处理	正确选用抛光盘和研磨剂，进行全车漆面抛光处理	
	还原处理	正确选用还原盘和还原剂/镜面处理剂，进行全车漆面还原处理，并清洁车身	

任务		自测标准	学习建议
1.2 实施步骤	封釉护理	将滴在封釉盘上的釉在漆面上涂开，开机后进行直线往复式封釉	
	抛釉处理	封釉后15分钟左右，待釉充分深入漆面微孔中，再开始抛釉，并清洁残釉后质检交车	

2. 学习笔记

1) 汽车封釉的基本原理有哪些？

2) 汽车封釉的作用有哪些？

3) 汽车漆面封釉护理的注意事项有哪些？

三、任务评价

漆面封釉护理任务评价如表3-8所示。

表3-8 漆面封釉护理任务评价

序号	项目	内容	程度	不能的原因
1	知识学习	汽车封釉的基本原理	□能　□不能	
2		汽车漆面封釉的作用	□能　□不能	
3		漆面封釉与打蜡的区别	□能　□不能	
4		汽车漆面封釉的特点	□能　□不能	
5		汽车漆面封釉的注意事项	□能　□不能	

续表

序号	项目	内容	程度	不能的原因
6	技能学习	能够正确选用抛光剂	□能　□不能	
7		能正确使用抛光机	□能　□不能	
8		能正确使用封釉机	□能　□不能	
9		能完成汽车漆面封釉作业	□能　□不能	

经验积累与问题解决		
经验积累		问题解决

签审	1. 小组意见：	年　月　日	评价等级认定
	2. 指导教师意见：	年　月　日	

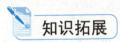

知识拓展

封釉的注意事项

汽车行驶在各种路面，很容易附着上脏污的东西，刚刚洗完的车开出去不久，车漆上就会又成了灰蒙蒙的一片。而釉表面不粘、不附着的特性，使得漆面即使在恶劣和污染的环境中也能长久保持洁净，封釉的频率，与车子的使用率和空气环境、洗车次数有直接的关系。一般的车封完釉保养得好的话一年左右就要再封第二次。以杭州的天气来讲，封釉间隔是3~4个月。封釉的注意事项有：

（1）封釉的次数可根据漆面状况和客户要求而定，如重复封釉2~3次，可增加水晶膜的强度和亮度，可提高抗氧化能力和耐磨性能。

（2）封釉后，在8小时内应避免用水冲洗，并注意防止雨淋。因为在这时间内，釉层未完全凝结还将继续渗透，冲洗会冲掉未凝结的釉。

（3）如需让娇嫩的釉面（膜）迅速固化增加强度，可用红外线灯，离釉面10厘米左右的距离来回移动烘烤10~15分钟，即可起到脱水固化、增加强度的作用。

（4）做完封釉后的车辆不要打蜡，因为蜡层可能会黏附在釉层表面，再追加上釉时会因蜡层的隔离而影响封釉效果。

（5）封釉后要尽量避免洗车，一般的灰尘用干净柔软的布条擦去即可。如需洗车最好不要到电脑洗车房洗车，也不要使用碱性洗涤剂清洗。

 学习小结

1）车漆封釉是指将某种特殊的药剂涂装在车漆表面，利用这种药剂在车漆表面的化学变化，形成一层很薄、坚硬、透明的保护膜。

2）车漆封釉具有隔紫外线、防氧化、抵御高温和酸雨的功能。

3）封釉美容的基本原理是利用釉特有的渗透性和黏附性把釉分子强力渗透到汽车表面油漆的缝隙中，形成一种特殊的网状保护膜。

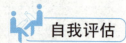 自我评估

1. 填空题

1）釉剂具有独有的漆面保护和还原性，达到从根部护理、有效去除污垢、渗透填塞漆孔的功能。

2）研磨处理时，砂纸选用应遵循从粗到细的原则。

3）封釉后，在8小时内应避免用水冲洗，并注意防止雨淋。

2. 判断题

1）汽车打蜡时所使用的蜡都是溶于水的，釉也溶于水。 （×）

2）釉剂则是采用一种类似纳米的技术，使流动的釉剂在汽车漆层表面附着并以透明状硬化。 （√）

3）封釉的次数可根据漆面状况和客户要求而定，如重复封釉2～3次，可增加水晶膜的强度和亮度，可提高搞氧化能力和耐磨性能。 （√）

3. 选择题

封釉操作时，需要遮蔽防护的位置包括（ABCD）。

A. 车窗胶条/缝隙　　B. 车身塑料件　　　C. 车身细小缝隙　　　D. 车标

任务4　漆面镀膜处理

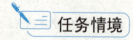 任务情境

任务描述

车主老王刚买了一辆家用轿车，车漆鲜亮。老王甚是喜欢，想给漆面做个美容项目，于是他立马来到汽车美容店进行询问处理。假如你是汽车美容技师，对此问题你将如何处理？

任务提示

根据客户的需求，这辆新轿车的漆面可以选择镀膜处理。这个工作任务需要了解汽车车漆镀膜的相关知识，掌握车漆镀膜护理的工艺流程。

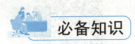 必备知识

漆面镀膜

一、镀膜的定义

镀膜是在总结了打蜡及封釉的优点及不足后，以新的环保原料和新的车漆养护理念制造的车漆养护换代产品，如图 3-65 所示。它给车身漆面涂上一层保护膜（硬度大，耐摩擦，附着性好，保持时间长），起到保护漆面的作用。

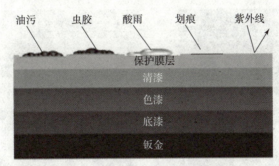

图 3-65　镀膜作用

镀膜问世初期，因为价格等各种原因，未进入中国市场。自 2008 年终于登陆中国，开始为我们所有爱车的车主服务。它和封釉、打蜡的不同之处有以下几点。

1. 原料选用的不同

釉与蜡都是从石油中提炼，加上一些辅助原料制成，受原料所限，容易氧化，不持久的问题无法解决。所以新的镀膜采用植物及硅等环保又稳定的原料来提炼合成。避免了在车漆表面造成连带氧化的问题，并可长期保持效果。镀膜产品主要由玻璃纤维、纤维素和氟硅聚合物组成，一般为乳白色或淡黄色，物理状态呈乳状。

2. 养护理念不同

封釉与打蜡的养护理念是将"釉"或"蜡"加压封入车漆的空隙中，与车漆结合到一起。优点是与车漆融为一体，增亮效果明显。不过因为它们本身的易氧化性，所以会连带周围的漆面共同氧化。（漆面发污，失去光泽）为避免这个缺陷，镀膜采取了两个措施：

（1）采用不氧化原料及稳定的合成方式（玻璃 SiO_2 材质）。

（2）变结合为"覆盖"：以透明的"膜"的形式附着在漆面，避免漆面受外界损伤，同时也避免了保护剂本身对车漆的影响。长期保持车漆的原厂色泽。而且由于膜本身结构的紧密，很难破坏，使得它可以大幅度降低外力对漆面的损伤。

3. 操作工艺的不同

原料及理念的差异，必然造成工艺上的区别：釉和蜡因为要与漆面充分结合，所以附着

方式要用高转数的研磨机把药剂加压封入漆面（所以称封釉）。而这种压力同时作用在漆面上，经常会造成漆面损伤。镀膜采用了温和的涂抹及擦拭的附着方式：靠膜本身的分子结合力附着在漆面上，避免损伤车漆。

二、镀膜的护理步骤

漆面镀膜装饰（1）

1. 车况检查

检查外观和室内，记录并请客户确认签字，重点检查漆面（划痕、掉漆、变形、补漆部位），如图 3 - 66 所示。

2. 外观清洁

外观清洁即按外观清洁流程进行，使用专用清洁剂将漆面上的顽固污垢进行彻底清除，如图 3 - 67 所示。

图 3 - 66　车况检查

图 3 - 67　外观清洁

3. 深度清洁

深度清洁即用洗车泥清洁处理漆面氧化层和脏污，如图 3 - 68 所示。清洁顺序：发动机舱盖→前保险杠→前翼子板→车顶→车门→后翼子板→行李舱盖→后保险杠。清洁完成后，冲洗并擦干车身。

4. 清洁胶条缝

用牙刷或稍硬的毛刷配合洗车液清洁胶条缝隙内的脏污，如图 3 - 69 所示。

图 3 - 68　深度清洁

图 3 - 69　清洁胶条缝

5. 清洁车身

冲洗并擦干车身，如图 3-70 所示。

漆面镀膜装饰（2）

6. 遮蔽防护

用纸胶带防护车窗胶条/缝隙、车身细小缝隙、车身塑料件、车标等部位，如图 3-71 所示。

图 3-70　清洁车身

图 3-71　遮蔽防护

7. 研磨处理

用 P1000、P1500、P2000 美容砂纸对漆划痕、严重氧化层、橘皮等进行打磨处理，如图 3-72 所示。砂纸选用应遵循从粗到细的原则。

8. 抛光处理

正确选用抛光盘和研磨剂，进行全车漆面抛光处理，如图 3-73 所示。

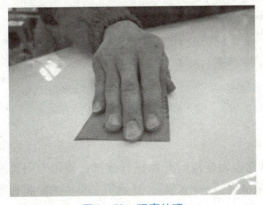

图 3-72　研磨处理

图 3-73　抛光处理

9. 还原处理

正确选用还原盘和还原剂/镜面处理剂，进行全车漆面还原处理，如图 3-74 所示。

10. 清洁车身

冲洗并擦干车身，如图 3-75 所示。

图 3-74　还原处理

图 3-75　清洁车身

11. 车间降尘

关闭施工车间门，打开降尘系统，持续 3~5 分钟，让空气中的飞尘颗粒落地，降尘后再用干毛巾对全车漆面擦拭一遍，如图 3-76 所示。

12. 涂镀膜剂

将镀膜无纺布包在海绵上，倒适量镀膜剂在无纺布上；将各部位漆面分成面积相等的几个小块，分块进行施工，每小块要涂 2 次镀膜剂，第一小块第一次镀膜完成后，进行第一小块的第二次镀膜，如图 3-77 所示。

图 3-76　车间降尘

漆面镀膜装饰（3）

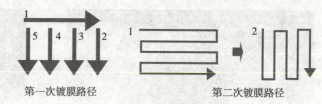

第一次镀膜路径　　　第二次镀膜路径

图 3-77　涂镀膜剂

13. 擦拭镀膜剂

第一小块涂完后，等待 1~3 分钟，当感觉表面变涩时开始进行擦拭；使用专用镀膜擦拭巾擦拭已镀膜部位，直到出现镜面亮泽；擦拭完第一小块后，开始第二小块的镀膜和擦拭工作，直到全部漆面施工完成，如图 3-78 所示。

14. 质检交车

先自检，发现问题及时进行处理。最后交由质检人员验收和交车。

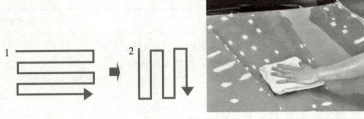

图 3 -78　擦拭镀膜剂

 **任务实施**

一、准备工作

1）准备实训轿车两辆。

2）准备常用工具：抛光机、研磨机、抛光盘、手巾等。

二、实施步骤

根据任务要求，每六人一组，每组选出一名组长，组长对小组成员进行任务分配。以小组为单位，根据实训车辆配置，完成以下相关的操作：

1）外观清洁。高压冲洗后去除虫尸、沥青、黏胶、铁粉、树胶、氧化层。

2）遮蔽防护。用塑料遮蔽纸和纸胶带遮蔽后视镜、字标、车标、车窗玻璃、车窗胶条、前照灯、尾灯、喷水嘴、天线、牌照框等部位。

3）进行汽车漆面镀膜操作。

4）完成实训任务后，对工作过程进行自我评价，提交实训工作单，接受指导老师的技能考核。

5）整理并清洁工作场所，清点和收拾借出的工具、设备和资料，交回实训室。

漆面封釉护理任务单如表3 -9所示。

表 3 -9　漆面封釉护理任务单

漆面封釉护理		工作任务单	班级：
			姓名：
1. 学习任务 车主老王刚买了一辆家用轿车，车漆鲜亮。老王甚是喜欢，想给漆面做个美容项目，于是他立马来到汽车美容店进行询问处理。假如你是汽车美容技师，对此问题你将如何处理			
任务	自测标准		学习建议
1.1　资料准备	防护装备	车内外三件套	"工欲善其事，必先利其器。"完成好学习任务的第一步是要熟悉并掌握汽车美容与装饰作业相关的工具设备，做好准备工作
	实训车辆	实训汽车两辆	
	工具设备	抛光机、研磨机、抛光盘、手巾等	
	辅助资料	汽车维修手册、教材	

续表

任务		自测标准	学习建议
1.2 实施步骤	车况检查和外观清洁	检查外观和室内，记录并请客户确认签字。并对漆面进行清洁	涂镀膜剂步骤：将各部位漆面分成面积相等的几个小块，分块进行施工，每小块要涂2次镀膜剂，第一小块第一次镀膜完成后，进行第一小块的第二次镀膜
	深度清洁	清洁胶条缝和清洁车身并擦拭干净	
	遮蔽防护	用纸胶带防护车窗胶条/缝隙、车身细小缝隙、车身塑料件、车标等部位	第一次镀膜路径
	研磨抛光处理	正确选用抛光盘和研磨剂，进行全车漆面抛光处理	
	还原处理	正确选用还原盘和还原剂/镜面处理剂，进行全车漆面还原处理，并清洁车身	
	车间降尘	关闭施工车间门，打开降尘系统，持续3~5分钟，让空气中的飞尘颗粒落地	第二次镀膜路径
	涂镀膜剂	将镀膜无纺布包在海绵上，倒适量镀膜剂在无纺布上	
	擦拭镀膜剂	第一小块涂完后，等待1~3分钟，当感觉表面变涩时开始进行擦拭，使用专用镀膜擦拭巾擦拭已镀膜部位，直到出现镜面亮泽	

2. 学习笔记

1）汽车镀膜的定义是什么？

2）汽车镀膜的作用有哪些？

续表

任务	自测标准	学习建议
3）汽车镀膜处理的注意事项有哪些？		

三、任务评价

漆面封釉护理任务评价如表 3 – 10 所示。

表 3 – 10　漆面封釉护理任务评价

序号	项目	内容	程度	不能的原因
1	知识学习	汽车镀膜的定义	□能　□不能	
2		汽车漆面镀膜的作用	□能　□不能	
3		漆面镀膜、封釉与打蜡的区别	□能　□不能	
4		汽车漆面镀膜的特点	□能　□不能	
5		汽车漆面镀膜的注意事项	□能　□不能	
6	技能学习	能够正确选用抛光剂	□能　□不能	
7		能正确使用抛光机	□能　□不能	
8		能正确选用镀膜剂	□能　□不能	
9		能完成汽车漆面镀膜作业	□能　□不能	
经验积累与问题解决				
经验积累			问题解决	
签审	1. 小组意见： 　　　　　　　　　　　年　月　日			评价等级认定
	2. 指导教师意见： 　　　　　　　　　　　年　月　日			

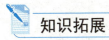

知识拓展

1. 汽车漆面量子镀晶

汽车漆面量子镀晶是采用结构紧密、性能稳定的 100％ 纯无机结晶材料，用专用镀晶喷

枪均匀喷洒在漆面上，利用红外线烘烤原理，将产品快速渗入车漆气孔内部，形成一层强大的保护晶体和不被氧化的玻璃质层，如图 3－79 所示。

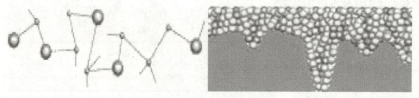

图 3－79　漆面量子镀晶

汽车漆面量子镀晶产品主要由硅酮树脂、氧化钛、氟素化合物组成，为无色透明液体（无机结晶类似于玻璃），如图 3－80 所示。

2. 汽车漆面琉晶护理

琉晶是在抛光、还原工艺的基础上，使用滴管将专用琉晶产品滴到漆面上，均匀涂开后在漆面上形成一层坚固、光亮的保护层。琉晶产品是利用创新的自洁技术，采用传统镀晶材料二氧化硅与新型自洁材料聚硅氮烷相结合而成，如图 3－81 所示。

图 3－80　漆面量子镀晶产品

图 3－81　琉晶

 **学习小结**

1）汽车镀膜是车身漆面涂上一层保护膜（硬度大，耐摩擦，附着性好，保持时间长），起到保护漆面的作用。

2）镀膜和封釉、打蜡的不同之处有：原料选用的不同、养护理念不同、操作工艺的不同。

3）镀膜操作需在无尘条件下进行。

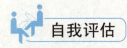 **自我评估**

1. 填空题

1）镀膜采用植物及硅等环保又稳定的原料来提炼合成，避免了在车漆表面造成连带氧化的问题。

2）镀膜和封釉、打蜡的不同之处有：<u>原料选用的不同</u>、<u>养护理念不同</u>、<u>操作工艺的</u><u>不同</u>。

2. 判断题

1）镀膜操作可以在室外进行。　　　　　　　　　　　　　　　　　　　　　（　×　）

2）镀膜采用了温和的涂抹及擦拭的附着方式附着在漆面上。　　　　　　　（　√　）

3）汽车漆面量子镀晶产品主要由硅酮树脂、氧化钛、氟素化合物组成，为无色透明液体（无机结晶类似于玻璃）。　　　　　　　　　　　　　　　　　　　　　　　（　√　）

3. 选择题

镀膜和封釉、打蜡的不同之处包括（ABC）。

A. 原料选用的不同

B. 养护理念不同

C. 操作工艺的不同

D. 没有什么不同

阅读之窗

以动能转换战略支点撬动高质量发展

汽车车漆，五颜六色，迷人至极。但是，车漆再好看，它也是极其脆弱，经不住风吹日晒、砂石雨雪的侵袭，极其容易遭受破坏，这体现出了车漆美容护理的重要性。我国工业门类齐全，GDP总量高居世界第二，但是，在信息技术芯片领域仍存在多项卡脖子技术，高速发展易被掣肘。

十三届全国人大一次会议广东代表团审议指出：中国如果不走创新驱动发展道路，新旧动能不能顺利转换，就不能真正强大起来。从国家真正强大起来的高度强调新旧动能转换的重要性，其含义深远，需要深入领会、认真落实。

当前，世界和中国都处在一个大发展大变革大调整的关键期。从世界看，新一轮科技革命和产业变革孕育兴起，世界经济格局正处于深度调整之中，与旧动能相关的资源要素配置矛盾和产业结构矛盾更加突出，世界经济虽有望继续复苏，

但不稳定不确定因素很多。从国内看，我国经济发展进入了新时代，基本特征是经济已由高速增长阶段转向高质量发展阶段。受科技创新和制度创新双重驱动，原有经济格局正在发生变化，与新动能相关的智能制造、"互联网＋"、数字经济、共享经济等迅猛发展，为高质量发展提供了更多支持；同时，经济发展也面临土地和劳动力等生产要素价格提高、资源环境约束趋紧、经济结构不合理、发展方式粗放等问题。总体看，我国经济正处在转变发展方式、优化经济结构、转换增长动力的攻关期，在探寻新的增长动力和发展路径方面面临重大机遇和挑战。走创新驱动发展道路，推动新旧动能顺利转换，才能抓住机遇、跨越关口，使我国经济在高质量发展上不断取得新进展，使国家真正强大起来。

项目四　汽车贴膜操作

项目描述

在从事汽车美容与装饰服务工作中，汽车贴膜操作工作是汽车美容与装饰常规项目之一。能够熟练完成汽车贴膜操作的相关作业项目，是汽车美容人员应掌握的一项基本技能。本学习项目与1＋X技能等级考核证书制度"汽车美容装饰与加装改装服务技术"中相关模块对接，主要对汽车贴膜操作进行学习，包括汽车玻璃贴膜操作、车身改色贴膜操作等任务。

学习目标

能力目标	知识目标	素养目标	权重
1. 能选用正确的设备工具进行玻璃贴膜操作 2. 能正确完成玻璃贴膜的打样裁膜 3. 能选用正确的设备工具进行车身改色贴膜操作 4. 能正确完成车身改色贴膜打样裁膜 5. 能正确进行汽车玻璃贴膜的烤制 6. 能正确处理贴膜后皱褶与气泡 7. 能正确进行汽车玻璃贴膜的烤制	1. 掌握汽车玻璃太阳膜的基础知识 2. 掌握汽车贴膜的检查与补救方法 3. 掌握汽车车身改色膜的基础知识 4. 掌握汽车改色膜裁膜的方法 5. 掌握收边方法和注意事项 6. 掌握贴膜质量检验方法和标准 7. 掌握贴膜缺陷处理方法	1. 能够在工作过程中与小组其他成员合作、交流，养成团队合作意识，锻炼沟通能力 2. 养成7S的工作习惯 3. 养成服从管理、规范作业的良好工作习惯 4. 提高与时俱进、不断学习的意识 5. 增强追本溯源、勇于探究的精神	30%

续表

能力目标	知识目标	素养目标	权重
1. 能按照车窗尺寸要求对已确认的车膜进行预切割 2. 能用烤枪对防爆太阳膜进行烘烤 3. 能在前、后风窗要多裁1~2厘米，多余的留边则可塞进侧窗缝隙内 4. 能选用硬刷对后风窗赶水，用软刷收边 5. 能在收边前，清除掉润滑剂和水 6. 能检查粘贴是否牢固，尤其是边角部位 7. 能检查车膜有无起泡、褶皱、刮痕、污点等	1. 掌握汽车玻璃裁膜的方法 2. 掌握汽车玻璃烤膜和贴膜的方法 3. 掌握汽车改色膜烤膜和贴膜的方法 4. 掌握汽车贴膜的检查与补救方法 5. 掌握车膜裁剪知识 6. 掌握玻璃膜的烘烤方法及注意事项 7. 掌握玻璃膜的切割方法 8. 掌握风窗玻璃膜赶水方法和技巧	1. 提高与时俱进、不断学习的意识 2. 增强创新意识	60%
运用知识分析案例，并指定美容装饰方案			10%

任务1 汽车玻璃贴膜操作

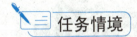 任务情境

任务描述

一位客户新买了一辆家用汽车，想要给全车车窗贴隔热太阳膜，请你帮忙推荐并安装。

任务提示

根据任务要求，需要了解隔热太阳膜的结构、种类和特点，还需要知道贴膜操作的步骤和注意事项，并能够在了解客户真实需求后为客户推荐合适的产品并解答客户的疑问。

一、太阳隔热膜概述

1. 基本概念

1966 年 12 月 6 日，美国 3M 公司获得了世界上第一个关于太阳隔热膜的专利。许多现代建筑都采用玻璃幕墙、大玻璃和落地玻璃门（阳台），这种情况在改善房间景观的同时，却使传入室内的太阳辐射热量增多，增加了房间空调的用电。空调是建筑能耗中的第一杀手，空调能耗已经占到了建筑能耗的 20% ~ 50%。为了解决以上问题，美国研制出了太阳隔热膜，它具有隔热节能、抗紫外线、美观舒适、安全防爆等功能，有效便捷地解决了玻璃带来的很多问题。

2. 隔热原理

太阳膜的诞生彻底改变了我们裸晒在日光下的生活，而太阳膜的隔热原理却并非是来自实验室的专门立项研究，相反却是源于一位伟大发明家的偶然发现，这位发明家就是被誉为世界发明大王的爱迪生（Thomas Alva Edison），如图 4-1 所示。1888 年，爱迪生发明留声机后，他将注意力转放到了研发电影上。试验中他拍下一系列照片，将它们迅速地、连续地放映到幕布上产生出运动的幻觉，而这些照片的载体就是我们众所周知的胶片。这时他发现了一个非常有趣的现象，那就是同样受电灯强光、强热照

图 4-1 爱迪生

射的胶片，颜色越深的就越能阻隔吸收电灯所散发出的热量。于是，爱迪生把这个发现随手记在了自己的工作笔记中，恰恰就是这个偶然的发现，奠定了早期太阳膜的理论基础。

而现代太阳膜生产技术，往往是通过真空喷镀或磁控溅射技术将铝、金、铜、银等金属制成多层至密的高隔热金属膜层。金属材料中的外壳层电子（自由电子）一般没有被原子核束缚，当被光波照射时，光波的电场使自由电子吸收了光的能量，而产生与光相同频率的振荡，此振荡又放出与原来光线相同频率的光，称为光的反射。金属的导电系数愈高，穿透深度愈浅，反射率愈高。这些金属层会选择性地将阳光中的各种热能源，包括红外线、紫外线及可见光热能反射回去，再配合膜上的颜色对太阳热辐射的吸收后，再二次向外释放，随着室外的空气流动带走一部分热量，从而有效起到隔热的作用。

3. 汽车太阳膜

汽车太阳膜（Automotive Solar Films），是指在汽车玻璃表面粘贴的膜，俗称防爆膜，除了隔热隔光之外，还具有防爆功能，如图 4-2 所示。优质的防爆膜是用特殊的聚酯膜作基材，膜本身就具有很强的韧性，并配合特殊压力敏感胶，遇到意外时，玻璃破裂后被膜粘牢而不会飞溅伤人。现在汽车防爆膜还具有单向透视、降低眩光的功能。市面上的太阳膜尺寸

规格主要有 12m×1.52m、30m×1.52m 两种。

图 4 - 2　成品太阳膜

（1）太阳膜的结构。

太阳膜的结构如图 4 - 3 所示。

①抗磨层：由耐磨聚氨酯组成，硬度高达 4H；

②带色 PET 安全基层：由高强度、高透明 PET 聚酯与颜料熔融挤出双向拉伸制得，由于颜料夹在 PET 膜里面，可防止氧化变色，寿命长达 8 年；

汽车玻璃美容护理

③金属隔热层：在 PET 膜上通过真空蒸镀或真空磁控溅射金属铝、银、镍等对红外线有较高反射率的纳米级金属层；

④复合胶粘层：由耐候性良好高透明的聚氨酯胶粘剂组成；

⑤UV 吸收层：由特种 UV 吸收剂构成，可阻隔 99% 的紫外线；

⑥透明 PET 安全基层：由高强度、高透明 PET 聚酯膜组成，目的是把金属层夹在中间，防止金属氧化，延长金属膜的寿命；

⑦安装胶粘层：由耐候性良好高透明的丙烯酸酯胶粘剂组成；

⑧高分子透明基材外层。

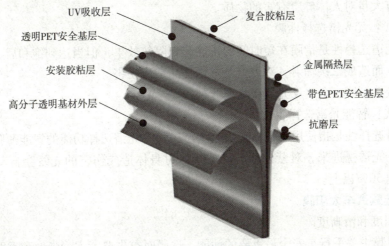

图 4 - 3　太阳膜的结构

（2）结构功能。

①安全基层：透明具有非常强的耐冲击能力，能有效过滤对方远光灯中的眩光。通常

说的防眩光功能，就是由这一层来完成的。

②隔热层：这一层是采用磁控溅射工艺将镍、铬等金属分子均匀溅射到光学级 PET 基材上制成多层至密的高隔热金属膜层，其能有选择性地将阳光中的红外线、紫外线反射回去，起到隔热的效果。

③彩色腹膜：汽车膜有各种各样的颜色，司机可以根据自己的喜好和车的颜色来选择，而这项功能的实现，就是彩色腹膜的功劳。

④紫外线吸收层：紫外线在太阳光中仅占3%，但会造成物品的褪色、塑料橡胶件的老化。过量的紫外线照射还会诱发人体皮肤癌变。而高品质的车膜能通过这一层把通过隔热层的紫外线再次吸收，不仅能有效防止车内的人被过量紫外线照射灼伤皮肤，还能保护车内的音响以及其他内饰不会被晒坏。

⑤透明胶层：这一层是为了保护司机的视线清晰，保证驾驶安全。我们建议用户尽量不要选取透光度太低的膜，车窗膜，尤其是前排两侧窗的膜，应选择透光度在85%以上较为合适。此时，侧窗膜无须挖孔且不影响视线，夜间行车时还能通过安全基层把后面来车大灯照射在反光镜的强烈眩光反射减弱，使视线清晰。此外，在雨夜行车、调头、倒车时也能保证视线良好。

⑥PE 合成纤维层：这是涉及安全性很重要的一层，大家所讲的防爆功能，就是通过它。而优质防爆膜本身有很强的韧性，其上的强力胶能将破碎的玻璃紧紧粘在一起，避免事故发生时飞溅的玻璃碎片对乘客产生二次伤害，并且其抗冲击性能也很强。

⑦HC 耐磨层：防划伤是车膜的一个基本性能。这一层非常坚韧，超强耐磨，既能保证正常升降车窗时膜的表面不被划伤，保证视野的清晰，又能保证玻璃的日久如新。

4. 汽车太阳膜种类、特点

（1）一代：传统染色膜。

染色膜俗称茶纸，其特点是：没有金属涂层，只在胶中加了染色剂来避免眩光，可见光透射率低，隔热性能差，红外线90%穿透，容易褪色，并在长期使用后易起泡、卷边，低廉的胶内含有大量对人体健康有害的物质。

（2）二代：无光谱选择性膜。

所谓无光谱选择性是指膜在短时间内也能起到隔热效果，但当达到饱和后，便不会继续发挥作用，从而造成二次辐射，对人体及车内物品造成伤害。

例如：吸热型膜、金属反光薄膜均属此列。

（3）三代：智能光谱选择膜。

所谓光谱选择性是指使用磁控溅射工艺生产，具有光谱选择功能的智能薄膜。这种智能薄膜只将可见光透视进来，对紫外线、红外线等对身体造成伤害的光线会自动将其反射回去，隔热率达50%以上。

5. 怎样选购汽车太阳膜

（1）透明度和清晰度。

这是车用膜中关乎行车安全最重要的性能。选膜时首先要考虑清晰度和透明度，优质膜的清晰度可高达90%（针对前挡），夜间可清晰看见6米以外的物品，而且不论颜色深浅，透明度都很高，不会有雾蒙蒙的情况。

（2）隔热性。

汽车贴膜最主要的功能就是要隔热，因此好的汽车防爆膜就通过反射红外线，来达到降低车内温度的目的。顾客在选购时除了可以通过规范的隔热率等指标来了解防爆膜的好坏外，还可以用直观的方法来判断，就是用贴了膜的玻璃挡住太阳，用手去感觉一下其隔热效果。

（3）手感——防爆性能。

正品膜摸上去有厚实平滑感，而劣质膜摸上去薄而脆，手感很软，容易起皱；劣质防爆膜，缺乏足够的韧性，不耐紫外线照射，易老化发脆。而好的防爆膜，万一玻璃被击碎也会粘住破碎的玻璃，碎块不会飞溅伤人。

（4）颜色。

有些劣质车膜的颜色易褪色和脱色，在选购时不能掉以轻心。优质膜的颜料是均匀融合在薄膜中，经久耐用，不易变色；而劣质膜的颜色在起黏合作用的胶粘剂中，撕开车膜的内衬后用指甲刮一下，颜色就掉了。

（5）味道。

劣质膜胶层残留溶剂中苯含量高，有异味，会严重危害车主的健康。

（6）保质期。

一般正规厂家生产的质量保证期较长，通常是 5 年，稍好一些的太阳膜能质保 8 ~ 10 年，有一些顶级的太阳膜会享受全国联保、终身质保的服务。

（7）紫外线阻隔率。

优质膜这个指标一般不低于 98%，高的可达 99%，针对女性车主研发的护肤膜甚至可达 100% 的阻隔率。高紫外线阻隔率能有效防止乘员被过量的紫外线照射而灼伤皮肤，还能保护车内音响等装饰不会被晒坏。而劣质膜很多没有这一指标，或者远远低于 98% 的标准。

6. 玻璃贴膜十大品牌

玻璃贴膜十大品牌如表 4-1 所示。

表 4-1 玻璃贴膜十大品牌

排名	品牌	品牌简介
1	3M	3M 中国有限公司，1902 年创立于美国，世界 500 强公司，国际公认研发领域的企业先驱，素以产品丰富和锐意创新著称于世，是全球性的多元化科技企业
2	LLUMAR 龙膜	龙膜，世界上最受尊敬的高性能窗膜品牌，是由世界上最大的窗膜生产商 CPFilms 公司生产。CPFilms 公司以其最先进的技术研发、卓越的生产能力、广泛的全球分销以及无与伦比的客户服务水平而著称于世
3	V-KOOL 威固	V-KOOL（威固）隔热膜的生产厂家是位于美国硅谷的韶华科技。作为纳斯达克上市公司的韶华科技长期从事军用和空间技术所需的光谱选择性薄膜的开发。独特的光谱选择技术使威固产品在行业内赢得了绝对领先的市场地位，其隔热技术在 1999 年被世界上最大的科学技术杂志《大众科学》（Popular Science）评选为"千年来的百大发明之一"。V-KOOL 所独具的尖端科技深受欧洲名车奔驰、宝马、奥迪、沃尔沃、大众、雷诺、欧宝和雪铁龙等原产地制造商的青睐，并成为这些厂家应用于其原厂玻璃的隔热技术。截至 2010 年年底，全球已有超过 2 200 万辆欧洲名车在其原厂前挡玻璃上就已配置了威固隔热技术。威固目前在全球几十个国家和地区均拥有销售网点，其中包括：中国、新加坡、法国、德国、新西兰、荷兰、美国、日本等国家和地区

续表

排名	品牌	品牌简介
4	Letbon 雷朋	雷朋隔热膜是厦门彰泰隔热膜有限公司旗下品牌。十多年前，雷朋率先在国内引进中高端汽车隔热膜，着手建立经销服务网络；十多年来，雷朋坚持持久隔热、高透视、视线清晰等品质保证；十多年后，雷朋直营经销服务网络遍布全国，数千万车主选择为爱车装贴雷朋
5	Solar Gard 舒热佳	圣戈班高功能塑料（上海）有限公司旗下品牌，玻璃贴膜十大品牌，始于1977年，世界窗膜行业知名企业，其磁控溅射窗膜在业界享有盛誉
6	Johnson 强生	中材国际贸易（北京）有限公司是美国强生玻璃膜的中国唯一总代理，是国务院国资委所属大型中央企业，是建材行业的知名专业设备集成服务和工程总承包单位，是北京市科学技术委员会认定的高新技术企业，是中国建筑材料联合会常务理事单位和中国建材机械工业协会会长单位
7	Quantum 量子膜	圣戈班高功能塑料（上海）有限公司旗下品牌，玻璃贴膜十大品牌，世界顶级隔热防爆膜品牌，全球磁控溅射膜的引领者，连续两次荣获国际 AIMCAL 技术大奖，国际窗膜协会（IWFA）认可的全球7家生产商之一
8	MTA 大师贴膜	上海追得新材料科技有限公司旗下品牌，玻璃贴膜十大品牌，全球著名玻璃窗膜制造商战略合作伙伴，致力于玻璃窗膜及漆面保护膜领域品牌拓展与营销服务的专业推广运营公司
9	福瑞达	中福瑞达（北京）安全防护技术有限公司品牌，玻璃贴膜十大品牌，知名玻璃安全防护专家企业，中国标准化协会玻璃安全膜标准的主导起草单位，国内同行业领先的拥有完整自主知识产权、自主商标的安全防护专家企业
10	寰球窗膜	美国寰球窗膜公司（Global PET Films, Inc）总部位于美国佛罗里达州，是世界窗膜协会（IWFA）七个成员之一，同时也是世界上先进的玻璃贴膜生产商和行业领导者

二、贴膜工具详解

贴膜常用工具如表4-2所示。

表4-2　贴膜常用工具

序号	工具	图示
1	电热烤枪： 用于对太阳膜的加热定型，是贴太阳膜最重要的工具，为温度可调式，最高温度可达600摄氏度。（价格在200～500元不等）	

序号	工具	图示
2	喷水壶： 用于向挡风玻璃和太阳膜喷洒润滑液和清水，起到（除静电、润滑、移动膜）的作用，为手动气压式，雾化效果越细密越好，润滑液可用贴膜伴侣加纯净水调兑，浓度比例（约1∶100）以手感觉有润滑感即可	SG-G049进品喷壶 本产品采用进口喷枪头，不仅有超强的雾化功能，而且耐酸、耐碱、耐油、耐用等。在汽车美容方面，家用方面等等都应用广泛。 包装详细 本产品有两种包装 1. 500ml加短喷枪头 2. 800ml加长喷枪头
3	裁膜工具： ①剪刀：用来剪除裁膜时多余的膜边部分。 ②美工刀：用于太阳膜开料、定型时的裁切。（刀片用3次需要换掉，保证锋利） 刀体选材以钢质最佳，要求刀片与刀柄结合紧凑，摆动间隙小，刀尖锋利；运刀要求刀尖与切面不得大于30度角，尽量贴向膜面，接触面越大切口越一致，力度使用均匀恰当，下刀一次切开	
4	卷尺/钢板尺： 用来度量玻璃面积尺寸和太阳膜开料	自锁钢卷尺　1米钢尺 宽30MM
5	样板纸： 市面上的汽车种类繁多，车窗形状各异，在进行贴膜施工时首先按施工车窗形状打样板。样板纸可用太阳膜PET保护膜，也可用报纸或牛皮纸代替	
6	刮板： ①直柄塑料刮板：用于对太阳膜预定型处理，胶质较软的用于外侧玻璃；胶质较硬的用于内侧玻璃，分为：小、中、大型板材。通常使用中型板（由高温丙塑料制成），硬质板（硬度90），刃口平钝，用作吹膜赶水。 ②耙形塑料刮板：用于贴太阳膜时去除气泡和水分，胶端平直的作玻璃内侧刮起膜赶水用，胶端扁尖的作清洁玻璃用	

续表

序号	工具	图示
7	钢刮板： ①长柄钢刮：用来将侧门密封胶条与玻璃隔开，便于上膜。 ②短柄钢刮：把端角加热后用来平复折痕和贴平电热吹风机吹不到的部位	
8	照明工作灯： 用于裁膜边和贴膜时的照明	
9	工业用酒精： 用来清除原车玻璃黏附胶层	
10	磨砂纸： 用来打磨塑料刮板端口，标号1500—2000#，打磨是将刮板两端尖角处理成圆滑平钝角，利于刮膜时不会因其尖锐刮伤膜面，端口两侧的厚度一致。打磨时应将砂纸湿水后再磨	
11	后视镜拆卸工具： 卡钳（用与装卸卡簧），一字头螺丝刀	

三、车窗裁膜方法

在汽车贴膜时，车型不同车窗也不同，我们必须准确裁出各车型的窗膜，下面介绍如何使用汽车玻璃裁膜工具进行裁膜作业：打样板、样板校对、横裁竖裁、预留边距、裁膜。

　　因国家交通法规定，汽车前风窗玻璃及风窗以外用于驾驶人视区部分的可见光透射率比应大于等于70%。当今的汽车贴膜市场，按汽车玻璃把贴膜分前挡、侧后两类，前挡膜多以透明和浅色为主，侧后膜为同一种类多为深颜色膜。两者不可混用。

1. 裁样板

（1）侧窗裁样。

①用大于车窗的样板纸平铺到所裁车窗（样板纸可用报纸代替）。

②用美工刀在原车玻璃上，以玻璃框为基准裁取和玻璃大小一致的样板，如图4-4所示。

　　注意：美工刀平行紧贴胶条，刀尖与玻璃角度≤30°。

③将打好的样板在原车玻璃上校对，进一步裁切准确，如图4-5所示。

图4-4　裁样板

图4-5　侧窗裁样

（2）半窗裁样。半窗贴膜主要用于主副驾驶玻璃。因各地法规和车主用车习惯，主副驾驶可选择半窗贴膜。

①用大于车窗的样板纸平铺到副驾驶车窗（样板纸可用报纸代替），如图4-6所示。

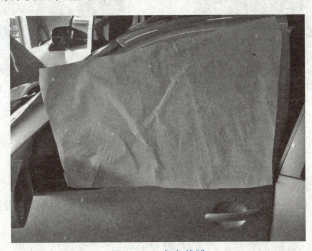

图4-6　半窗裁膜

②本车主坐主驾驶室正常开车姿势坐好，车主正常看后视镜姿势看右后视镜，现在开始裁样板右侧边，留出位置以至车主能看到整个右后视镜为止。其余三边以玻璃框为基准裁取和玻璃大小一致的样板。

③将打好的样板在原车玻璃上校对，进一步裁切准确，如图4-7所示。

图4-7　半窗裁样

（3）三角窗裁样。

①用大于三角窗的样板纸平铺到玻璃上，如图4-8所示。

②三角窗有沿胶条和沿黑点两种裁法。沿胶条裁膜时，样板纸以小窗四周胶条为标准裁样，如图4-9所示。沿黑点裁膜时，样板纸保留最外侧黑点裁样。

图4-8　三角窗裁样

图4-9　三角窗裁样

注意：三角窗裁样时因形状各异，所裁样板纸必须平直，保证裁膜时样板准确。

2. 裁膜

（1）确认太阳膜的型号。

裁膜台擦干净，防止有沙粒搁伤膜；放出卷膜并确认保护膜朝向，防止裁错车窗，如图4-10所示。

1）裁膜的分类：横裁、竖裁。汽车太阳膜有一个"纹理"，既有方向性，在生产过程中，汽车太阳膜有轻微的拉伸，在自然方向上产生应力，当烤膜加热时产生应力松弛，也就是说膜是沿着被拉伸方向收缩。我们就是通过膜的收缩来定型适应玻璃形状的。关键是记住只有垂直于自然方向的"指状凸起"能够收缩。在成品膜上体现为长边有收缩性，而宽边没有。

①横裁：根据已知尺寸于膜片中横向裁出。

②竖裁：根据已知尺寸于膜片中竖向裁出，如图4－11所示。

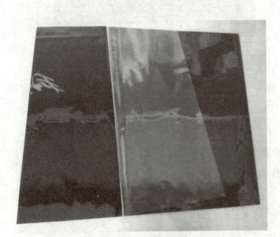

图4－10　覆膜朝向

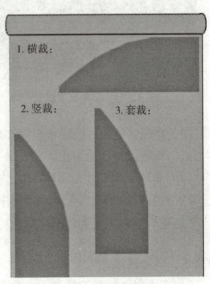

图4－11　横裁和竖裁

2）裁膜：将样板平铺到卷膜上，根据样板大小裁膜。普通车窗和半窗裁膜时为防止漏光，裁的膜要比样板膜稍大1~2厘米。三角窗裁膜时为防止漏光，如果是胶条边框，所裁的膜比样板大1~2毫米。如果是黑点边框，所裁的膜比样板大2~3毫米，如图4－12、图4－13所示。

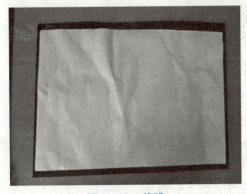

图4－12　裁膜

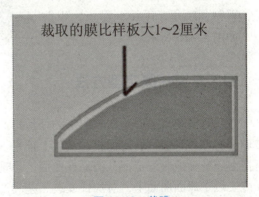

裁取的膜比样板大1~2厘米

图4－13　裁膜

3）三角窗裁膜：三角窗的边框结构和四门不同，多数为胶条边框并且玻璃不可移动，根据原车玻璃胶条结构所裁膜比样板大1~2毫米，部分车型胶条较紧所裁膜不留余量与样板一致，如图4－14、图4－15所示。

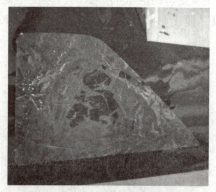

图 4-14　三角窗裁膜 1

图 4-15　三角窗裁膜 2

膜的定位：将裁好的膜拿至原车玻璃上，确认所裁膜是否与原车一致，如不精确，在原车上进一步精裁至合适为止。

（2）裁膜下料的注意事项汇总：

1）打样时样板纸要平铺到玻璃上，防止所裁样板纸不准确。

2）注意：美工刀平行紧贴胶条，刀尖与玻璃角度≤30°。

3）拿到样板裁膜时一定要确认样板的反正，以防裁反。

4）在不保证漏光的情况下，裁膜时留边越小越好。因留边太大，增加了贴膜施工的难度。

5）若左右车窗一起下膜，那在裁膜时要注意，裁好一边玻璃的膜后，需把样板翻一面来裁对面窗的膜。

6）刀到手到：裁膜时，手按住尺子，刀割到哪里，手压到哪里，以防割偏，如图 4-16 所示。

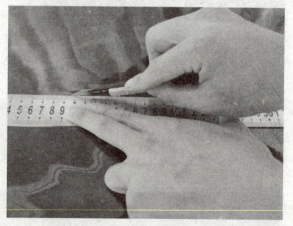

图 4-16　裁膜

四、车窗烤膜定型方法

在裁切窗膜尺寸后，在玻璃上的任何弯曲将是显而易见的。几乎所有的前后玻璃和侧窗玻璃都有球形弯曲，妨碍窗膜在玻璃上铺平，在窗膜上的这种现象被称作皱褶。采用热风枪可把窗膜精确地收缩定型，消除在曲面上出现的皱褶。而过去大部分后窗玻璃只能裁切多片才能安装于球面曲面上，对加快安装工艺和产生最专业的安装效果，热整形是单个最重要的工序。

1. 侧窗烤膜

（1）清洗玻璃：先给后玻璃表面喷水，用硬刮板在玻璃表面上下往复动作，目的是刮掉玻璃表面异物，防止割破太阳膜。最后再重复喷水，用软刮板最后一遍刮水，水平方向往左右两侧刮水，刮水时下板压上板 1/3，防止漏刮，如图 4-17 所示。

（2）铺膜：洗干净的玻璃表面喷水、取裁好的太阳膜平铺在玻璃表面。

竖裁的太阳膜，膜的下边距边条平行的空出2~3厘米的距离，如图4-18所示。

图4-17　清洗玻璃

图4-18　竖裁的太阳膜

横裁的太阳膜，膜的右边（或左边）距边条平行的空出2~3厘米的距离，如图4-19所示。

（3）固定：因玻璃弧度的原因，太阳膜表面会有皱褶出现。

竖裁的太阳膜，把所有皱褶赶到太阳膜的下边，用刮板固定其余三边，如图4-20所示。

图4-19　横裁的太阳膜

图4-20　竖裁的太阳膜皱褶

横裁的太阳膜，把所有皱褶赶到太阳膜的右边（或左侧），用刮板固定其余三边，如图4-21所示。

（4）烤膜：用热风枪调温至500摄氏度，距玻璃10~15厘米，如图4-22所示。

因玻璃弧度不同，皱褶数量也不同。从单个皱褶根部开始烤膜，当膜面出现S形收缩时，用刮板刮平收缩区域使膜面贴合玻璃。根据皱褶数量重复多次烤膜步骤，直至膜面完全平整，如图4-23所示。

图4-21　横裁的太阳膜皱褶

图 4-22　烤枪调温

图 4-23　烤膜

2. 前后挡风烤膜

（1）裁膜：选择膜的型号，用卷尺或钢尺在原车后玻璃上量取长和宽，长度取后玻璃水平方向上最长的两点，宽度取后玻璃垂直方向上最低点至最高点，如图 4-24 所示。裁膜时为防止漏光在长宽两侧各加长 5 厘米。

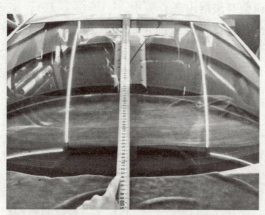

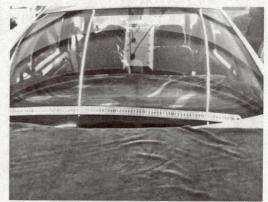

图 4-24　测量玻璃宽度和长度

注意膜的收缩：竖裁法裁膜，所量尺寸的长度平行于卷料的长边，如图 4-25 所示。

横裁法裁膜，所量尺寸的长度硬性与卷料的宽边。

（2）清洗外侧玻璃：施工前先验车，确认无故障后做好防护。先给后玻璃表面喷水，用硬刮板在玻璃表面上下往复动作，目的是刮掉玻璃表面异物，防止割破太阳膜。最后再重复喷水，用软刮板最后一遍刮水，水平方向由上至下往两侧刮水，刮水时下板压上板 1/3，防止漏刮，如图 4-26 所示。玻璃清洗后需烤干，防止铺膜因潮气黏膜。烤枪调温 400 摄氏度，由上至下均匀烘烤玻璃，到没有多余水分为止。

图 4-25　裁膜

（3）水线定位：分清有保护膜的一面。把保护膜的一面朝上，平铺在玻璃上，裁掉多余的部分（以过玻璃黑边为标准）。

①横裁：工字形涂水定位——用叠好的毛巾蘸取少量水，先在玻璃中间位置从上至下涂抹，再在上、下两边分别涂上少许水，呈工字形，如图4-27所示。

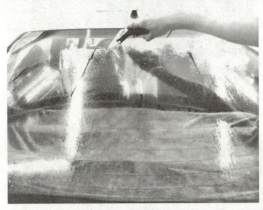
图4-26 清洗玻璃

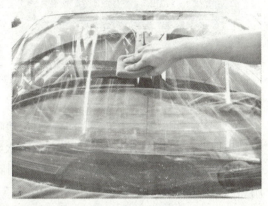
图4-27 涂水线

②竖裁：H字形涂水定位——用叠好的毛巾蘸取少量水，先在玻璃中间位置从左至右涂抹，再在左、右两竖边上分别抹上少许水，呈H字形，如图4-28所示。

（4）烤膜：把气泡分成大小差不多的等份。从易到难，从小气泡先烤，烤好小的气泡后，再把大的气泡分成小的来烤。

①干烤：干烤操作时玻璃表面用热风枪烘干，撒上适量滑石粉抹匀，如图4-29所示。裁好尺寸的太阳膜平铺到玻璃上，因滑石粉的原因玻璃会非常滑。用叠好的毛巾蘸取少量水，掀起太阳膜在玻璃表面画出水线，竖烤H字形，横烤工字形，水线位置上平铺拉紧太阳膜，禁止水线位置上有气泡产生。用热风枪调温至500摄氏度，距玻璃10~15厘米。因水线固定的原因，水线内侧会有太阳膜的皱褶出现，从皱褶根部竖裁采取左右来回直线烤膜，横裁采取上下来回直线烤膜。每次烤膜宽度10厘米，太阳膜收缩后，用手抚平烤过的位置，如图4-30所示。要求完全贴合玻璃，否则找到皱褶根部重烤，如图4-31所示。

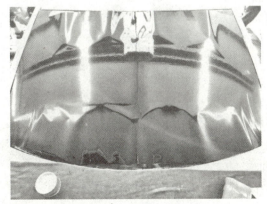
图4-28 竖裁定位

图4-29 涂抹滑石粉

图4-30　烤膜1

图4-31　烤膜2

②湿烤：湿烤操作时玻璃表面需均匀地喷水，如图4-32所示。将裁好尺寸的太阳膜平铺到玻璃上，掀起太阳膜在玻璃表面画出水线，竖烤H字形，横烤工字形，水线位置上平铺拉紧太阳膜。因为水的黏性，湿烤的太阳膜只有局部的皱褶出现，其余大面积平贴玻璃。用热风枪调温至500摄氏度，距玻璃10~15厘米。从单个皱褶根部开始烤膜，当膜面出现S形收缩时，用刮板刮平收缩区域使膜面贴合玻璃，如图4-33所示。因湿烤单个皱褶较大，需多次烤刮才可完全收缩完成。

图4-32　湿烤

图4-33　湿烤定型

③湿烤定型：干烤完成后，待玻璃完全降温后再重复一遍湿烤。因干烤大面积收缩，会漏掉小部分皱褶，重复湿烤可使膜完全收缩成型，如图4-34所示。

（5）精裁修边：在烤膜时所裁的膜比原玻璃要大，在张贴时如果余量太大的膜是无法施工的，所以膜定型后需要裁掉多余的四边便于最后张贴。裁膜时用美工刀沿玻璃四周黑点裁膜，只保留黑点外2~3毫米的距离，如图4-35所示。裁膜时美工刀与玻璃角度为小于等于30度角，并且要注意按压力度，防止划伤玻璃。

玻璃裁边要求：直、平、齐。

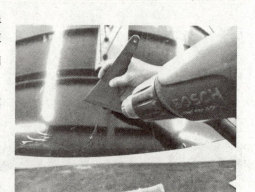
图4-34　湿烤定型

3. 烤膜的基本原则

（1）裁法：在汽车贴膜施工中，因为卷膜的尺寸是固定的，侧后窗贴膜多竖裁竖烤，在保证质量和省料的前提下，前挡风玻璃可选择性地横裁横烤。

（2）烤法：因汽车贴膜施工技术要求，要警惕风险因素存在。因干烤玻璃升温小，烤膜先以干烤定型，湿烤多做辅助程序。

4. 干烤与湿烤之间的区别

干烤与湿烤之间的区别如表4-3所示。

图4-35 精裁修边

表4-3 干烤与湿烤之间的区别

干烤	优点： a. 玻璃受热温度较小不易造成玻璃破裂。 b. 膜片收缩范围较大且收缩均匀，施工方便快捷简单。 c. 操作时不需刮板配合，不会产生折印。 缺点：干烤结束后需用湿烤收边，步骤较多，烦琐
湿烤	优点：膜片受热快且施工快捷，可一次定型。 缺点： a. 玻璃局部受热温度较高，易造成玻璃破裂。 b. 膜片收缩范围较小，施工难度较大。 c. 刮板与热风枪配合较难，配合不当时易产生折印

干烤的原理是因太阳膜的热收缩性，热风枪于膜片表面大面积加温形成收缩，再配合湿烤刮平定型。湿烤一般针对弧度较小的车型。干烤针对厚度小于3密耳的膜片任何难度的车型。（100密耳=2.54毫米）

5. 车窗烤膜与前后挡风烤膜的细节差别

①车窗烤膜之前已精修四边。因前后挡风收缩面积大，前后挡风不可烤膜之前精裁，防止收缩漏光增加施工难度。

②车窗烤膜收缩单边皱褶，而前后挡风因弧度大要收缩水线两侧皱褶。

③因车窗玻璃弧度小，车窗烤膜以湿烤为主。而前后挡风多干烤定型、湿烤收边。

五、贴膜

玻璃贴膜是汽车贴膜施工流程里的最后一步。贴膜之前首先需要同学们完成之前的裁膜、烤膜工序，否则无法进行贴膜工序。玻璃贴膜时以侧窗、三角窗、前后挡风的顺序进行，贴膜时按照先清洗后上膜的流程进行。

侧挡玻璃贴膜作业

1. 四门贴膜

（1）清洗玻璃。

①先检查玻璃有无损坏，如图4-36所示。

图 4 - 36　检查玻璃

②检测玻璃上是否有旧膜、标签、胶质、油污飞漆等杂质。（清洁玻璃时沙子易把玻璃刮花，贴膜时沙子易把膜刮穿。）

③喷水壶加入贴膜水，贴膜由贴膜液兑纯净水比例为 1∶100。

④清除沙尘：在玻璃外部喷上足量的水，把沙子、灰尘等冲洗干净，如图 4 - 37 所示。清除油污飞漆等：用百拭布或黏土配合清洁液清洗玻璃外侧。

⑤降下玻璃，将四周橡胶条内及玻璃上方灰尘冲刷干净，如图 4 - 38 所示。

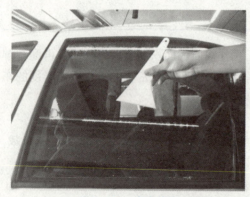

图 4 - 37　清洗玻璃

图 4 - 38　清洗边条

⑥清洗玻璃：先向玻璃上冲水，将大块颗粒、灰尘等冲刷干净，再往玻璃上喷水（水呈雾化状态为佳），用胶质刮板（硬刮板）仔细清理一遍。最后再用前后挡风专用的刮水板（软刮板）再次清洁玻璃，直至干净，如图 4 - 39 所示。

注意：刮板的角度——刮板要与玻璃倾斜 30 度左右刮水。

（2）贴膜。

①往玻璃上喷水（水呈雾状），如图 4 - 40 所示。

②确认膜的正反面，分清有保护膜的一面，把有保护膜的一面朝向玻璃外侧，如图 4 - 41 所示。

（3）撕下保护膜并粘贴膜。

①将玻璃降下约 1/4，向玻璃上喷洒安装液，如图 4 - 42 所示。

图 4 – 39 清洗内侧玻璃

图 4 – 40 内侧喷水

图 4 – 41 确认反正

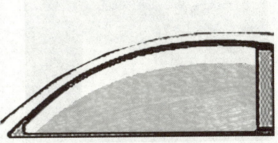

图 4 – 42 贴膜 1

②从膜的最上端开始撕开保护膜至 2/3 处。

③向撕开的膜面上喷洒安装液后贴至玻璃表面。

注：车膜比车窗上沿略低 2 ~ 3 毫米，如图 4 –43 所示。

图 4 – 43 贴膜 2

④用胶皮软刮板将玻璃最上端膜固定好。用刮板赶出膜与玻璃之间的水，达到固定膜的作用。

⑤确保玻璃最上端膜固定好之后将玻璃升至最顶端，一边撕除剩余 1/3 的保护膜，一边向膜和玻璃上喷洒安装液，至玻璃底部。

⑥将塑料刮板或铁片薄板插入密封胶边缘与玻璃分离，先把膜的两个边角嵌入缝隙内，移动铁板便能将膜与玻璃底部贴合到位。

（4）赶水定位。

将撕下的保护膜覆盖在膜上，先用刮板从中间分别向四周赶水呈 "←十→" 形定位。

定位后用刮水板重叠有序地将膜与玻璃之间的水刮挤干净，直至玻璃完全紧贴。

侧窗玻璃贴膜作业

注意：上膜时在膜的中间位置赶水，使用中号塑料挤刮水分，赶刮时一只手按扶住外侧玻璃，使内侧赶水时的力度分散均匀，同时避免玻璃受刮板压力而摆动。

（5）质检（贴膜结束后必须要对全车进行检查）。

①在车外观察，看是否还有气泡、污点等。

②在车内向外观察，汽车贴膜与窗玻璃边缘有无明显透光现象。

2. 三角窗贴膜

（1）清洗玻璃。

①先检查玻璃有无损坏，如图4-44所示。

②检测玻璃上是否有旧膜、标签、胶质、油污飞漆等杂质。

③三角窗的边框结构和四门不同，多数为胶条边框并且玻璃不可移动。清洗时玻璃表面喷水，用小刮板先清洗边框四周，剩余水分用软刮板刮除，如图4-45所示。

图4-44　检查玻璃

图4-45　清洗玻璃

（2）贴膜。

①往玻璃上喷水（水呈雾状），如图4-46所示。

②确认膜的正反面，分清有保护膜的一面，把有保护膜的一面朝向玻璃内侧。

③手捏一角撕下全部保护膜，胶面喷水由下往上贴到玻璃上，如图4-47所示。

图4-46　玻璃喷水

图4-47　贴膜

（3）赶水。

因三角窗边框固定的原因，赶水时用小刮板先固定四边，（防止最后固定时回水而有灰点），剩余水分用软刮板刮除，如图4-48所示。

（4）质检。

在车外观察，看是否还有气泡、污点等。在车内向外观察，汽车贴膜与窗玻璃边缘有无明显透光现象。

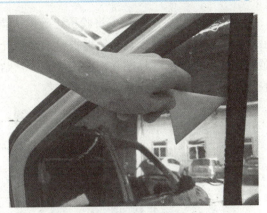

图4-48 固定

3. 前后挡风贴膜

（1）清洗太阳膜：烤好并精裁的前后挡风膜。待玻璃彻底降温后给膜面喷水，用软刮板沿水平方向，从上至下刮干水，如图4-49所示。

前挡玻璃贴膜作业

后挡玻璃贴膜作业

图4-49 清洗膜面

（2）卷膜：从太阳膜一侧卷起太阳膜，卷膜时膜卷尽量细小平直，轻捏膜卷防止出现折痕，如图4-50所示。

（3）清洗内侧玻璃：用毛巾在前后挡风下铺满，防止贴膜过程中进水。取下玻璃内侧的年检和强险标。玻璃内侧喷水，用硬刮板刮遍玻璃内侧，要求刮板赶到之处无任何异物，不能有任何位置遗漏。再用软刮板水平方向赶水，第二板压第一板1/3防止漏挂，如图4-51所示。

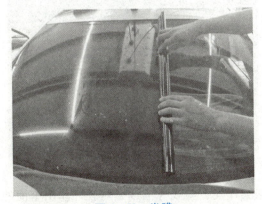

图4-50 卷膜

图4-51 清洗内玻璃

（4）揭膜：关闭车门，将膜按正确的方向剥开，如图4-52所示；边剥开边往膜片安装胶层上喷洒安装液，直至把保护膜全部剥开后，慢慢把膜往玻璃上粘贴；先将膜片底部位置粘贴住，再往上部粘贴起来，膜片完全粘贴于玻璃后，对准边部位置后固定；粘贴过程中膜片不可碰到后视镜或其他任何装饰物。

图4-52　揭膜

（5）赶水：膜片粘贴于玻璃后，先在膜片表面均匀喷洒少量安装液，用专用固定刮板把膜片固定于玻璃上，再喷洒少量安装液于膜片表面，用专用挤水工具把膜片内的安装液挤压出来，如图4-53所示。挤压时，挤水工具应紧紧挤压住膜片，从上往下、从中间往两边慢慢将安装液挤出，挤压过程应一来一回反复重叠挤压。把大量的安装液挤压出后，用专用的吸水纸把膜片边部的安装液吸干。检查膜片内部是否仍存有明显的安装液，如有应将其挤出。

后档玻璃贴膜作业

（6）弧度处理、边部加固：把膜片上的安装液挤压出后，如膜片中仍有弧度（气泡）时，可用吸水纸包住专用的挤压弧度工具慢慢把弧度挤压平整，吸水纸应停留于弧度边部把弧度内的安装液吸干。如弧度（气泡）仍然无法挤压平整时，可用热风枪于玻璃外部对玻璃进行加温，再重复用专用工具把弧度挤压下去，如图4-54所示。安装液与弧度全部挤压干净后，用热风枪于玻璃外侧膜片边部位置四周加热，用吸水纸包住专用工具把边部位置再次挤压一遍加固。

图4-53　赶水

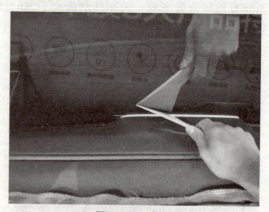
图4-54　加固

（7）膜片质检：膜片完全粘贴平整后，根据膜片安装验收标准逐条对膜片作出全面的质量检验。检查膜片上是否存在明显的安装液，是否在安装过程中操作不标准而导致膜片上有明显的沙点或折印。膜片边部位置是否粘合得很好等，如图4-55所示。根据实际情况填写膜片安装施工单并作出记录。

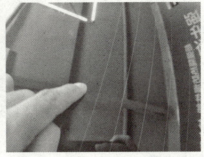

图4-55　质检

（8）物品摆放与清洁：膜片安装完毕后，把车内外的安装工具与保护套等收拾到车外，把车内原来的装饰物品等归位。用干净的无纺布清洗玻璃外侧与膜片表面的条纹水迹，并作车内清洁等。

4. 贴膜注意事项汇总

（1）工具：将贴膜所用工具一次性备齐，以防操作过程中工具缺失而浪费时间。

（2）保护：将车身及操作过程中可能触碰到的地方保护起来，以防施工时损伤车身从而造成不必要的损失。

玻璃膜的保养

（3）水：有70%以上的施工人员直接使用自来水，未经过滤或沉淀这是不正确的。因为自来水管路里有许多杂质或沙粒，有时更换水管管路时均会影响水质，因此，贴膜时所用的水一定要经过过滤或沉淀。

（4）无尘贴膜：许多贴膜场所没有密闭室，有人路过时会留下很多灰尘，大小汽车呼啸而过激起许多灰尘，有时风速较大时也有灰尘，因此，若没有密闭车间，贴膜时需关闭所有车门再贴。

（5）工作服：拆开保护膜时会产生大量静电，毛料或是有棉絮的衣服就不适合贴膜时穿着，因为衣服上的棉絮或羊毛会被静电吸到膜上面。

（6）手捏部分：拆开保护膜后必须以两个指头去捏住膜，手捏的部分会有指纹和沙粒，技巧在于能控制膜为原则容量捏少一点。

（7）刮水方式：刮水清洗玻璃时有固定方式，若随便刮水，或刮水断断续续或不知收尾都会带来沙粒。

（8）小心橡胶槽内灰尘：旧车子四周橡胶槽内暗藏很多看不到的沙粒灰尘，膜贴上去之后有些玻璃弧度大，会有空气带水将沙粒等灰尘吸进膜内，此时若不快速将水赶出，沙子会不断抽进膜里。

（9）车窗清洗：清洗车窗时应先将车窗摇下来，才可清洗到顶端，刮完水，玻璃摇上之后，上端不可再刮水。

（10）膜贴好后3~5天不能升降玻璃，7天内不可擦拭玻璃内侧。

任务实施

一、准备工作

（1）防护装备：车内外三件套。
（2）实训车辆：实训车辆两辆。
（3）工具设备：烤枪、喷水壶、裁膜工具、刮板、样板纸等。
（4）辅助资料：汽车维修手册、教材。

二、实施步骤

1）准备好汽车玻璃贴膜所需要的工具和设备。
2）按步骤完成汽车玻璃贴膜作业。
3）完成实训任务后，对工作过程进行自我评价，提交实训工作单，接受指导老师的技能考核。
4）整理并清洁工作场所，清点和收拾借出的工具、设备和资料，交回实训室。
汽车玻璃贴膜操作任务单如表4-4所示。

表4-4　汽车玻璃贴膜操作任务单

汽车玻璃贴膜操作	工作任务单	班级： 姓名：	
1. 学习任务 一辆客户新买了一辆家用汽车，想要给全车车窗贴隔热太阳膜，请你帮忙推荐并安装			
任务		自测标准	学习建议
1.1　资料准备	防护装备	车内外三件套	"工欲善其事，必先利其器。"完成好学习任务的第一步是要熟悉并掌握汽车美容与装饰作业相关的工具设备，做好准备工作
	实训车辆	实训汽车两辆	
	工具设备	烤枪、喷水壶、裁膜工具、刮板、样板纸等	
	辅助资料	汽车维修手册、教材	
1.2　实施步骤	清洗玻璃	先检查玻璃有无损坏，是否有旧膜、标签、胶质、油污飞漆等杂质，然后清洗	手捏部分：拆开保护膜后必须以两个指头去捏住膜，手捏的部分会有指纹和沙粒，技巧在于能控制膜为原则容量捏少一点。 刮水方式：刮水清洗玻璃时有固定方式，若随便刮水，或刮水断断续续或不知收尾都会带来沙粒。 小心橡胶槽内灰尘：旧车子四周橡胶槽内暗藏很多看不到的沙粒灰尘，膜贴上去之后有些玻璃弧度大，会有空气带水将沙粒等灰尘吸进膜内，此时若不快速将水赶出，沙子会不断抽进膜里
	卷膜	从太阳膜一侧卷起太阳膜，卷膜时膜卷尽量细小平直	
	清洗内侧玻璃	用毛巾在前后挡风下铺满，防止贴膜过程中进水	
	揭膜	关闭车门，将膜按正确的方向剥开，边剥开边往膜片安装胶层上喷洒安装液	

续表

任务		自测标准	学习建议
1.2　实施步骤	赶水	膜片粘贴于玻璃后，用专用挤水工具把膜片内的安装液挤压出来	
	弧度处理、边部加固	把膜片上的安装液挤压出后如膜片中仍有弧度（气泡）时，可用吸水纸包住专用的挤压弧度工具慢慢把弧度挤压平整，吸水纸应停留于弧度边部把弧度内的安装液吸干	
	膜片质检	膜片完全粘贴平整后，根据膜片安装验收标准上的每一条对膜片作出全面的质量检验	
	物品摆放与清洁	膜片安装完毕后，把车内外的安装工具与保护套等收拾到车外，把车内原来的装饰物品等归位	

2. 学习笔记

1）汽车玻璃膜的结构功能有哪些？

2）汽车玻璃膜的种类特点有哪些？

3）汽车玻璃贴膜的注意事项有哪些？

三、任务评价

汽车玻璃贴膜操作任务评价如表4-5所示。

表4-5　汽车玻璃贴膜操作任务评价

序号	项目	内容	程度	不能的原因
1	知识学习	汽车玻璃膜的结构功能	□能　□不能	
2		汽车玻璃膜的种类特点	□能　□不能	
3		汽车玻璃膜的选购	□能　□不能	
4		汽车玻璃膜裁膜方法	□能　□不能	
5		汽车玻璃贴膜的注意事项	□能　□不能	
6	技能学习	能够正确选用玻璃膜	□能　□不能	
7		能正确选择玻璃贴膜的工具设备	□能　□不能	
8		能正确裁剪玻璃膜	□能　□不能	
9		能完成汽车玻璃贴膜作业	□能　□不能	
经验积累与问题解决				
经验积累			问题解决	
签审	1. 小组意见： 　　　　　年　月　日			评价等级认定
	2. 指导教师意见： 　　　　　年　月　日			

 知识拓展

所谓外行看热闹、内行看门道。外行人都以为贴膜很简单，只要撕膜、喷水、上膜、赶水就可以了，其实不然。对专业的技术人员来说，贴膜是一项非常深奥的技术，太阳膜不仅仅是贴上就可以了，还有成品验收标准，严格的质量管理和验收标准，是控制、提高服务水平的重要依据。接下来我们对贴膜的验收标准进行介绍。

（一）贴膜验收标准

（1）材料是否正确。

（2）整张安装，不能拼接。

（3）前挡风玻璃折痕不超过1个（包括1个），位置一般在边角部（离边不超过10厘米）；后挡风玻璃折痕不超过 1 个（包括 1 个）；位置一般在边角部（离边不超过 2 厘米），侧面折痕不超过 1 个（包括 1 个），在雨刮有效范围内不允许有折痕。坐在驾驶位，透过前挡看车外的景物不存在模糊、色差现象。

（4）所有贴膜后的玻璃不能有水、气泡。

（5）侧窗上端的膜裁切平直，侧窗玻璃升到顶部不能漏光；侧窗玻璃两边不能漏光（膜在胶条以外；有光线透过为漏光）；三角窗玻璃边缘允许漏光，但最大距离不超过 1 毫米。

（6）贴前、后挡风时，膜离玻璃边缘黑色陶瓷点的最大距离正负不超过 2 毫米。

（7）贴膜处玻璃不能有明显的划痕。

（8）侧窗胶条不能有新划痕。

（9）离车 1 米查看满载玻璃贴膜后局部范围 10 厘米内，尘点数不能超过 10 个。

（10）高端金属膜因有多层金属层，在烤膜的时候可能会出现金属虚印，但位置一般在边部（离边 15 厘米内），中间位置不允许出现。

（11）贴膜是高风险的服务项目，因技术水平或玻璃的缺陷，存在玻璃破裂可能，在贴膜中或贴膜后 24 小时内出现玻璃破裂的现象，该店负责更换。

（二）贴膜后皱褶与气泡的处理方法

贴膜施工中因步骤烦琐，技术要求高，经常会出现瑕疵。烤膜施工时如果局部收缩不够，贴膜后会在四周鼓起气泡。贴膜施工时因手法和玻璃形状不同，在局部会出现折痕和灰点。赶水施工时因刮板或漏刮，膜面会有水分残留。以上问题是可修复的，修复后要达到验收标准方可交车。

1. 气泡皱褶

边角有气泡出现是因为此处膜面未收缩到位，张贴后因弧度原因而拱起，在玻璃上能看到有白色的长条状气泡。此种情况修复方法是用烤枪在玻璃内侧加热气泡处，待膜面出现 S 形收缩时用硬刮板刮平。

注意：用烤外枪加热时因温度较高，防止烤到车内仪表和装饰件。用硬刮板赶水时需要修磨刮板，防止因刮板原因而划伤内侧太阳膜。

2. 灰点和折痕

灰点在玻璃上能看到白色点状气泡，折痕在玻璃上能看到白色长条状。此种情况修复方法是待膜内水分彻底蒸发（可用烤枪局部加温），用硬刮板手柄头部挤压灰点和折痕，直到白色印记消失。此方法修复原理是用刮板局部挤压，让灰点和折痕出胶层粘贴到玻璃上。

注意：有灰点和折痕首先确定灰点数量和折痕位置，超过验收标准的不可修复。

3. 残留水分

在膜面上如果局部景色变形，此种情况是因为此处残留水分，透过水看而发生变形，此种情况修复宜用硬刮板垫无纺布重新赶水，赶水时第二板压第一板 1/3。

注意：此种情况是在贴膜后发现才可用，切不可已经暴晒过或使用过。因为经过暴晒后膜面已经大面积粘合，此时赶水会挤出水泡。刮板赶水时必须垫无纺布，防止膜面划伤。

 学习小结

　　本任务首先介绍了太阳隔热膜的基本知识、需要用到的工具、裁膜方法、烤膜方法及贴膜方法，并通过具体实操过程展示了如何在实车上进行作业。请同学们根据本任务的内容多练习，掌握实操流程和技巧。

 自我评估

1. 填空题

1）汽车贴膜最主要的功能就是要<u>隔热</u>。

2）车膜的隔热性能，取决于它的<u>反射</u>和<u>吸收</u>能力。

3）过量的紫外线照射还会诱发人体皮肤<u>癌变</u>。

2. 判断题

1）高紫外线阻隔率能完全隔绝紫外线照射，不会灼伤皮肤，但是价格昂贵。　　（×）

2）劣质膜胶层残留溶剂中苯含量高，有异味，会严重危害车主的健康。　　（√）

3）透明度和清晰度是车用膜中关乎行车安全最重要的性能。　　（√）

3. 选择题

　　玻璃清洗后需烤干，防止铺膜因潮气粘膜。烤枪调温（B），由上至下均匀烘烤玻璃，至没有多余水分为止。

A. 300 摄氏度　　　　B. 400 摄氏度　　　　C. 500 摄氏度　　　　D. 600 摄氏度

任务 2　车身改色贴膜操作

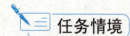 任务情境

任务描述

一位客户新买了一辆家用汽车，想要给车辆改色，请你帮忙推荐并安装。

任务提示

根据任务要求，需要了解车身改色膜的结构、种类和特点，还需要知道贴膜操作的步骤和注意事项，并能够在了解客户真实需求后为客户推荐合适的产品并解答客户的疑问。

车身改色贴膜作业

一、车身改色膜概述

1. 基本概念

汽车改色膜是一种采用乙烯基的高分子材料制作而成的具有多种颜色的薄膜，可用以覆盖在汽车上，改变整车或者车上某一部分的颜色。高质量的改色膜对漆面不会有任何危害，且易撕，一般质保 5 年，采用进口 PVC 材质，可随时揭除，不留胶、不伤原厂漆。

2. 汽车改色膜的优缺点

（1）不损害原车漆且对车辆保护更完整。一般的汽车喷漆肯定很难做到与原车漆一样，而作为原厂漆肯定要比后喷的漆要好，而且如果所喷涂的漆质量不合格，会对车身造成一定损伤如生锈和腐蚀等，而汽车改色膜则没有这种担忧。汽车改色膜可以隔离车漆与空气的接触，防止车漆氧化受损，也可以让原厂漆使用时间更长。

（2）使用方便且环保。当车主不想要这种颜色时，只需将车身上的膜揭下，而且不留痕迹，不伤害原本的车漆；采用高分子环保材料，不对车辆的车漆产生副作用；可以随时更换，对那些追求时尚的车主来说，是一大便利。

（3）改色贴膜要进行登记，不然不合法。由于改色贴膜的方便，一些肇事车辆，可能将车膜一揭就逃避了，所以国家规定使用汽车改色膜在十个工作日内必须登记，不然有可能违法。对那些时尚的车主来说，使用完改色贴膜一定要及时登记，不然上路有可能被交警查。

3. 车身改色膜的种类

目前的汽车改色膜主要分为国产和进口两类。国产改色膜在施工后效果以及持久性上都不及进口改色膜。如果没有长期的改色需求，只是想变换一下车身颜色，那么价格便宜的国产改色膜是最佳的选择。如果追求最终效果，且对改色有长期需求，价格贵的进口改色膜更值得选择。单说改色膜本身的话，目前市场上主要的细分种类为以下几种：亚光膜、亮光膜、电镀膜、碳纤维膜、透明膜等。

4. 如何识别改色贴膜的优劣

（1）价格。"一分钱一分货"是永恒的市场规则。要了解市场上各档次改色膜的对应价格，才能避免上当。

（2）色泽。进口改色膜色彩饱满均匀，国产改色膜的颗粒感强。

（3）手感。底纸的厚度与韧性和改色膜的质量成正比。进口改色膜膜面细腻，厚度适宜，不易出现折痕；国产改色膜粗糙感明显，缺少韧性，折痕不易恢复。

（4）味道。如果凑近后能闻到刺激性气味，那一般就是国产改色膜。进口改色膜执行的是全球环保标准。

（5）背胶。进口改色膜的背胶经受多次的反复揭贴后，粘贴强度仍可保证；国产改色膜的背胶在揭贴 1~2 次后，就能明显感觉到粘贴力度的下降。

5. 汽车车身改色贴膜养护知识

（1）贴膜后应注意什么？

1）施工完成后初期，贴膜的附着力较低，不要触摸，特别是边缘部分。

2）会有后续产生气泡或水泡的可能性，属正常现象，经过 10~20 天可能会自然消失。也可返店进行处理或咨询，以便及时处理。

3）洗车要在贴膜干燥后进行（约 3 天以后），不要用水枪对着膜与车漆接缝处喷射。

4）避免使用带有胶粘剂之类的物品粘贴到膜表面。

5）避免使用易对膜表面造成损伤的清洗工具。请勿使用刷子、研磨剂或带有研磨剂的海绵清洗膜表面。

6）使用柔软湿抹布清水擦拭膜表面，如需使用清洗剂，须使用中性清洗剂进行清洗。

7）如需要去除贴膜时，须由专业技师操作。

（2）车身贴膜后出现细小划痕（发丝痕）怎么办？

因为洗车、风沙等各种原因，在膜表面形成的细小划痕（发丝痕），会在阳光照射下逐渐恢复平整。因为膜记忆能力很好，遇热后会恢复最近一次形状。亮光膜表面也可以用抛光工艺处理。

（3）可以进行抛光、打蜡护理吗？

除亚光膜外，其他膜完全可以像正常的车一样进行护理。不用进行封釉、镀膜，只要打蜡后就能取得很好的镜面光亮效果。但不建议经常抛光，以免抛光技师操作不当将膜抛薄。

（4）高温下和洗车时会不会起泡、边缘会不会张开？

施工后 1 个月内有个别小气泡，属正常现象。随着使用时间增加，可自然恢复平滑表面。阳光的温度反而会使膜与漆面粘得更牢固，边缘也不会张开。我们施工后，要求最好在太阳下曝晒 2 个小时，就是这个原因。如有起边现象，多数是因为施工时技师粗心大意或用力不均匀。

二、贴膜工具和场地详解

汽车改色贴膜常用工具如表 4-6 所示。

表 4-6　汽车改色贴膜常用工具

序号	工具	图示
1	电热烤枪： 　用于对改色膜的加热定型，是贴改色膜最重要的工具，为温度可调式，最高温度可达 600 摄氏度。（价格在 200~500 元不等）	

续表

序号	工具	图示
2	清洁类工具 通用除胶剂： 1）通用除胶剂去除难以移除的残胶； 2）为汽车重新提供一个干净的基面； 3）正确使用下，可以安全地与喷漆、塑料和织物相容	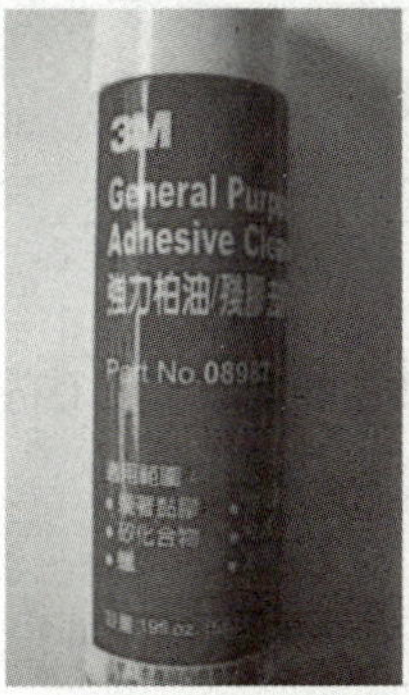 
3	洗车泥： 是一种擦洗车体的泥巴，它具有去污的功能，但不损伤车体表面的油漆。 洗车泥是由超细纤维及固体胶状经过反复密炼而成，具有细、黏的特点。 细：经洗车工人反复擦洗，可以擦去车体因氧化而产生的细孔、斑状。 黏：经洗车工人反复擦洗，可以粘除车体上的自然氧化、水垢、鸟（虫）粪便、铁粉、酸雨、树液以及不当护理的残留物质	
4	裁膜工具： 1）剪刀：用来剪除裁膜时多余的膜边部分。 2）美工刀：用于太阳膜开料、定型时的裁切。（刀片用 3 次需要换掉，保证锋利） 刀体选材以钢质最佳，要求刀片与刀柄结合紧凑，摆动间隙小，刀尖锋利；运刀要求刀尖与切面不得大于 30 度角，尽量贴向膜面，接触面越大切口越一致，力度使用均匀恰当，下刀一次切开	
5	卷尺/钢板尺： 用来度量车身面积尺寸和改色膜开料	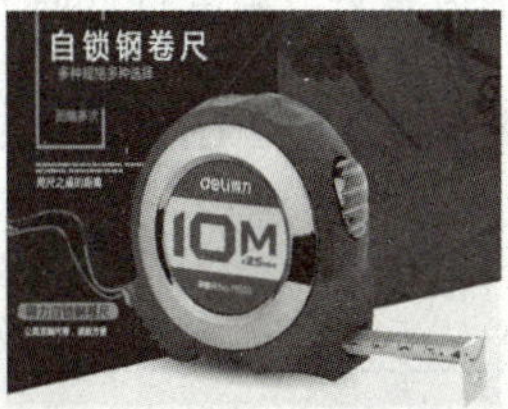 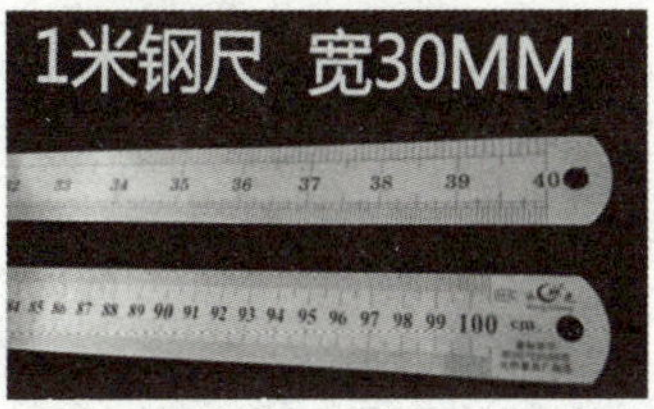

序号	工具	图示
6	工具套装：包括塑料刮板、羊毛毡刮板、裁膜线等	
7	底涂剂： 1）使用底涂可以有效改善胶带的初粘性和终粘性； 2）底涂涂布要薄、均匀； 3）底涂使用后要进行充分的晾干（室温下>5分钟），然后才能进行胶带粘接； 4）在已涂布底涂的表面。 　　为了防止被污染从而影响使用效果，请在晾干后不超过60分钟使用。粘接表面须用50%的丙酮溶液清洁且须待表面彻底干燥后用刷子（须无纤维脱落）将底胶均匀涂在被粘面，涂层厚度为0.05毫米，待底胶干燥后方可粘贴胶带	
8	施工车间： 施工车间明亮无尘，地面干燥； 通风良好，温度过低时开启空调保证施工条件； 避免穿戴易掉毛及带静电衣物	

三、车身改色膜操作流程

车身改色膜的一般操作流程，如图 4-56 所示。

1. 车况勘验

（1）询问漆面是否做过修补。

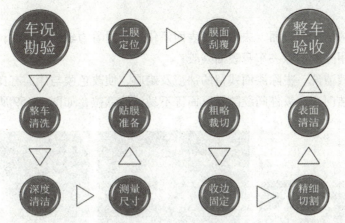

图4-56　车身改色膜的一般操作流程

若非专业修补漆面处修理，有可能对漆面造成损伤，告知客户可能的风险。

（2）车辆表面缺陷记录。

告知客户车漆表面存在的缺陷并记录，若较为严重，可建议客户进行漆面处理，如图4-57所示。

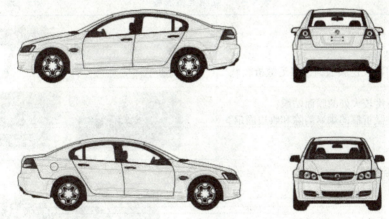

图4-57　车辆表面缺陷检查

2. 整车清洗

使用高压水枪冲洗整车表面，去除表面灰尘、泥土、鸟屎、油污等表面污染物；毛巾擦干车身表面残水，清洁车窗、内饰条等，如图4-58所示。

图4-58　整车清洗

3. 深度清洁

（1）洗车泥清洁漆面表面，去除油漆表面氧化层及附着力较强的污渍；

（2）使用通用除胶剂除去车身表面残胶；

（3）酒精溶液清洗，去除漆面残留的油渍及蜡质，使改色膜与漆面有良好的粘结力；

（4）手工清洁门边、钣件间缝隙及反面等不易清洁部位，如图 4-59 所示。

图 4-59 深度清洁

4. 测量尺寸、贴膜准备

贴膜准备流程如表 4-7 所示。

后裙板改色贴膜作业

表 4-7 贴膜准备流程

（1）贴膜工具准备 刮板：用于刮覆改色膜表面，鹅毛绒板较软，塑料刮板较硬； 滚轮：用于弧度较大处的膜面贴服； 烤枪：用于轻微折痕的烘烤消除和收边固定	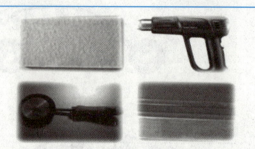
（2）车间降尘处理	
（3）适当钣件拆卸	
（4）再次清洁漆面	

5. 上膜定位

上膜定位过程如表4-8所示。

表4-8　上膜定位过程

（1）揭膜 揭膜时从上往下，使膜面自然下垂，保持改色膜不动，顺势揭除表面保护膜，防止产生折痕	
（2）上膜定位 上膜时按照贴膜部位的尺寸，轻轻放下，两人配合向四角拉伸平铺于漆面，去除大部分气泡	

6. 膜面定位与刮覆

膜面定位与刮覆，选取合适的部位进行定位，如图4-60所示。以前引擎盖为例，通常先中间刮覆定位，再顺势自然定位左右两侧。

图4-60　膜面定位与刮覆

后翼子板改色贴膜作业

7. 粗略裁切、收边固定

粗略裁切、收边固定过程如表4-9所示。

表4-9　粗略裁切、收边固定过程

将边角多余的改色膜裁切至3~5厘米，使其能更好地包覆于钣件的反面	

使用无纺布蘸取少量94底涂，将无纺布润湿	
将94底涂涂覆到钣金内侧或者弧度较大的边角位置。等待2~3分钟，底涂干燥后，将多余的改色膜部分贴敷在有底涂区域。 注：94底涂可以增加膜与漆面或者塑料件的黏性，可以有效避免起边等问题的发生	
热风枪（100~150摄氏度）烘烤已黏附的边角，使其更好贴合弧度部位	

8. 精细切割、表面清洁、整车验收

精细切割过程如表4-10所示。

表4-10　精细切割过程　　　　　前翼子板改色贴膜作业

依钣件背面构造精细裁切，确保平整的裁膜效果	
清洁膜面残留手指印、灰尘等，恢复膜表面完美光泽，达到完美交车效果。 检查整车贴膜部位，去除缺陷，同时确保所有拆卸部件已复位。 注：所有可能发生的翘边、起泡等问题都会在12小时内出现，建议车辆完成贴装后在店内放置12小时以上，以检查消除可能出现的贴装问题	

四、验收检验标准

（1）贴装中需要拼接或修补车膜时，接缝应与周围环境相协调，两片膜之间应无可视色差，接缝间无漏色。

（2）常见缺陷验收标准如表 4 – 11 所示。

表 4 – 11 常见缺陷验收标准

缺陷名称	说明	合格
点状缺陷（尘点、胶斑、气泡等）	直径 <1 毫米	不允许集中
	1 毫米 ≤直径≤1.5 毫米（每平方米允许个数）	中部不允许集中，且四周点状缺陷的个数≤5 个
	1.5 毫米 ≤直径≤2.5 毫米（每平方米允许个数）	四周边部点状缺陷的个数≤3 个，中部点状缺陷的个数≤1 个
	直径 >2.5 毫米	不允许
膜表面破损或漏色	由于膜破损而可以看到油漆颜色	不允许
膜表面褶皱	长度 >3 毫米	不允许
线状缺陷	2.5 毫米 <长度≤10 毫米（每平方米允许个数）	线状缺陷的个数≤1 个
表面划伤	0.1 毫米 <宽度≤0.3 毫米（每平方米允许个数）	长度≤50 毫米的表面划伤个数≤4 个
	宽度 >0.3 毫米（每平方米允许个数）	宽度 <0.8 毫米且长度≤100 毫米的表面划伤个数≤2 个

（3）改色膜保养注意事项。

①避免硬物刮擦膜和用力擦洗膜表面，刮擦和磨损的痕迹会影响膜的整体效果。

②清洗车辆时，避免使用刷子和腐蚀性化学物质。

③停车时避免停在灌木丛或其他易刮擦到漆面的地方附近。

④使用无磨料，不含强溶剂且 pH 值为 3～11 的清洁剂擦拭。

⑤清洁后使用清水冲洗并用干净、柔软的布料或橡胶刮板擦干，防止水渍残留。

⑥不建议在膜面打蜡或者抛光。若膜表面蜡斑残留，可使用清水清洁。

⑦避免用高压水枪对膜边缘冲洗。

⑧贴膜后一周内避免洗车，以保证胶和漆面产生最好的结合力。

 任务实施

一、准备工作

（1）防护装备：车内三件套。

（2）实训车辆：实训车辆两辆。

（3）工具设备：烤枪、喷水壶、裁膜工具、刮板等。

（4）辅助资料：汽车维修手册、教材。

二、实施步骤

根据实训室的车辆配置，完成以下相关的操作：

1）准备好汽车车身贴膜改色所需要的工具和设备。

2）按步骤完成汽车车身贴膜改色作业。

3）完成实训任务后，对工作过程进行自我评价，提交实训工作单，接受指导老师的技能考核。

4）整理并清洁工作场所，清点和收拾借出的工具、设备和资料，交回实训室。

汽车改色贴膜操作任务单如表 4 – 12 所示。

表 4 – 12　汽车改色贴膜操作任务单

汽车改色贴膜操作	工作任务单	班级： 姓名：	
1. 学习任务 一位客户新买了一辆家用汽车，想要给车辆改色，请你帮忙推荐并安装			
任务		自测标准	学习建议
1.1　资料准备	防护装备	车内外三件套	"工欲善其事，必先利其器。"完成好学习任务的第一步是要熟悉并掌握汽车美容与装饰作业相关的工具设备，做好准备工作
	实训车辆	实训汽车两辆	
	工具设备	烤枪、喷水壶、裁膜工具、刮板等	
	辅助资料	汽车维修手册、教材	
1.2　实施步骤	车况勘验	询问漆面是否做过修补及进行车辆表面缺陷记录	避免硬物刮擦膜和用力擦洗膜表面，刮擦和磨损的痕迹会影响膜的整体效果；清洗车辆时，避免使用刷子和腐蚀性化学物质；停车时避免停在灌木丛或其他易刮擦到漆面的地方附近；使用无磨料，不含强溶剂且 pH 值为 3~11 的清洁剂擦拭；清洁后使用清水冲洗并用干净、柔软的布料或橡胶刮板擦干，防止水渍残留；不建议在膜面打蜡或者抛光。若膜表面蜡斑残留，可使用清水清洁
	整车清洗	使用高压水枪冲洗整车表面，去除表面灰尘、泥土、鸟屎、油污等表面污染物	
	测量尺寸、贴膜准备	工具准备、车间降尘处理、适当钣件拆卸	
	上膜定位	先揭膜然后上膜定位	
	膜面定位与刮覆	膜面定位与刮覆，选取合适的部位进行定位	
	粗略裁切、收边固定	将边角多余的改色膜裁切至 3~5 厘米，使其能更好地包覆于钣件的反面	
	精细切割、表面清洁、整车验收	依钣件背面构造精细裁切，确保平整的裁膜效果	

续表

任务	自测标准	学习建议
2. 学习笔记		
1）汽车改色膜的结构功能有哪些？		
2）汽车改色膜的种类特点有哪些？		
3）汽车改色贴膜的注意事项有哪些？		

三、任务评价

汽车改色贴膜操作任务评价如表 4 – 13 所示。

表 4 – 13 汽车改色贴膜操作任务评价

序号	项目	内容	程度	不能的原因
1	知识学习	汽车改色膜的结构功能	□能 □不能	
2		汽车改色膜的种类特点	□能 □不能	
3		汽车改色膜的选购	□能 □不能	
4		汽车改色膜裁膜方法	□能 □不能	
5		汽车改色贴膜的注意事项	□能 □不能	
6	技能学习	能够正确选用改色膜	□能 □不能	
7		能正确选择改色贴膜的工具设备	□能 □不能	
8		能正确裁剪改色膜	□能 □不能	
9		能完成汽车改色贴膜作业	□能 □不能	

续表

序号	项目	内容	程度	不能的原因
		经验积累与问题解决		
	经验积累		问题解决	
签审	1. 小组意见： 　　　　　　　　　　　年　月　日			评价等级 认定
	2. 指导教师意见： 　　　　　　　　　　　年　月　日			

　知识拓展

　　汽车改色膜在施工结束后，还需要到车管所进行申请变更登记以及保险业务的办理，具体内容如下。

一、车身改色的法规

　　2008年10月1日起施行的《机动车登记规定》〔公安部102号令〕取消了办理变更登记的事前审批程序，对需要改变车身颜色、更换发动机、更换车身或车架的车主，可不用再事先向车辆管理所申请，在变更后十日内向车辆管理所申请变更登记即可。

　　申请改变机动车车身颜色、更换发动机、更换车身或者车架的，机动车所有人或者代理人应当在变更后十日内按下列规定提交资料并交验车辆：

　　（1）《机动车变更登记/备案申请表》。

　　（2）机动车所有人身份证明原件。

　　（3）由代理人代理的，还需提交代理人身份证明原件和复印件（代理人为单位的，还需提交经办人身份证明原件和复印件），以及机动车所有人的书面委托。

　　（4）机动车登记证书。

　　（5）机动车行驶证。

　　（6）机动车所有人因机动车在被盗抢期间，发动机号码、车辆识别代号（车架号码）或者车身颜色被改变，申请办理变更的，应当提交能够确认被鉴定的机动车与被盗抢的机动车为同一辆车的有关技术鉴定证明或者公安机关发还证明。

　　（7）机动车查验记录表。

二、保险公司对贴膜的事故车理赔吗

　　目前，保险公司还不对膜的部分理赔，但是随着保险业服务意识的提高，会出现相应的改装附加件险种。就像以前不赔付的机动车发动机进水，现在也变为车险的C条款可以理

赔了。相信随着改装群体不断扩大，面对这块市场，保险公司会开发特色服务，外资进入保险业也会加速改装附加件险种出现的进程。

三、贴膜的车漆面因事故损坏后怎么办

保险公司会对损失按条款进行理赔，在4S店或修理厂对钣金和原车漆损坏部分进行修复后，再到车衣裳自营店或加盟商处对车膜损坏部分，视情况进行补贴或重贴。如重贴整个保险杠或只将保险杠的拐角处进行补贴（会有接缝）。提醒：要保证喷漆质量。

 **学习小结**

本任务首先介绍了改色膜的基本知识、需要用到的工具、裁膜方法、烤膜方法及贴膜方法，并通过具体实操过程展示了如何在实车上进行作业。请同学们根据本任务的内容多练习，掌握实操流程和技巧。

 **自我评估**

1. 填空题

1）汽车改色膜是一种采用<u>乙烯基</u>的高分子材料制作而成的具有多种颜色的薄膜。

2）目前的改色膜主要分为<u>国产</u>和<u>进口</u>两类。

3）洗车泥是由超细纤维及固体胶状经过反复密炼而成，以具有<u>细</u>、<u>粘</u>的特点。

2. 判断题

1）改色膜揭膜时应从上往下，使膜面自然下垂，保持改色膜不动，顺势揭除表面保护膜，防止产生折痕。　（√）

2）上膜时按照贴膜部位的尺寸，轻轻放下，两人配合向四角拉伸平铺于漆面，去除大部分气泡。　（√）

3）以前引擎盖为例，通常覆膜时先定位四角，再往中间定位。　（×）

3. 选择题

1）以下哪一项不是汽车改色膜的优点（D）。

A. 不损害原厂漆　　　　　　　　　B. 防止车漆氧化受损

C. 使用方便环保　　　　　　　　　D. 不需要到车管所登记

2）识别改色膜的优劣主要从以下哪几个方面（ABCD）。

A. 价格　　　　　B. 色泽　　　　　C. 手感　　　　　D. 背胶

 **阅读之窗**

节能减排，绿色发展

大家都知道，汽车贴膜作业具有保护隐私、防止炫目、保护车漆等作用，但是汽车贴膜

还有一个非常重要的作用就是降低油耗、节能环保。

我国是一个能源生产大国和消费大国，但石油、天然气等人均资源拥有量仅为世界平均水平的1/15左右。发展新能源汽车，推动能源供给革命，建立多元供应体系势在必行。立足国内多元供应保安全，大力推进煤炭清洁高效利用，着力发展非煤能源，形成煤、油、气、核、新能源、可再生能源多轮驱动的能源供应体系，同步加强能源输配网络和储备设施建设。

发展新能源汽车是我国从汽车大国迈向汽车强国的必由之路，要加大研发力度，认真研究市场，用好用活政策，开发适应各种需求的产品，使之成为一个强劲的增长点。

我国在纯电动汽车和插电式混合动力汽车整车、关键零部件核心技术领域取得了长足进步，并逐步形成国际竞争能力。我国自主品牌的快速成长，拿比亚迪来说，根据乘用车市场信息联席会数据显示，在新能源车型方面，比亚迪旗舰车型比亚迪汉订单数量持续走高，2022年12月新能源汽车销量23.52万辆，同比增长150%；全年新能源汽车累计销量186.35万辆，同比增长208.64%。目前，我们不只是积极实现能源的转变来发展新能源汽车，对传统车我们也要有力地推动其技术的发展，实现节能减排的目标。

项目五　汽车装饰操作

 项目描述

　　在从事汽车美容与装饰服务工作中，汽车装饰操作工作是汽车美容与装饰新兴项目之一。能够熟练完成汽车装饰操作的相关作业项目，是汽车美容人员需掌握的一项专业技能。本学习项目与1＋X技能等级考核证书制度"汽车美容装饰与加装改装服务技术"中相关模块对接，主要对汽车装饰操作进行学习，包括汽车内部装饰操作、汽车外部装饰操作等任务。

 学习目标

能力目标	知识目标	素养目标	权重
1. 能正确向客户介绍内部装饰的优缺点 2. 能正确解答客户关于汽车大包围更换的疑问 3. 能选用正确的设备工具进行内部装饰产品的安装 4. 能选用正确的设备工具进行大包围制作和安装	1. 了解汽车内部装饰的项目及相关产品 2. 掌握汽车大包围的组成、功用和原理 3. 掌握汽车内部装饰产品的安装工艺 4. 掌握汽车大包围的材料和选用方法	1. 能够在工作过程中与小组其他成员合作、交流，养成团队合作意识，锻炼沟通能力 2. 养成7S的工作习惯 3. 养成服从管理、规范作业的良好工作习惯 4. 提高与时俱进、不断学习的意识 5. 增强担当意识	30%

续表

能力目标	知识目标	素养目标	权重
1. 能正确对座椅套的后方、侧面、前下方进行固定 2. 能对安装作业进行质量检验，要求安装稳定牢固 3. 能按前包围安装位置的要求，在车的前端钻好安装孔 4. 能将前包围从保险杠下部插入，对准安装孔 5. 能清洗安装部位，准备好安装用的工具和材料	1. 掌握座椅安装质量检验方法和标准 2. 掌握座椅套安装固定方法 3. 掌握车身钻孔的方法和注意事项 4. 掌握前包围的安装固定方法 5. 掌握侧包围的安装固定方法	1. 提高与时俱进、不断学习的意识 2. 增强安全意识	60%
运用知识分析案例，并指定美容装饰方案			10%

任务1 汽车内部装饰操作

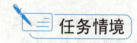 任务情境

任务描述

一位客户家里有个两岁的宝宝，为了生活需要新买了一辆家用汽车。他想要给汽车内部进行装饰，请你帮他推荐一下适合的内部装饰部件并帮忙安装。

任务提示

根据任务要求，需要了解汽车内饰的种类有哪些，各种内饰件的作用和优缺点，并能够在了解客户真实需求后为客户推荐合适的产品，帮助客户完成安装。

一、汽车内部装饰项目简介

汽车内部装饰主要是对汽车驾驶室和乘客室进行装饰，统称为内饰。

汽车内部装饰的主要内容有以下几点：

（1）汽车顶棚内衬装饰。

（2）汽车内地板装饰。

（3）座椅的装饰。

（4）方向盘的装饰。

（5）内饰精品的装饰。

1. 汽车顶棚内衬装饰

（1）汽车顶棚的类型和材料。

汽车篷壁又可称为顶棚内衬，可分为成形型、吊装型、粘助型。

汽车顶棚的结构通常由蒙皮和衬垫组成。衬垫是指车内顶棚内饰件。汽车篷型有许多颜色，但一般为了满足大众化要求，大多设计成较浅色调，随着使用时间的增长往往会变色和褪色，或者在使用过程中沾上污染物，当这些污染或褪色无法修复时就需要更换汽车顶棚内衬。顶棚内衬的功能要体现车厢内的造型设计与外界的隔热、隔音和吸音，对车内人员的保护。因此，汽车内部与人体接触部位不同的地方要采用不同的内饰材料。顶棚的材料应选择与人的头部相配的材料，要经过试验和研究来确定。不变形的材料不能吸能，承受的力随着变形量的增加而增加的材料也不能在碰撞的全过程中保护车内人员。有些材料虽然满足力和变形的要求，但是它的反弹力很大，吸能的能力很差，也不适合做内饰。为了满足顶棚的隔热、隔音、吸音及触感、安全和低成本的需要，内饰一般用泡沫塑料或者毛毡，用粘接或镶嵌的方法安装在车顶上，以硬顶代车为例，用热压成形法把饰面、泡沫层和基底三层材料复合在一起成为一定形状的构件，用粘接或镶嵌的方法安装在车顶上，其中饰面材料主要采用织物、TPO 或 PVC 膜。泡沫层多用硬质聚氨酯泡沫塑料板。基底多采用 PU 发泡片材、PP 发泡片材、瓦楞纸，浸渍树脂的再生棉或玻璃纤维，顶棚碰撞时有效地保护人体。这些材料的选用应能保证乘员头部与顶棚碰撞时有效地保护人体。

目前，最新的顶棚材料是 PP 瓦楞板加上 PP 发泡片材（缓冲层）再加上 TPO 表面层三者压成一体组成。汽车顶棚内饰除了具有吸能作用外，还要具有阻燃、降噪、隔热以及易于回收利用等性质，其中阻燃、隔热和回收利用主要由材料本身的性质来保证，降噪就要通过材料和设计两个方面来保证。要取得隔声、降噪的良好效果有以下三个方面要注意。

一是顶棚材料要有隔离车外噪声声波作用于金属顶盖、激发金属顶盖振动产生噪声的作用；二是减少由于金属顶盖与顶棚内饰之间装配不良引起振动发出的噪声；三是对窜入车厢内的噪声进行衰减。所以，现在的汽车制造在车身设计时通常采用隔声、吸声办法降低车内噪声，顶棚构件与金属顶盖之间要有牢固的接合，顶棚基底的材料要能阻断声波穿透，顶棚内饰要能吸收辐射到其上的声能，减弱反射声能。常采用多孔吸声材料，当声波射到多孔吸

声材料表面的空隙，引起空隙内空气中材料微小纤维振动，能使相当一部分声能转化为热能。配合使用开孔壁吸声材料，这种材料的特点是在小孔背面保持一定的空气层，主要吸收中、低频率噪声，使其产生共振而消耗能量。

（2）汽车顶棚内衬的装饰方法。

选择合适的汽车顶棚内衬后，如何安装也是需要考虑的问题。

安装汽车顶棚内衬需要大型且复杂的成型设备和加工手段，而在一般情况下，汽车的内衬不易受到损坏，汽车顶棚内衬在使用过程中会随着时间的推移而老化变色，或因为一些不可避免的刮擦产生不可修复的划痕，这就必须要对内衬材料进行装饰乃至更换。一般轿车均为抛压式顶衬。我们以此为例，简单概括更换步骤如下：

汽车顶棚内衬的装饰方法

1）选择顶衬的颜色、类型，一般是按照适合本车的颜色和类型的原则来选择；

2）将汽车顶棚的顶灯拆卸下来；

3）先将汽车顶衬周围的饰件拆卸下来，再将定位件拆卸，这时顶衬就能被拆卸下来了；

4）安装新的顶衬，并装上定位件和周边饰件；

5）检查整个顶衬是否安装正确。

汽车地板胶的铺设步骤

2. 汽车内地板装饰

（1）汽车地板胶。

汽车地板胶美观大方，经久耐用，克服了 PVC 地板革的不耐磨、热变性大、抗拉强度差等缺点，价格也只有进口地板革的三分之二，而且弥补了国内的空白，改变了国内汽车地板胶全部依靠进口的局面。汽车地板胶的颜色有灰色、蓝色、黑色等。

地板胶作为一个举足轻重的汽车内饰，实际上发挥着不可估量的作用。质地较好的汽车地板胶能起到隔音、防水、防尘、防潮的作用，而且不仅能防止锐器损伤和磨损，还能在保护汽车的同时提供个性舒适的汽车环境。所以说选择好的地板胶能方便清理汽车内部并减少污染、降低汽车噪声。从某种程度上来讲，铺上地板胶还能使汽车隔热性能增加，冬天或者夏天开空调时还能保温，所以说还能减少汽车能耗。

地板胶与普通塑胶脚垫比较：普通塑胶脚垫虽然铺设简便，对毛垫有一定保护作用，但边缘还是容易进灰，且无法为驾驶座位底下提供保护。此外，简单铺上去的脚垫也会在车底移动走位。铺地板胶无上述缺点。

汽车地板胶的铺设步骤有以下几点：

①座椅的拆除：使用专业的座椅拆除工具把每一个座椅都拆除下来，要留意很多座椅下面有联络线，这时就必须一个个地拔除。前排的座椅拆除简单，直接用力推就可以拆除掉。

②铺汽车地板胶：先要分确切地板胶的正反面，一般有分叉的位置在前面。这时就可以遮住地板，要留意螺丝孔、空调出风口和必须外露的配件位置。

③开孔：记住上一步的一些配件的位置，这时你就可以进行开孔的工艺，孔洞的尺寸可以根据相应配件的尺寸来开办。

④压边：这一步主要是让地板胶紧紧地贴在驾驶室。必须压边的部位有四个门槛、孔洞位置，如果有多余的部分就必须用剪刀进行裁剪。

⑤座椅的安装：这也是最后一步，等到座椅的安装完毕后就大功告成。

（2）汽车脚垫。

一般来说，中高档车内车主都会选择铺设地毯，但是地毯一旦弄脏，就比较难清理。并且，在冬天的严寒气候下，垫上一层合适的脚垫不仅能在视觉上给乘员带来一种温暖的感觉，而且能为乘客提供一个温暖的车内地表环境。因此，选择一种合适的脚垫就显得十分必要。

汽车脚垫安装步骤

那么，在冬季我们挑选脚垫又该从哪些方面入手呢？经过一系列的对比，我们会有如下的发现：

1）硅胶脚垫、橡胶脚垫。

这两种脚垫比较柔软，在冬天它的优点是：耐寒性好，抗低温，零下十几度都不会变形，并且易清洗。在夏天它的优点是耐高温性能不错，且容易清洗，因此这类脚垫是最方便的，适用于一年四季，不用更换，如图5－1所示。使用这种橡胶脚垫，在一定程度上能节省车主对车内物品的打理时间，但是这种脚垫有些欠缺脚感，并且不是专车专用的，在防滑性上没有其他种类的汽车脚垫好。

图5－1　硅胶脚垫

2）皮革脚垫。

一般常见的是立体大包围皮革脚垫（如图5－2所示），这种脚垫覆盖面广、贴合度高，但吸水、吸尘能力差。汽车大包围脚垫最大的优点是能够最大范围覆盖地板，牢固、不容易挪动，不影响驾驶，脏物不容易落到地板上。还有一种全包围汽车脚垫，覆盖面比大包围脚垫更大一些。但是大包围脚垫的吸水和吸尘能力很差，如果雨雪天气，鞋上有雨水踩在大包围脚垫上很容易把脚垫弄得很脏。大包围脚垫清洗起来也很困难，有一些顽固的污渍很难清除。在冬天，清洗过后一般要晾晒一两天才能完全干透，这一点车主应该考虑到。

3）丝圈脚垫。

这种脚垫采用层层密集的PVC材料组合而成，柔软舒适、防水防污、防火防滑，铺在车里美观大方，在冬天使用应该是个不错的选择，如图5－3所示。质量不好的丝圈喷丝在冬天会变硬，降低脚感，质量好一点的情况会好很多，但价格相对会高一些。丝圈脚垫因为是塑料PVC，在感官上让人感觉有点冰凉，唯一能弥补的只有艳丽的色彩，冬天建议选用一些暖色系的丝圈脚垫。

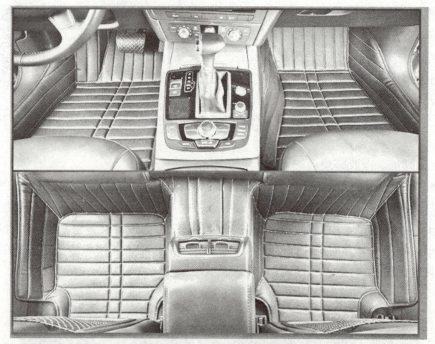

图 5 - 2　皮革脚垫

图 5 - 3　丝圈脚垫

（3）汽车脚垫安装注意事项：

①不要铺设多层脚垫。

铺设双层脚垫导致脚垫移位的概率非常高，双层脚垫的铺设使得上层脚垫无法固定，并且容易发生移位，增加事故发生的概率。

②及时更换变形脚垫。

老旧的汽车脚垫一般会出现变形现象，如四角倾斜等。脚垫倾斜的位置容易卡住油门或刹车，所以一定要定期检查脚垫是否变形。

③前后、正反要安对。

一些脚垫的前部和后部非常相似，安装脚垫时一定要注意，脚垫前后颠倒贴合性和耐磨性差，而且不能牢固地固定，容易干扰踏板。

④确保脚垫固定牢固。

原车一般都配备了脚垫固定螺栓，安装时，脚垫必须用固定螺栓牢固固定。对没有脚垫固定螺栓的汽车脚垫，业主在安装时需要用固定胶粘牢，以保证脚垫不会移位。

⑤最后，再次确认脚垫不会妨碍油门和刹车的正常使用。

3. 汽车坐垫座套

（1）种类。

目前，市场上比较流行的汽车座套材质主要有亚麻座套、真皮座套、毛绒座套等，让我们来看看如何选择这些不同材质的座套。

1）选购亚麻座套。

随着生态意识的提高，消费者对纺织品怀有"崇尚自然""返璞归真"的愿望，作为天然纤维的亚麻行业从而得到了蓬勃发展。单重麻是麻纺织业的重要原料，其纤维强韧、柔细，具有较好的色泽。亚麻纤维强度大，在水中不易腐烂，并有防水作用，此外还有耐摩擦、耐高温、散热快、吸尘率低、不易撕裂、不易燃烧、无静电、耐酸碱等独特的优点，是追求绿色环保的首选纺织原料，被誉为天然纤维中的皇后。

亚麻的特点有以下几点：

①清凉透气。亚麻具有天然的通透性，被人们形象地喻为会呼吸的纤维。亚麻天然的纺锤形结构和独特的果胶质斜扁孔，产生了优良的透气性、吸湿性、清爽性、排湿性，为此，有了天然空调之美誉。

②天然抑菌。亚麻纤维能发出淡淡的隐香，加之独特的纤维结构。亚麻纤维有抵制细菌生长和抗虫蛀的作用，因此在潮湿、闷热的环境下使用亚麻制品有护肤、保健等作用，因而使这种纤维备受青睐。

③消除静电。静电的产生是由于织物本身所带的正负电荷不平衡所致，而且静电感较强。在各类纺织纤维中，亚麻是静电感应系数最小的纤维，能有效地消除静电。

④抗紫外线。亚麻含有半纤维素，使紫外线被纤维所吸收，不易直接照射到人体，又起到防晒、抗辐射、保护皮肤的作用。

2）选购真皮座套。

汽车真皮不同于普通家庭用真皮及其他真皮，它主要是黄牛皮和水牛皮，而黄牛皮和水牛皮又可分为多层皮，一般为头层皮和二层皮。其中质量最好的要数头层皮，它摸起来柔软细腻，并富有弹性，而二层皮却比较硬且粗糙。然而，一只牛不同部位的皮质也不一样，牛背的皮就比牛肚腩等其他部位的要好，所以目前一般好的真皮座套都是采用黄牛牛背的头层皮。黄牛的盛产地区主要在意大利、荷兰等气候环境比较舒适的地区。所以真正的真皮汽车座套，其价格也让人望而却步。

3）选购毛绒座套。

选购羊毛座套，其实根据价格、手感以及不同的毛色就能分辨羊毛座套的质量。购买时可以先用肉眼观察"毛色"，辨别好坏。一般说来，优质羊毛座套采用国内外优质环保染料和助剂，运用先进的技术工艺加工而成，毛色光泽鲜亮、色彩生动、柔和；劣质货则色彩黯淡，容易掉色、串色；如果是不同颜色拼接而成的座套，还应注意同一颜色是否存在色差。目前，市面上的各式羊毛座套，款式多达百种，价格也从几百元至几千元不等。

（2）如何选购汽车座套。

选购汽车座套最主要的还是看材料和做工。另外，车主在选购汽车座套时，还应该考虑汽车座套价格以及使用季节。

目前，市场上销售的汽车座套材料主要有三明治座套、混纺座套、莱卡座套、仿皮座套、真皮座套，这几种材质的汽车座套各有利弊。

这几种材料的优缺点如下：

①三明治汽车座套（特点：结实耐用、价格便宜，但略显低档）。

三明治是一种合成的纤维材料，主要用于汽车座套。这种座套的最大优点是结实耐用，不易磨损，而且容易清洗。三明治汽车座套由于材料成本低廉，因此价格很便宜，一般只需要两三百元即可买到整车座套。但是三明治座套的弊端则是略显低端，不够豪华大气。

②混纺汽车座套（特点：易于清洗、结实耐用，但手感粗糙）。

混纺汽车座套的最大好处在于清洗简单，座套脏了只要拆下来放进洗衣机清洗即可；而且混纺材料结实耐用，不易磨损，耐久性好。混纺汽车座套价格略高于三明治座套。但是混纺座套使用时给人的手感较粗硬，使用时间长了，舒适性稍差。

③莱卡汽车座套（特点：耐磨耐脏、舒适透气，但容易变旧）。

市场上销售的莱卡座套一般都是精纺纯棉加莱卡丝面料。纯棉保证透气舒适和自然质感，莱卡增强透气舒适感之外还提供了足够的弹性和水洗牢度，保证在洗后和长期使用后不变形。这种材料耐磨耐脏、舒适透气，但长期使用容易变旧。

④仿皮汽车座套（特点：手感好、比较柔软，但容易龟裂）。

仿皮椅套有真皮座套的感觉，手感很好，摸起来舒适柔软，清理起来也比较方便。仿皮座套价格比真皮座套便宜很多，一般价格在 600～800 元。劣质仿皮座套会有强烈异味，不够环保，价格也便宜一半左右。超纤皮使用寿命长，耐摩擦、耐高温、耐冷冻，不易褪色，不易老化开裂，无毒性，符合环保要求；透气性较好，触感柔软舒适，具有一定的柔韧度，有一定的延伸性和张合力，座椅不易变形；无异味；是天然真皮的替代品。

⑤真皮汽车座套（特点：材质一流、豪华大气，但价格偏高）。

真皮汽车座套高档、尊贵，另外真皮椅套透气性能好，不易龟裂。但是真皮汽车座套价格昂贵，一般优质的进口真皮椅套，价格都在 2 000～3 000 元。进口的意大利真皮椅套，价格则更高，国产的真皮椅套价格稍微便宜一点，但也在 1 500 元以上。

（3）座套和坐垫安装步骤。

1）步骤一：

观察头枕孔上塑料构件，按下按钮，即可拔下前头枕，直接套上头枕垫。

座套和座垫安装步骤

2）步骤二：

①将前靠正面面料铺平到座椅靠背，使其贴合。

②座套两侧慢慢下拉到位，同时调整座套侧面拼缝，与座椅对齐。

③将座套底部拉毛布穿过座套靠背和坐垫的缝隙拉到背面，与座套背面魔术贴贴紧黏合。

3）步骤三：

①揭开出厂时粘着的魔术贴，将长的魔术贴穿过座椅折缝处，拉到座椅底部。

②前坐垫铺平在座椅上，座套拼缝与座椅边缘对齐。

③将刚才长魔术贴穿过前端的方形扣子，重新拉紧黏合，基本固定了座套。

④将前座侧面网布塞到座椅的挡板里面（部分车型只能露在外面，不影响使用），侧面网布的绳子穿过挡板缝隙到后面（也可以从上表面穿过缝隙拉到后面），与坐垫后端的绳子相互扎紧在座椅的拐角处，另一端相同处理，在此之前可以尝试收紧绳子，来进一步固定座套两侧。

4）步骤四：

①拔下后头枕。

②通常按下后靠肩膀两侧的按钮，就可以翻下靠背。

③将座套头枕孔位置对准座椅的头枕孔后，其余面料从上往下铺平到靠背上。

④基本分3种情况：全包型座套安装参考前靠；半包型魔术贴拉紧到坐垫背面，直接贴合侧面调整好后也直接黏合到座椅背面；绳子固定法，先抽紧背面魔术贴，将底部绳子和侧面网布绳子相互扎紧在座椅的拐角处。

5）步骤五：

①通常情况坐垫可以翻起来，由前面的卡扣（直接向上提起），也有前面非铰链，需要从坐垫后侧往前翻起（极个别情况只有前后移动）。

②套上座套，座套拼缝对准座套边缘。

③座套上前后相对的橡皮筋相互扎紧。

④后端绳子与侧面网布上的绳子扎紧在座椅的拐角，个别坐垫套只需要直接抽紧绳子即可。

6）步骤六：

通常情况下，后独立小靠是靠底部的螺丝来固定在车厢内，往往需要翻起坐垫之后，才能显现螺丝，松掉螺丝后，可以卸下整个的独立小靠。安装座套时左右橡皮筋相互扎紧，底部绳子抽紧即可。如果不想卸下独立小靠，可以将座套从上往下，先套好头部，侧面只有采用慢慢来到靠背的车厢的缝隙里的方法来固定。

4. 儿童安全座椅

（1）儿童安全座椅简介。

儿童安全座椅是一种系于汽车座椅上，具有束缚设备，仅供儿童乘坐，并能有效提高儿童乘客安全性的一种专用装置。儿童作为特殊的一类乘员群体，由于汽车自身的座椅、安全带装备等都是基于成人的条件设置，因而，如果自家有小孩，安装儿童座椅是很有必要的。加装儿童安全座椅不仅可以有效地降低在事故中对儿童的伤害，在平时乘坐汽车时，还可以为家长的精心照顾提供方便。

儿童安全座椅按照儿童年龄阶段来分，可以分为婴儿型、幼儿型和学童型3种座椅类

型。婴儿型座椅适用于0~1周岁还不会坐的婴儿使用，幼儿型座椅适用于1~4周岁的幼儿使用，学童型座椅适用于4~12岁的学童使用。按照年龄段划分的儿童安全座椅所使用的面料大致可以分为细致面料、粗线面料和网状织物面料三种。

选购儿童安全座椅时，首先应考虑的是其与汽车座椅的适配性问题。所选购的儿童座椅应该与汽车座椅相匹配，以便于安装。通常在儿童安全座椅上有与之对应的车型列表，可对照选择，以保证万无一失，最好买座椅时驱车前往，当场进行试安装看两者是否相适应。其次，和买衣服一样，按照儿童的年龄进行选择，3岁以下的幼儿选择后向式座椅，从而能有效地保护儿童的脊骨；3岁以上的儿童由于身体较大且好动，应该具有较大的活动空间，所以应选择前向式且后背可调的儿童座椅。最后，也可以参照儿童的体形进行选择，儿童有胖有瘦，体重也各不相同，儿童座椅可供选购的型号有很多，所以要选择与儿童体形相当的座椅，以保证儿童乘坐舒适。

（2）儿童座椅安装方法。

①通用式——用汽车安全带固定安全座椅。

这种固定方式最关键的就是用安全带将安全座椅固定在座位上这个过程。想要将汽车安全座椅固定得很牢固，必须要将安全带在穿过座椅后慢慢地收紧，特别注意收紧的是贯穿座椅的安全带，如表5-1所示。

儿童座椅通用式
安装方法

表5-1　儿童座椅通用式安装方法

第一步：安装前首先得确认座椅是正向还是反向安装。新生儿到9个月的宝宝需要反向安装座椅，9个月到4岁的宝宝需正向安装座椅。正向安装座椅有两个必要条件：第一是宝宝体重在9公斤以上；第二是宝宝可以自己坐直，两者缺一不可	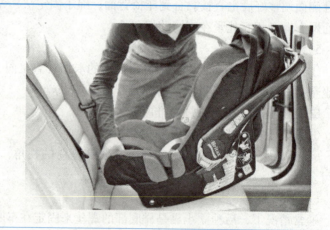
第二步：这种安装方法需要比较大的空间，因此最好把前排座椅挪到最前边。把对着安全座椅的后排头枕取下，这样是为了避免头枕在突发情况下伤到宝宝	

续表

第三步：将安全带穿过安全座椅并插入汽车上的安全带卡扣	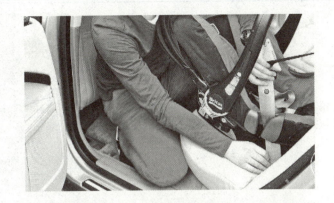
第四步：这一步需要比较大的力气把安全座椅按在后座上进行牢固度的调整。检查座椅是否牢固，可以通过安全带紧绷程度和座椅底座的摇摆程度来判断，总之是摇摆程度越小越好	
第五步：检查一下安全座椅上用来卡住安全带的锁是否已经锁死。提篮式安全座椅装好了，不过安全带固定方式的汽车座椅还需要在每次使用前都检查一下固定的牢固程度	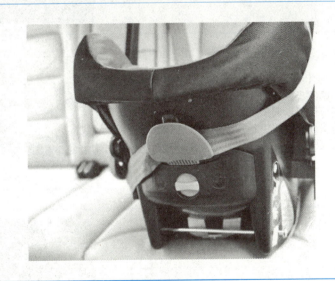

②用 ISO FIX 接口固定安全座椅。

ISO FIX 接口固定安全座椅安装步骤如表 5－2 所示。

表 5-2　ISO FIX 接口固定安全座椅安装步骤

第一步：找到你家汽车上的 ISO FIX 预留接口，通常座椅上都会有图标提示	
第二步：将安全座椅的接口与后排的 ISO FIX 接口对准，插入，听到"咔吧"一声后，就证明卡住了	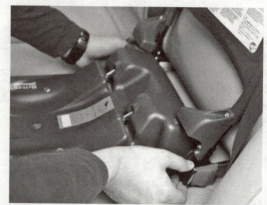
第三步：将支地杆牢固支撑在地板上，调节钮可以调节支地杆的高度。一定要将支地杆很强力地压在地板上，以保证座椅的稳固	
第四步：安装好之后再左右摇晃一下座椅，检查是否牢固	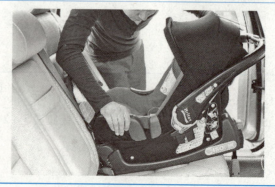

③LATCH 固定方式。

这个固定方式是在 ISO FIX 的基础上添加了挂钩，我们通过 ISO FIX 的操作方式固定后再把挂钩固定即可，难度不大，安装步骤如表 5 – 3 所示。

表 5 – 3　LATCH 安全座椅安装步骤

说明	图示
通过第二条挂钩带把儿童座椅与汽车 LATCH 固定点进行固定，需要找到挂钩位置后，再使用挂钩带与 LATCH 固定点进行固定	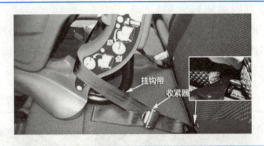
通过第二条挂钩带把儿童座椅与汽车 LATCH 上方固定点进行固定	
LATCH 挂钩一般在座椅后方固定，但这里要说明的是三厢车和两厢车的挂钩点不同。一般三厢车的挂钩点在头枕后方（LATCH 挂钩 LOGO）就可以找得到；两厢车的挂钩位置处于汽车座椅背后位置，找到挂钩位置后，使用挂钩与其固定即可	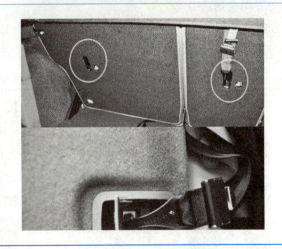

5. 方向盘装饰

汽车方向盘是驾驶员操纵汽车行驶方向的轮状装置，它是驾驶人员在日常驾驶车辆时皮肤接触最多的控制机构。方向盘材料主要有皮质材料、木质材料和塑料材料等。方向盘外沿经常与驾驶人员的手掌摩擦，在长时间受到汗液和油脂的侵蚀后，方向盘容易出现变形、打滑、发黑、发霉和破损等现象。方向盘装潢是汽车内饰改装中最常改装的部分。

方向盘是人车互动最直接的纽带，良好的方向盘包覆可以使手感更加细腻舒适，避免因

手滑使方向盘失控造成的安全事故，而且一定程度上能够提升车内档次，彰显车主的独特个性。

（1）方向盘结构类别。

方向盘是汽车、轮船、飞机等操纵行驶方向的轮状装置。整个转向机构的原理是通过齿轮齿条把圆周运动转变为直线运动，推动车轮旋转。

①方向盘幅数分类。

方向盘幅是指连接方向盘圆周与转向轴的部分。如果把方向盘的圆周分成两部分就是两幅，多用于赛车；分成三部分就是三幅，多用于运动型轿车和跑车；分成四部分就是四幅，多用于普通轿车和高档轿车，如表5-4所示。

表5-4　方向盘的分类

双幅式方向盘	三幅式方向盘	四幅式方向盘

②方向盘形状分类。

方向盘盘体形状分为圆形、倒梯形和六边形，如表5-5所示。现流行改装趋势是在基本型的基础上，通过装饰件和组合按键有机结合，使得方向盘整体形状灵活多变。

表5-5　方向盘形状分类

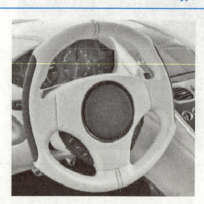

倒梯形方向盘	六边形方向盘

（2）方向盘改装流行风格介绍。

随着人们对汽车使用观念的转变，从之前的塑胶方向盘，到现在的真皮方向盘的转变，对包覆方向盘的皮料的讲究，以及个性化的追求，方向盘改装风格的潮流已成为当代车主们所追求的热点。

①方向盘全包改装风格。

方向盘全包风格指的是利用真皮、超纤等多种软性面料，对方向盘进行全部包覆。

②方向盘半包改装风格。

方向盘半包改装风格指的是利用软性面料结合碳纤件、桃木件等硬性材料共同改装方向盘而形成的风格，如表5-6所示。

表5-6　方向盘改装风格

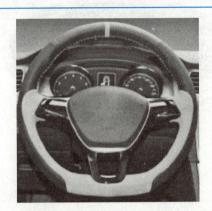	
全包方向盘	半包方向盘

（3）方向盘总体结构。

目前，汽车市场上对不同定位的汽车采用了不同的方向盘装饰，主要分为普通方向盘、真皮方向盘、木质方向盘等。

一般方向盘的结构由方向盘骨架、填充层、装饰层等组成。

方向盘骨架主要采用压铸工艺生产，方向盘骨架多为锌合金或铝合金；有些生产厂家则采用更便宜、更轻的镁合金；有少部分厂家也还在使用钢材板件；也有部分豪华轿车方形盘则改用较昂贵的碳纤维或其他新型材料。

方向盘填充层主要有软质材料和硬质材料两种，软质材料大多是由聚氨酯材料通过发泡机制成，其特点是手感舒适、耐磨、不易开裂，有助于吸收胸部和头部碰撞时产生的冲击力。硬质材料的选取主要根据方向盘的装饰要求而定，如进行水转印装饰时，需在转向盘骨架外围进行PP、ABS等硬质材料的注塑，再进行水转印施工；如进行木质材料装饰时，则需要使用专用机器将木片一层层叠积在一起，嵌入方向盘骨架上再进行表面装饰。装饰层置于方向盘填充层上，是彰显方向盘美观与档次的重要部分。常见装饰层材料有真皮、仿皮、木料装饰件、硬塑装饰件和纹理纸等。

6. 内饰精品的装饰

（1）汽车氧吧。

1）氧吧的作用。

由于汽车空间狭小，车内空气有限，因此车内的有害气体超标比室内有害气体超标对人体的危害程度更大。

汽车内如果放置一个氧吧，利用车内空气流通原理，能消除车内含有细菌、病毒的有害气体和粉尘，同时释放出富含氧气、自然清新的健康空气。

2）氧吧的特点。

杀菌快，驱烟尘，净化空气，除异味，能有效增加空气的负离子量，保持车内空气清新。

3）使用说明。

氧吧配有一个点烟器的插头，插在车上的点烟插口即可使用，如图5-4所示。

图5-4　氧吧

（2）收纳袋。

汽车收纳袋通常是用在车内的遮阳板、背椅后面，车门侧边，以及车后备厢中用来收纳文件、发票和车内用品等。通常有不同的叫法。比如，车内收纳包、车内收纳箱、收纳挂袋、车内置物袋、汽车遮阳板收纳袋、汽车CD收纳包等。

1）汽车收纳袋的分类。

汽车收纳袋的分类可以根据不同的车内位置区分。

① 车内遮阳板收纳袋。

车内遮阳板收纳袋主要是放置于挡阳板处，其目的是方便司机人员拿取物品及行驶中所需的证件。如：停车卡、高速卡、加油卡、汽车会员卡、眼镜、保险单据等，如图5-5所示。

图5-5　收纳袋

② 车门边收纳袋。

　　车门边收纳袋主要是装置于车门排挡头两侧，其目的是方便司机人员取拿物品及相关行驶中所需的证件，如图5-6所示。如：手机、充电器以及卡证类、保险单据、随身带的书本等。

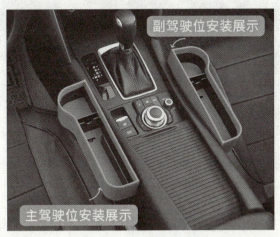

图5-6　车门边收纳袋

　　③座椅背收纳袋。

　　座椅背收纳袋主要是装置于车内座椅背，其目的是方便同行后座人员拿取物品及相关行驶中的娱乐物品，如图5-7所示。如：手机、充电器、书本、笔记本、汽车娱乐设备等。

图5-7　座椅背收纳袋

　　④后备厢收纳：这类产品主要是收纳洗车用品及汽车维护用具。如：汽车洗车用具、蜡、刷、洗擦车布等，如图5-8所示。

　　2）汽车收纳袋应用注意事项。

　　①材料的选择。

　　这是车内用品首要考虑的因素，因为车内本来有塑料、布艺类挥发的有害物质较多（据环保部组织的检测发现，车内空气中，苯、甲苯、二甲苯、苯乙烯、乙苯、甲醛、乙醛

图5-8　后备厢收纳

和丙烯醛在车内空气中的检出率高达98%）。而这些物质对消费者健康会造成巨大威胁，所以一定要选择相对环保的材料。

②不同的车有不同的风格，所以尺寸也相对不同。

比如：挡阳板尺寸，日系车相对宽长，呈长方形。大众车型的挡阳板相对窄小。这类产品相对国外品牌的日系车做得较好，后起之秀国内汽车精品厂家对这类收纳用品也很专业。相对综合了日系车和大众车型及国产车的风格。品种也相对适应更多的车系。

③根据自己的喜好选择尺寸和颜色，注意收纳袋的做工，选择收纳袋的时候一定要注意与爱车相匹配，不管颜色或是档次方面，这样才不会显得不合适。

（3）汽车香品。

车用香品最早来自日本、韩国等国家以及我国台湾省。如今国内已有一些企业积极参与其中，并开发出很多国产系列的香品，但总的来讲与国际车用香品仍有一定差距。主要表现在国际市场的车用香品，香味持续时间普遍比较长，造型精美，香精含量和质量都比较令人满意，因此相比于国内产品更受车主们欢迎。

根据个人性格和品味，在车内摆放一种适合自身的香品配置，仿佛放上一首优美的抒情乐曲，泡上一杯浓郁的香茶，既充满浪漫情调又耐人寻味。

1）车用香品的作用。

车用香品无论是对车主，还是对车上乘员都是十分重要的。因为它不仅可以保持车内空气清香洁净，还能清除车内异味、杀灭细菌，并起到净化空气的作用。

车用香品能够在狭小的车内空间里营造出一种清新可人的氛围，以保持人员头脑清醒和镇静，从而能够减少交通事故的发生。因此，从另外一个角度来说，它是有利于驾驶人员行车安全的。同时，它还可以增添车内雅趣。此外，车用香品还是很好的车内装饰小件，可活跃车内气氛，提升车主品位。

2）常见车用香品的种类和成分。

按照香品形态的不一，通常可以将常用的车用香品分为气雾型、液体型和固体型三种类型。

气雾型车用香品主要由香精、溶剂和喷射剂组成，又可分为干雾型、湿雾型等多个品种，常见的有日本太亚（DIAX）的产品。这种香品里所含的除臭剂可以覆盖车内某些特殊异味，比如烟味、鱼腥味、因暴晒产生的塑胶味、小动物体毛味以及因空调工作带来的异味等。

液体型车用香品在车用香品中是最常见的，使用的人也比较多。它是由香精与挥发性溶剂混合而成，然后盛放在各种各样独具艺术造型的容器中。一般采用毛毡条或滤纸条等作为挥发体插入液体芳香剂的容器中，用来将馨香的液体吸上来挥发散香。

固体型车用香品主要是将香精与一些材料混合，然后加压成型，常见的有日本的车伴（CAR-MATE）等。另外，还有一些利用芳香材料制成的车内用品，比如香味织物制成的香花、用香味陶瓷制成的艺术台笔等。

按照使用方式的不同可以将汽车香品分为喷雾式、泼洒式和自然散发式。

车用香品的主要成分是香精，调香师根据车用香品应具备净化空气、杀菌、使人愉悦等功能，利用天然和合成香料，经反复研究试验调配成香精。一种或几种香韵组成香精，再将不同的香精按一定比例加入基料中，这样就可以使车用香品散发出各种奇妙怡人的香味。而车用香品的抵抗异味、清脑、安神的功效则是通过香品中一种叫酵素的化学成分来最终实现的。

3）车用香品的外观款式与香型。

车用香品的外观、款式与人们日常生活中使用的香水类似，也经历了一个由简单实用到复杂精美的过程。原来的香品盛放容器只有玻璃瓶，外形最多在瓶盖和瓶身上有些细微变化，非圆即方，主要注重实用。而近年来的香品盛放材料除玻璃外，还流行塑料、陶瓷及其他装饰材料。在制作工艺上采用了镀金、镀银等技术，更加注重外观的精美、款式的多变，特别是日见盛行的一些小动物款式，其风趣活泼的造型特点，更是十分惹人喜爱。

虽然车用香品的香型是丰富多彩的，但是如果将一款香品放在你的面前，你却很容易判断出它大致的香型，因为车用香品的香型和颜色是相互关联的，比如黄色为柠檬香、草绿色为青苹果香、粉红色为草莓香、嫩绿色为松木香、紫色为葡萄香、乳白色为茉莉香、淡蓝或淡绿色为薄荷香、橘红色为樱桃香。

4）车主如何选购车用香品。

车主到底选购什么样的车用香品，最主要的还是依据个人喜好原则，当然以下因素也是要考虑的。

①车主性别。总的来说，大多数女性比较喜欢各种清甜的水果香、淡雅的花香等香型。而且女性车主还很在意香品的外观与色彩，有的喜欢色泽清淡的香品，有的喜欢色泽艳丽的香品，还有的女性喜欢晶莹剔透、造型雅致的玻璃瓶装香品。对男性车主，车用香品宜选购外观造型比较简单的，以木纹、皮革等样式比较合理。在选择香品时以古朴为尺度，不宜过于夸张，比如淡雅的古龙香、琉璃香、龙涎香等车用香品，都比较适合。

②车主工作环境。对于专职司机或是工作性质高度紧张、刺激的车主，驾车时则要注意保持一种平衡的心态，不妨挑选镇定功效较好的香型，比如清甜的鲜花香味、清凉的药草香味、宜人的琥珀香味等等。对于久坐办公室的车主，如果从事的工作比较枯燥、乏味与繁杂，不妨选用能松弛神经的柠檬果香味，或者是能舒活神经的薄荷香味等。

③车主个人习性。如果车主比较喜欢抽烟，不妨选用浓郁的药草香味、清新的绿茶香味、甜润的苹果香味等，它们可以有效地去除烟草中的刺激气味。而且建议这些车主最好不要选择气雾型香品，因为这种香品容易着火。

④气候因素。在寒冷的冬季或是炎热的夏季，因为车内经常开空调的因素，需要选用具有较强挥发性的车用香品，以便及时有效地去除空调机带来的异味；而在其他季节，尽可以凭车主的兴致任意挑选喜爱的香型。

7. 汽车香品中的佼佼者——汽车香水

（1）汽车香水概述。

作为汽车香品中的佼佼者，汽车香水一直发挥着最为重要的作用。接下来重点介绍关于汽车香水的相关知识。

汽车香水是一种混合了香精油、固定剂与酒精的液体，用来让汽车内拥有持久且悦人的气味，目前已经成为有车一族日益关注的对象。面对林林总总、五颜六色的汽车香水或香品，车主始终有点迟疑，不知道该怎样选择适合自己的香水，尤其是当天气越来越热，选购什么样的香水成为许多车主面临的难题。

在香水的选购上，除了看香水本身的成色，还要了解香水容器的材质。这些都对香水的功能有所影响。现在市场上也充斥着大量的假货，因此选择向专业的汽车用品网站或大型电商购买比较有保证。汽车香品一般是由调香师对天然的合成香料经过反复提炼和筛选，将各种香精按照一定的比例勾兑而成，香气持久，有的是从天然香物中提取的香料，还具有杀菌除异味的作用。

根据上面所讲的汽车香品的分类可知，汽车香水属于气雾型车用香品，主要由香精及容器组成。它可以覆盖车内某些特殊异味，比如行李异味、烟草味、鱼腥味和小动物体味等。但挥发速度极快，常放在有艺术造型的容器中，可用两至三个月。

按照使用类型还分为吊饰香水、香水座、风口香水等。

汽车香水中，酒精对驾驶员有副作用，现在新的配方以香精为原料，填充料以二丙二醇和二丙二醇乙醚为主，具有缓慢释放芳香的作用。

（2）汽车香水的特性。

汽车香水是一种混合了香精油、固定剂与酒精的液体，用来让汽车车内拥有持久且悦人的气味，市场上常用的汽车香品主要有气雾型、液体型和固体型三种。汽车香水也像人一样，有它鲜明的个性。正如香港以诺国际集团公司郑成功所说："香水并不仅仅是种嗅觉体验，香水更是高雅艺术品！有一份情感包含其中，它代表使用者的个性。"西班牙汽车香水大师萨瓦雷斯在其著作《香水与个性》中也曾经写道："没有个性的香水，肯定会随着时间的流逝而消亡。"

现代香水经过一百多年的进步、演变，已经呈现出多姿多彩、变化万千的景象。这正好也印证了人类社会、文化的变化，因为人的性格和不同时期的情绪也是变化万千的。

香水（包括车载香水）的使用对象是各种性格不同的人，人们的爱好、性格、品位，乃至于喜怒哀乐的情绪都会在香水使用中留下印记，或者展示其人的本色。这就提供了人们给香水按人的意念划分性格个性的基础。每种香水能获得用香人的青睐，并在市场上有其一席之地，能够持久占据一定的市场，其根源就是这款香水的个性使然。

调香师的初衷也是每款香水都有特定的使用者群体的。所以每个香水使用者都应当找到适合自己并且个性相近的香水，让你在使用这款香水时能够引起共鸣，彰显你的特色和品格，实有事半功倍的奇效！当然假如你所使用的香水个性是你的弱项，那也可来个相反相成，使你的性格、品位更全面，那也是非常好的补充，也是事半功倍！

 **任务实施**

一、准备工作

（1）防护装备：车内三件套。
（2）实训车辆：实训车辆两辆。
（3）工具设备：儿童安全座椅、座椅套、地垫、常用工具等。
（4）辅助资料：汽车维修手册、教材。

二、实施步骤

根据实训室的车辆配置，完成以下相关的操作：
1）准备好汽车内部装饰所需要的工具和设备。
2）按步骤完成汽车内部装饰作业。
3）完成实训任务后，对工作过程进行自我评价，提交实训工作单，接受指导老师的技能考核。
4）整理并清洁工作场所，清点和收拾借出的工具、设备和资料，交回实训室。
汽车内部装饰操作任务单如表5－7所示。

表5－7　汽车内部装饰操作任务单

| 汽车内部装饰操作 | 工作任务单 | 班级： |
| | | 姓名： |

| 1. 学习任务 一位客户家里有个两岁的宝宝，为了生活需要新买了一辆家用汽车，他想要给汽车内部进行装饰，请你帮他推荐一下适合的内部装饰部件并帮忙安装 | | |

任务		自测标准	学习建议
1.1　资料准备	防护装备	车内外三件套	"工欲善其事，必先利其器"。完成好学习任务的第一步是要熟悉并掌握汽车美容与装饰作业相关的工具设备，做好准备工作
	实训车辆	实训汽车两辆	
	工具设备	儿童安全座椅、座椅套、地垫、常用工具等	
	辅助资料	汽车维修手册、教材	

续表

任务	自测标准		学习建议
1.2 实施步骤	确认座椅正反向安装	安装前首先得确认座椅是正向还是反向安装。新生儿到9个月的宝宝需要反向安装座椅，9个月到4岁的宝宝需正向安装	这种固定方式最关键的就是用安全带将安全座椅固定在座位上这个过程。想要将汽车安全座椅固定得很牢固，必须要将安全带在穿过座椅后慢慢地收紧，特别注意收紧的是贯穿座椅的安全带
	取下后排头枕	把对着安全座椅的后排头枕取下，这样是为了避免头枕在突发情况下伤到宝宝	
	安全带使用	将安全带穿过安全座椅并插入汽车上的安全带卡扣	
	牢固检查	检查座椅是否牢固，可以通过安全带紧绷程度和座椅底座的摇摆程度来判断	
	检查交车	检查一下安全座椅上用来卡住安全带的锁是否已经锁死	

2. 学习笔记

1）汽车顶棚内衬的装饰方法有哪些？

2）汽车内地板装饰方法有哪些？

3）汽车内部装饰的注意事项有哪些？

三、任务评价

汽车内部装饰操作任务评价如表5-8所示。

表5-8 汽车内部装饰操作任务评价

序号	项目	内容	程度	不能的原因
1	知识学习	汽车顶棚内衬的装饰方法	□能 □不能	
2		汽车地板内衬的装饰方法	□能 □不能	
3		汽车座椅内衬的装饰方法	□能 □不能	
4		汽车仪表内衬的装饰方法	□能 □不能	
5		汽车内部装饰的注意事项	□能 □不能	
6	技能学习	能正确对座椅套的后方、侧面、前下方进行固定	□能 □不能	
7		能对安装作业进行质量检验	□能 □不能	
8		能正确安装固定座椅套	□能 □不能	
9		能完成汽车内部装饰作业	□能 □不能	
经验积累与问题解决				
经验积累		问题解决		
签审	1. 小组意见：		年 月 日	评价等级认定
	2. 指导教师意见：		年 月 日	

知识拓展

一、汽车内饰件产品强制性认证实施规则

1. 适用范围

本规则适用于驾驶室及乘客舱内采用单一型或层积复合型有机材料的内饰件产品，包括地板覆盖层、座椅护面和装饰性衬板（门内护板、前围护板、侧围护板、后围护板、车顶棚衬里）。

2. 认证模式

产品抽样检测＋初始工厂审查＋获证后监督。

注：为方便委托人，认证模式也可采用初始工厂审查＋产品抽样检测＋获证后监督的方式。（特殊情况时经认证机构同意，认证委托人可采取送样方式进行产品检测）

3. 认证的基本环节

（1）认证的委托和受理；

（2）产品抽样检测；

（3）初始工厂审查；

（4）认证结果评价与批准；

（5）获证后监督。

4. 认证实施的基本要求

（1）认证的委托和受理。

认证的单元划分：同一生产厂生产的且在以下主要方面无差异的内饰件产品视为同一单元。

1）层积复合材料。

①各层材质及厚度；

②加工工艺。

2）单一材料。

①材质；

②加工工艺。

3）认证委托时需提交相应的文件资料。

（2）产品抽样检测。

1）产品抽样。

①抽样原则：认证机构应从认证申请单元中抽取代表性样品进行检测。

②抽样时机：一般情况下，产品抽样应在初始工厂审查前进行。为方便委托人，产品抽样也可以和初始工厂审查同时进行。

③抽样方法及试样规格：样品应在工厂生产的合格品中（包括生产线、仓库）随机抽取，抽样基数应不低于样品的10倍。抽取的标准试样由抽样人封样后，送至指定的检测机构实施检测。从抽取的样品上截取五块（件）标准试样。如果沿不同方向有不同燃烧速度的内饰材料，则应在不同方向截取试样。试样规格为356毫米×100毫米。若内饰件的形状和尺寸不足以制成规定的标准试样，则应保证下列最小尺寸试样，但要记录。

④试验样品及相关资料的处置：试验后，应以适当的方式处置已经确认合格的样品和相关资料。

2）检测标准。

GB 8410 汽车内饰材料的燃烧特性。

注：标准采用现行有效的版本。

（3）初始工厂审查。

1）初始工厂审查时间。

一般情况下，抽样检测合格后，进行初始工厂审查。

工厂审查时间根据委托认证产品的单元及覆盖产品型号数量确定，并适当考虑工厂的生产规模，一般每个加工场所为2~4个人日。

2）审查内容。

工厂审查的内容为工厂质量保证能力审查和产品一致性检查。

①工厂质量保证能力审查：《强制性认证工厂质量保证能力要求》为本规则覆盖产品初始工厂质量保证能力审查的基本要求。

②产品一致性检查：工厂审查时，应对委托认证的产品进行一致性检查，包括以下内容：

a. 认证产品的标识（如：名称、规格、型号和商标等）应与试验报告及委托认证提交的资料所标明的一致；

b. 认证产品的结构应与抽样样品及委托认证提交的资料一致；

c. 认证产品所用的关键件，应与抽样样品及委托认证提交的资料一致。

d. 现场指定试验：试验项目应从例行检验或确认检验项目中选取。

产品一致性检查出现问题时，认证机构应视情况作出限期整改、重新型式试验、中止本次认证的处理。

3）工厂质量保证能力审查应覆盖申请认证产品的加工场所，产品一致性检查应覆盖申请认证产品。

（4）认证结果评价与批准。

1）认证结果评价与批准。

认证机构负责对抽样检测、工厂审查结果进行综合评价，评价合格的，由认证机构对委托人颁发认证证书（每一个认证单元颁发一张认证证书）。认证证书的使用应符合《强制性产品认证管理规定》的要求。

产品抽样检测不合格，允许限期（不超过3个月）整改，如期完成整改后申请产品抽样检测复试；工厂审查存在不合格项，允许限期（不超过3个月）整改，认证机构采取适当方式对整改结果进行确认。产品抽样检测复试和工厂审查整改结果均合格，经认证机构评价后颁发认证证书；逾期不能完成整改，或整改结果不合格，终止本次认证。

2）认证时限。

认证时限是自正式受理认证之日起至颁发认证证书所实际发生的工作日，包括产品抽样检测时间、工厂审查时间、认证结果评价和批准时间、证书制作时间。产品抽样检测时间自样品送达指定检测机构之日起计算，检测周期不超过20个工作日。工厂审查后提交报告时间一般为5个工作日，以检查员完成现场审查，收到并确认工厂递交的不合格纠正措施报告之日起计算。认证结论评价、批准时间以及证书制作时间一般不超过5个工作日。

（5）获证后监督。

1）监督的频次。

①一般情况下，从获证后的第12个月起进行第一次获证后监督，此后每年应至少进行一次获证后监督。

②若发生下述情况之一可增加监督频次：

a. 获证产品出现严重质量问题，或者用户提出投诉并经查实为持证人责任的；

b. 认证机构有足够理由对获证产品与本规则中规定的标准要求的符合性提出质疑时；

c. 有足够信息表明制造商、生产厂因变更组织机构、生产条件、质量管理体系等，从而可能影响产品符合性或一致性时。

2）监督的内容。

监督的方式是：工厂质量保证能力复查＋认证产品一致性检查＋产品抽样检测。为方便委托人，产品抽样检测的结果也可以作为确认检验的结果。

①工厂质量保证能力复查。

由认证机构根据工厂质量保证能力要求，对工厂进行监督复查。CCC强制性产品认证《工厂质量保证能力要求》规定的第3、4、5、9条是每次监督复查的必查项目，其他项目可以选查，每4年内至少覆盖要求中的全部项目。每个加工场所监督复查的时间一般为1至2个人日。

②认证产品一致性检查。

监督时在加工场所对获证产品进行产品一致性检查。

③产品抽样检测。

在监督时进行抽样。样品应在工厂生产的合格品中（包括生产线、仓库）随机抽取。对抽取样品的检测由指定的检测机构实施。

3）获证后监督结果的评价。

监督复查合格后，可以继续保持认证资格、使用认证标志。对监督复查时发现产品本身存在不符合的，视情况作出暂停或撤销认证的决定，停止使用认证标志，并对外公告；对质量保证能力有不符合项的，应在3个月内完成纠正措施，逾期将撤销认证证书、停止使用认证标志，并对外公告。

（6）认证证书。

1）认证证书的有效性。

本规则覆盖产品的认证证书，不规定证书有效性截止日期。证书的有效性依赖认证机构定期的监督获得保持。

2）认证证书的变更。

本规则覆盖产品的认证证书，如果其产品发生以下变更时，应向认证机构提出变更申请：

①增加/减少同一单元内认证产品；

②获证产品的关键零部件、原材料、结构、制造工艺和供应商等发生变化；

③获证产品的商标、委托人、制造商或工厂信息（名称和/或地址、质量保证体系等）发生变化；

④其他影响认证要求的变更。

认证机构应核查以上变更情况，确认原认证结果对认证变更的有效性；需要时，针对差异进行补充检测和/或工厂保证能力审查；合格后，确认原证书继续有效和/或换发认证证书。

3）认证证书的暂停、注销和撤消。

按CCC强制性产品认证《工厂质量保证能力要求》执行。在认证证书暂停期间及认证证书注销和撤消后，产品不得出厂、进口。

（7）强制性产品认证标志的使用。

证书持有者必须遵守《强制性产品认证标志管理办法》的规定。

1）准许使用的标志样式。

2）变形认证标志的使用。

本规则覆盖的产品不允许使用任何形式的变形认证标志。

3）加施方式。

可以采用统一印制的标准规格认证标志和印刷、模压认证标志中的任何一种。采用印刷、模压认证标志时，还应在标志周边适当位置注明产品的工厂代码。标志使用方案应报国家认监委批准的强制性产品认证标志发放与管理机构核准。

4）加施位置。

应将认证标志加施在部件主体的适当位置或其最小外包装上。

（8）收费。

CCC认证收费涉及申请费、产品检测费、工厂审查费、批准与注册费（含证书费）、监督复查费、年金、认证标志费等，具体费用由认证、检测机构按国家有关规定统一收取。

二、认证委托时需提交的文件资料

1. 产品描述（至少应包含以下内容）

（1）单一材料。

①产品名称；

②材质；

③正面颜色及厚度；

④编织/制造方式。

（2）层积复合材料。

①产品名称；

②各层材质、厚度及编织/制造方式；

③排列方式；

④加工工艺；

⑤表层颜色；

（3）内饰零件尺寸：长×宽×高；

（4）添加剂的种类和比例（如有）。

2. 足以识别产品主要特征的照片

3. 层积复合材料内饰件产品材料剖面示意图

4. 产品关键原材料清单

（1）本规则覆盖产品的关键原材料为：单一材料和层积复合材料等；

（2）清单中至少要包括关键零部件，材料的名称、型号、规格，供货单位和进厂检验项目等内容。

5. 工厂概况

（1）生产情况（所申请产品的生产规模、能力及生产历史）；

（2）工厂的关键生产设备清单；

（3）工厂的主要检测仪器设备清单（包括：名称、型号、规格、数量、精度、检定周期等）；

（4）有关的质量管理体系文件目录及机构框图/表和职责规定文件等。

6. 必要的认证产品检测报告

7. 委托人、工厂的注册证明材料

8. 指定认证机构需要的其他文件

三、强制性认证工厂质量保证能力要求

为保证批量生产的认证产品与已获型式试验合格的样品的一致性，工厂应满足本文件规定的产品质量保证能力要求。

1. 职责和资源

（1）职责。

工厂应规定与质量活动有关的各类人员职责及相互关系，且工厂应在组织内指定一名质量负责人，无论该成员在其他方面的职责如何，应具有以下几个方面的职责和权限：

a. 负责建立满足本文件要求的质量体系，并确保其实施和保持；

b. 确保加贴强制性认证标志的产品符合认证标准的要求；

c. 建立文件化的程序，确保认证标志的妥善保管和使用；

d. 建立文件化的程序，确保不合格品和获证产品变更后未经认证机构确认，不加贴强制性认证标志。

质量负责人应具有充分的能力胜任本职工作。所有班次的生产操作，应指定确保产品质量的人员。负责产品质量的人员，为了纠正质量问题，应有权停止生产。

（2）资源。

工厂应配备必须的生产设备和检验设备以满足稳定生产符合认证标准的产品要求；应配备相应的人力资源，确保从事对产品质量有影响工作的人员具备必要的能力；建立并保持适宜产品生产、检验、试验、储存等必备的环境。

2. 文件和记录

（1）工厂应建立、保持文件化的认证产品的质量计划或类似文件，以及为确保产品质量的相关过程有效运作和控制需要的文件。质量计划应包括产品设计目标、实现过程、检测及有关资源的规定，以及产品获证后对获证产品的变更（标准、工艺、关键件等）、标志的使用管理等的规定。产品设计标准或规范应是质量计划的一个内容，其要求应不低于有关该产品的实施规则要求。

（2）工厂应建立并保持文件化的程序以对本文件要求的文件和资料进行有效的控制。这些控制应确保：

①文件发布前和更改应由授权人批准，以确保其适宜性；

②文件的更改和修订状态得到识别，防止作废文件的非预期使用；

③在使用处可获得相应文件的有效版本。

（3）工厂应建立并保持质量记录的标识、储存、保管和处理的文件化程序，质量记录应清晰、完整以作为产品符合规定要求的证据。质量记录应有适当的保存期限。

3. 采购和进货检验

（1）供应商的控制。

工厂应制定对关键零部件和材料的供应商的选择、评定和日常管理的程序。程序中应包括对关键零部件或材料供应商实行产品和制造过程批准的要求，以确保供应商具有保证生产关键零部件和材料满足要求的能力。工厂应保存对供应商的选择评价和日常管理记录。

（2）关键零部件和材料的检验/验证。

工厂应建立并保持对供应商提供的关键零部件和材料的检验或验证的程序及定期确认检验的程序。程序中应包括检验项目、方法、频次和判定准则，以确保关键零部件和材料满足认证所规定的要求。关键零部件和材料的检验可由工厂进行，也可以由供应商完成。当由供应商检验时，工厂应对供应商提出明确的检验要求。工厂应保存关键零部件检验或验证记录、确认检验记录及供应商提供的合格证明及有关检验数据等。

4. 生产过程控制和过程检验

（1）过程准备。

①工厂应对关键生产工序（过程）进行识别并确认；关键工序操作人员应具备相应的能力；如果该工序没有文件规定就不能保证产品质量时，则应制定相应的工艺作业指导书，使生产过程受控。

②对关键的生产过程进行过程研究，以验证过程能力并为过程控制提供输入。

③以适当方式进行作业准备验证。

（2）产品生产过程中如对环境条件有要求，工厂应保证工作环境满足规定的要求。

（3）可行时，工厂应对适宜的过程参数和产品特性进行监控。

（4）工厂应建立并实施生产工装管理系统和关键设备预防性维护系统。

（5）工厂应在生产的适当阶段对产品进行检验，以确保产品及零部件与认证样品一致。

（6）工厂应建立并实施产品的可追溯系统。适当时，确定并应用统计技术。

5. 例行检验和确认检验

工厂应制定并保持文件化的例行检验和确认检验程序，以验证产品满足规定的要求。检验程序中应包括检验项目、内容、方法、判定等，并应保存检验记录。具体的例行检验和确认检验要求应满足相应产品的认证实施规则的要求。例行检验是在生产的最终阶段对生产线上的产品进行的100%检验，通常检验后，除包装和加贴标签外，不再进一步加工。汽车内饰件产品例行检验项目为外观质量。确认检验是为验证产品持续符合标准要求进行的抽样检验。汽车内饰件产品的确认检验项目为燃烧特性。确认检验项目最小频次为每单元1次/年。

6. 检验试验仪器设备

用于检验和试验的设备应定期校准和检查，并满足检验试验能力。检验和试验的仪器设备应有操作规程，检验人员应能按操作规程要求，准确地使用仪器设备。

（1）校准和检定。

用于确定所生产的产品符合规定要求的检验试验设备应按规定的周期进行校准或检定。校准或检定应溯源至国家或国际基准。对自行校准的，则应规定校准方法、验收准则和校准周期等。设备的校准状态应能被使用及管理人员方便识别。应保存设备的校准记录。

（2）测量系统分析。

为分析测量和试验设备系统测量结果的变异，工厂应进行适当的测量系统分析，保存相应的记录，适当时，可选用测量系统重复性和再现性分析、小样法分析。

（3）实验室管理。

工厂应定义内部实验室实验范围，包括进行检验、试验或校准服务的能力。为工厂提供检验、试验或校准服务的外部/商业/独立实验室应有定义的范围，包括有能力进行的检验、试验或校准服务。

7. 不合格品的控制

工厂应建立不合格品控制程序，内容应包括不合格品的标识方法、隔离和处置及采取的纠正、预防措施。工厂应制定返工、返修作业指导书，内容应包括经返修、返工后的产品需重新检测。对重要部件或组件的返修应作相应的记录。未经确定或可疑状态的产品，应列为不合格品。废旧产品必须以对待不合格品的类似方法进行控制。应保存对不合格品的处置记录。

8. 内部审核

工厂应建立文件化的内部质量管理体系审核程序，确保质量管理体系的有效性和认证产品的一致性，并记录内部质量管理体系审核结果。对工厂的投诉尤其是对产品不符合标准要求的投诉，应保存记录，并应作为内部质量管理体系审核的信息输入。工厂应以适宜的频率审核每个制造过程，以决定其有效性。工厂应以适宜的频率，在生产的适当阶段对其产品进行审核，以验证符合所有规定的要求。对审核中发现的问题，应采取纠正和预防措施，并进行记录。

9. 认证产品的一致性

工厂应对批量生产产品与型式试验合格的产品的一致性进行控制，以使认证产品持续符合规定的要求。

工厂应建立产品关键零部件和材料、结构等影响产品符合规定要求因素的变更控制程序，认证产品的变更（可能影响与相关标准的符合性或型式试验样件的一致性）在实施前应向认证机构申报并获得批准后方可执行。

10. 包装、搬运和储存

工厂所进行的任何包装、搬运操作和储存环境应不影响产品符合规定标准要求。

工厂应按适当策划的时间间隔检查库存品状况，以便及时发现变质情况。

学习小结

本任务主要介绍了汽车顶棚内衬装饰、汽车内地板装饰、座椅的装饰、方向盘的装饰、内饰精品的装饰，并通过具体实操过程展示了如何在实车上进行作业。请同学们根据本任务的内容多练习，掌握实操流程和技巧。

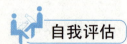 自我评估

1. 填空题

1）汽车内部装饰主要是对汽车驾驶室和乘客室进行装饰，统称为内饰。

2）目前，市场比较流行的汽车座套材质主要有亚麻座套、真皮座套、毛绒座套和棉质座套。

3）根据儿童座椅安装方法的不同，可以分为<u>通用式</u>、用 ISO FIX 接口固定和<u>LATCH 固定式</u>。

2. 判断题

1）方向盘半包改装风格指的是利用软性面料结合碳纤件、桃木件等硬性材料共同改装方向盘而形成的风格。　　　　　　　　　　　　　　　　　　　　　　（√）

2）汽车氧吧的特点：杀菌快，驱烟尘，净化空气，除异味，能有效增加空气的负离子量，保持车内空气清新。　　　　　　　　　　　　　　　　　　　　　　　（√）

3）脚垫前后颠倒贴合性和耐磨性好，而且能牢固地固定，不容易干扰踏板。　（×）

3. 选择题

1）汽车内部装饰的主要内容包括（ABCDE）。

A. 汽车顶棚内衬装饰　　　　　　　　B. 汽车内地板装饰

C. 座椅的装饰　　　　　　　　　　　D. 仪表盘的装饰

E. 内饰精品的装饰

2）汽车脚垫有（ABC）等种类。

A. 硅胶脚垫、橡胶脚垫　　　　　　　B. 皮革脚垫

C. 丝圈脚垫　　　　　　　　　　　　D. 金属脚垫

任务 2　汽车外部装饰操作

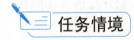

任务情境

任务描述

一位客户想给自己的家用轿车更换一个造型拉风的外观，请你帮忙推荐并安装。

任务提示

车身外观的改装一直占有相当重要的地位，一般的外观改装主要包括前后杠、防撞条、饰条、大包围、窗边晴雨挡等。改变车身外观最迅速、最有效的方式就是加装大包围。根据客户要求，建议给客户推荐安装大包围来提升车辆外观和性能。

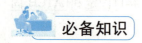

一、大包围的概述

1. 组成

大包围由前包围、后包围和侧包围等组成。其中，前、后包围有全包围式和半包围式两种形式。

全包围式是将原来的保险杠拆除，然后装上大包围，或是将大包围套在原保险杠表面，覆盖原保险杠；半包围式是在原保险杠的下部附加一个装饰件，这样可以不用拆除原保险杠；侧包围又称侧杠包围或侧杠裙边。尾翼也是大包围的一个部分。

2. 功用

（1）提高汽车行驶的稳定性和轮胎的附着性能。

（2）高速行驶时减少耗油量。加装大包围后，汽车的空气阻力系数能降低20%。如果低速行驶，耗油量减少或许不明显，但如果高速行驶，则能省油大约10%。

（3）清除浮尘。轿车和旅行车的车身后部常安装有小型尾翼，它们使车顶上的一部分气流被引导流过后通过车窗表面，这样既可使车辆后部的升力降低，也可利用气流将后车窗表面浮尘清除，避免灰尘附着影响汽车后视野。

（4）美观，张扬个性。

（5）有利于散热。一些具有特殊形状和材质的大包围部件如大面积开孔的前保险杆、开窗前翼子板等，都能提高车辆的散热效果。

3. 原理

大包围就是把经过车身的气流做成下部行程长、上部行程短的结构，这样就能获得一个向下的气流压力，抵消车辆的升力。而且现在大部分跑车都是采用后轮驱动，尾翼此时提供的负升力正好作用在车辆后部，对提升车辆的稳定性和加大抓地力很有好处。

4. 制作材料

（1）塑料。

用塑料制作的大包围套件的质量相对较高，是各名牌汽车改装厂生产大包围的主要材料。

（2）玻璃钢。

用玻璃钢制作的大包围套件，虽然在细腻程度等方面不如塑料件，但因制作方便、生产成本低，所以多数生产商首选玻璃钢为生产大包围的材料。

（3）合成橡胶。

用合成橡胶制作的大包围套件，具有较大的温度适应范围，气温在 -80 ~ 50 摄氏度之间都不会出现变形，此外它还具有较好的耐冲击能力。

5. 选用

（1）配套性原则。

目前，装饰件生产厂家的大包围总成件基本上都是以特定的车型为准而设计制作的。在制作中，又根据制作的材质和工艺而分为标准型、豪华型。在选择时应根据不同的车型，选择与之配套的大包围。

汽车加装大包围步骤

（2）协调性原则。

大包围的造型和颜色要与车身融为一体，做到总体平衡协调。

（3）安全性原则。

汽车安装大包围不能影响整车性能和行车安全，选择大包围时要考虑路面状况，只有完全平坦良好道路上行驶的汽车才能加装大包围，所有饰件与地面应保持一定距离（至少20厘米）。

（4）标准性原则。

选择的大包围组件要符合国家有关规定，应选用高质量的产品，并应选择正规的、有经验的汽车装饰店进行安装。

（5）观赏性原则。

选择的大包围组件要美观大方、赏心悦目，符合人们的审美需求。

6. 加装注意事项

如何给汽车加装大包围，以下几点车主要关注：

（1）汽车是否加装大包围，要根据汽车经常行驶的道路情况而定，加装了大包围的汽车只适合在平坦和良好的道路上行驶，如果你的汽车经常要在不平的路面上行驶，那就不要加装了。

（2）应选用高质量的产品，因为高质量的玻璃纤维大包围套件，无论坚固程度或表面光洁度都远远强于一般的产品。

（3）最好不要选用需要拆掉原车的保险杠才能安装的大包围，因为玻璃纤维的抗击力非常差，所以选用将原保险杠包裹其中的大包围不会影响车辆的牢固性。但如果一定要选用拆保险杠的大包围，可将原保险杠中的缓冲区移植到玻璃纤维大包围中，以起到保护的作用。

（4）应该到有经验和信誉的改装店加装大包围，因为这些店铺有制作玻璃纤维产品的能力，大都会免费为车主修复不慎碰坏的大包围，令车主不必为大包围的一点损伤就得花钱去换一个新的。

二、大包围和尾翼的安装

大包围的安装过程相对来说比较简单，前包围、后包围、侧包围的安装步骤基本相同，具体安装步骤如下：

（1）准备好安装所需的工具和材料。一般常用的工具有手电钻、锤子、螺钉旋具、活动扳手、钳子等，准备好大包围及其附属零件并按照安装说明做好各种处理工作。

（2）将大包围的安装部位进行擦拭和清洗，去除油污和污垢，使之清洁、干燥。

（3）在车身上安装大包围的相应部位贴上保护用的皱纹纸，防止在安装过程中碰坏车身油漆。

（4）将大包围在车身上的相应位置试放一下，观察两者的贴合程度。注意安装侧包围时应该把车门打开，安装后包围时注意排气管。

（5）取下大包围，按照试放的效果对大包围进行修整，将大包围修边角和去毛刺，按照安装要求在车身下端钻好安装孔，并去掉孔边周围的毛刺。

（6）安装大包围，施力时应注意技巧，避免用力过猛损坏车身或者大包围，使两者达到紧密的贴合，必要时可以在大包围内侧与车身贴合的位置涂上专用的胶水。

（7）拧上固定螺钉，最好在螺母上涂上油漆，使之与车身颜色协调。

任务实施

一、准备工作

（1）防护装备：车内三件套。

（2）实训车辆：实训车辆两辆。

（3）工具设备：手电钻、锤子、螺钉旋具、活动扳手、钳子等。

（4）辅助资料：汽车维修手册、教材。

二、实施步骤

1. 大包围加装施工

（1）前保险杠下唇的安装步骤。

1）拆下前保险杠下部的车身板件。

2）下唇定位。在前保险杠的下面换上新的下唇，与两个轮罩对中，同时还要保证下唇前面的上缘落在前车身板的里面。用台虎钳把下唇的边角夹紧到轮罩上。

3）确定钻孔位置。将前车身板件的螺栓安装孔用画线方法对应到下唇上。同样用画线方法将下唇端部的螺栓安装孔对应到轮罩上。

4）钻孔并紧固。用钻头钻6个孔，穿过金属薄板和下唇。先用螺栓松弛地将下唇安装就位，检查是否正确对中。确定对中后即可拧紧所有的6个紧固螺栓。

（2）侧裙的安装。

安装侧裙时不要预先钻好固定孔，须比对实车，依照实车可安装钻孔处固定。

（3）后裙板安装。

与前裙板类似，在此不再赘述。

2. 尾翼的安装

尾翼的安装分为粘贴式和螺栓固定式。

（1）粘贴式的安装需要先将接触面清洁干净再进行后续步骤：贴

汽车尾翼的安装

箱尾翼（俗称压尾）用3M双面泡棉胶带（须确定为汽车专用，谨防赝品）粘贴即可；单层尾翼用纤维土粘贴即可；双层尾翼用纤维土粘贴或用不锈钢攻牙螺钉从行李舱内部往外固定（注意钻孔处须做防锈处理）即可。

（2）螺栓固定式的安装需要将尾翼上的螺栓安装孔用画线的方法对应标记到行李舱盖上，再在行李舱上钻孔，用螺栓由行李舱内侧往外松弛地将尾翼安装就位，再在钻孔位置与尾翼结合处涂硅胶以防水，最后将螺栓拧紧即可。

汽车外部装饰操作任务单如表5－9所示。

汽车外部装饰操作		工作任务单	班级：
			姓名：

1. 学习任务

一位客户想给自己的家用轿车更换一个造型拉风的外观，请你帮忙推荐并安装

任务		自测标准	学习建议
1.1　资料准备	防护装备	车内外三件套	"工欲善其事，必先利其器。"完成好学习任务的第一步是要熟悉并掌握汽车美容与装饰作业相关的工具设备，做好准备工作
	实训车辆	实训汽车两辆	
	工具设备	手电钻、锤子、螺钉旋具、活动扳手、钳子等	
	辅助资料	汽车维修手册、教材	
1.2　实施步骤	工作准备	准备好安装所需的工具和材料	应该到有经验和信誉的改装店加装大包围，因为这些店铺有制作玻璃纤维产品的能力，大都会免费为车主修复不慎碰坏的大包围，令车主不必为大包围的一点损伤就得花钱去换一个新的
	拆卸零部件	拆下前保险杠下部的车身板件	
	下唇定位	在前保险杠的下面换上新的下唇，与两个轮罩对中	
	确定钻孔位置	将前车身板件螺栓安装孔用画线方法对应到下唇上	
	侧裙、后裙板安装	安装侧裙时不要预先钻好固定孔	

2. 学习笔记

1）汽车大包围的种类和作用有哪些？

2）汽车外部装饰的方法有哪些？

3）汽车外部装饰的注意事项有哪些？

三、任务评价

汽车外部装饰操作任务评价如表5－10所示。

表5－10　汽车外部装饰操作任务评价

序号	项目	内容	程度	不能的原因
1	知识学习	汽车大包围的功用与原理	□能　□不能	
2		汽车尾翼的功用与原理	□能　□不能	
3		汽车大包围的装饰方法	□能　□不能	
4		汽车尾翼的装饰方法	□能　□不能	
5		汽车外部装饰的注意事项	□能　□不能	
6	技能学习	能按前包围安装位置的要求，在车的前端钻好安装孔	□能　□不能	
7		能将前包围从保险杠下部插入，对准安装孔	□能　□不能	
8		能清洗安装部位，准备好安装用工具和材料	□能　□不能	
9		能完成汽车外部装饰作业	□能　□不能	
经验积累与问题解决				
经验积累		问题解决		
签审	1. 小组意见： 　　　　　　　　　　　　　年　月　日			评价等级认定
	2. 指导教师意见： 　　　　　　　　　　　　　年　月　日			

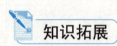

知识拓展

1. 轮弧饰片装饰

主要功能是保护轮弧翼子板在受到轻微或中度碰撞时，可使其伤痕减至最低程度；另一主要功能是起装饰作用。

轮弧饰片的安装方法一般有螺钉或拉拔铆钉固定法和胶粘法安装法，如图5－9所示。

2. 眼线装饰

眼线也称为眼眉，是在前照灯上表面部位附着的装饰物，如图5－10所示。将前照灯均加上眼线装饰，如同女孩描眉打眼影一样，楚楚动人。由于大多数的眼线都是不干胶制品，

安装前：裸露、毫无防护易刮蹭 | 安装后：高端、大气总体都上了档次

图 5 – 9　轮弧饰片安装前后对比

应选择质地好、寿命长、色彩丰满、粘贴牢固的材料，其装饰施工如下：

图 5 – 10　眼线贴安装前后对比

1）按装饰部位的形状将两张叠好的眼眉材料剪裁成长短、宽窄形状相匹配的眼眉。

2）将欲粘贴的部位用半干布擦净，以确保粘贴牢固。

3）将裁剪好的眼眉材料粘贴到设定部位，注意不要有气泡、褶皱等缺陷。

4）使用独特的眼线，可大幅度提高装饰效果。

3. 汽车货架

汽车货架是安装在汽车顶部或后部，用于放置货物的装饰品。

汽车货架按放置物品的不同可分为车顶货架、行李架和放置自行车的后背式专用摆车架，如图 5 – 11、图 5 – 12 所示。

图 5 – 11　车顶行李架

图 5 – 12　后背式自行车架

4. 备胎罩

备胎罩是用于遮盖备胎的装饰品，如图 5 - 13 所示。

图 5 - 13　备胎罩

5. 防撞条

防撞条是贴于车身凸出部位的一层特殊保护层。

作用：主要用于减少车身遭遇轻微或中度擦撞时受到的损伤，同时还能增强车身美观。

分类：防撞条按粘贴位置不同可分为车身防撞条、保险杠防撞条、车门防撞条及后视镜防撞条。

目前，市面上热销的汽车防撞条有贴片式和条带式两种。

贴片式：贴片式的防撞条为一侧带有双面胶的小胶块，其一般贴附于车门最易发生磕碰的部位。该种形式的防撞条保护范围过小，但其外形相对精美，能够起到一定的装饰作用，如图 5 - 14 所示。

条带式：条带式的截面呈 U 形，U 形内侧贴有双面胶，使用时，将 U 形的凹槽嵌入车门的门边位置即可。该种形式的防撞条保护面积相对较大，但外观较为简陋，一定程度上会影响车辆的美观，如图 5 - 15 所示。

图 5 - 14　贴片式防撞条　　　　　　　　　　图 5 - 15　条带式防撞条

学习小结

本任务首先介绍了汽车大包围和尾翼的基本知识，并通过具体实操过程展示了如何在实

车上进行作业，最后介绍了其他常见的车外装饰部件。请同学们根据本任务的内容多练习，掌握实操流程和技巧。

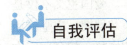 自我评估

1. 填空题

1）大包围由<u>前包围</u>、<u>后包围</u>和<u>侧包围</u>等组成。

2）大包围的制作材料主要包括<u>塑料</u>、<u>玻璃钢</u>、<u>合成橡胶</u>。

3）底盘封塑的作用包括<u>防腐蚀</u>、防石击、<u>防震</u>、隔热、降噪、防托底等。

2. 判断题

1）汽车底盘装甲的学名是汽车底盘防撞防锈隔音，一种高科技的黏附性橡胶沥青涂层。（√）

2）底盘装甲可以有效防护路面砂石对底盘的击打，防止轻微的拖底磨擦。（√）

3）轮弧饰片装饰只是起装饰作用。（×）

3. 选择题

1）以下哪种不是轮弧饰片的安装方法（C）。

A. 螺钉或拉拔铆钉固定法　　B. 胶粘法安装法

C. 自吸式安装法

2）防撞条按粘贴位置不同可分为（ABCD）。

A. 车身防撞条　　B. 保险杠防撞条

C. 车门防撞条　　D. 后视镜防撞条

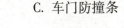 阅读之窗

弘扬爱国主义伟大精神

汽车内外可以装饰，让人无比舒服；人亦可以内外武装，变得无比强大。要大力弘扬伟大爱国主义精神，大力弘扬以改革创新为核心的时代精神，为实现中华民族伟大复兴的中国梦提供共同精神支柱和强大精神动力。

爱国主义始终是激昂的主旋律，始终是激励我国各族人民自强不息的强大力量；爱国主义始终是把中华民族坚强团结在一起的精神力量。伟大的中国青年在爱国情感的感染下，矢志不渝，创造了一项又一项世界文明：我国实现了港珠澳大桥顺利通车，创造了影响世界发展的新四大发明；广大青年在中国共产党的领导下，开辟中国道路、凝聚中国力量、开创中国智慧、发扬中国精神，攻坚克难，填补了一项又一项科技

空白，我国自行研制出了北斗导航系统、天眼、笔尖钢、通信5G软件等，这一切皆离不开青年对祖国的深厚感情。

爱国是人世间最深层、最持久的情感，是一个人立德之源、立功之本。爱国主义不仅是一种精神、一种情怀，更是具体实际的自觉行动。青年正处于人生的拔节孕穗期，应坚持涵养爱国之情、砥砺强国之志、实践爱国之行相统一。奋斗是青春最亮丽的底色。如今，广大青年置身大有作为的新时代，新时代要有新气象，更要有新作为。

项目六　底盘装饰护理

　项目描述

　　在从事汽车美容与装饰服务工作中，底盘装饰护理工作是汽车美容与装饰常规项目之一。能够熟练完成底盘装饰护理的相关作业项目，是汽车美容人员需掌握的一项专业技能。本学习项目与 1＋X 技能等级考核证书制度"汽车美容装饰与加装改装服务技术"中相关模块对接，主要对汽车底盘装饰护理进行学习，包括安装底盘装甲、汽车轮胎养护等任务。

　学习目标

能力目标	知识目标	素养目标	权重
1. 能正确选用汽车底盘装甲产品 2. 能使用设备对汽车轮胎进行换位作业 3. 能使用底盘装甲设备和工具进行作业 4. 能使用设备对汽车轮胎进行打蜡上光	1. 掌握汽车底盘装甲的必要性 2. 掌握汽车底盘装甲产品的选用 3. 掌握汽车轮胎使用的注意事项 4. 掌握汽车轮胎的分类与作用 5. 掌握汽车轮胎的保养方法 6. 掌握汽车底盘装甲设备和工具的使用	1. 能够在工作过程中与小组其他成员合作、交流，养成团队合作意识，锻炼沟通能力 2. 养成 7S 的工作习惯 3. 养成服从管理、规范作业的良好工作习惯 4. 提高节能降耗意识 5 增强爱岗敬业意识	30%

续表

能力目标	知识目标	素养目标	权重
1. 能在操作时须保证对非施工部位的遮蔽保护 2. 能将车辆油漆部分和底盘的油管、排气管等部位遮蔽 3. 能将底盘装甲各组分材料依次喷涂到底盘上，防撞防锈底漆应均匀分布 4. 能对涂层局部修补，保证遮蔽性越强越好 5. 能正确使用轮胎压力表对轮胎压力进行测量并对结果进行判断 6. 能正确使用轮胎花纹深度计对轮胎花纹深度进行检测并对结果进行判断 7. 能按照标准流程对轮胎表面进行清洁作业，清除表面所有污物并对结果进行判断 8. 能按照标准流程对轮胎表面进行上蜡养护作业	1. 掌握底盘除锈知识 2. 掌握车辆底盘遮蔽技术要点 3. 掌握底盘装甲喷涂知识 4. 掌握底盘装甲是否干燥判断方法 5. 掌握压缩空气枪使用知识 6. 掌握胎压判断知识 7. 掌握轮胎花纹深度计使用知识 8. 掌握轮胎表面上蜡要点、轮胎蜡的选用知识	1. 培养创新精神、不断学习的意识 2. 增强核心意识，优化管理效能	60%
运用知识分析案例，并指定美容装饰方案			10%

任务1 安装底盘装甲

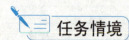**任务情境**

任务描述

客户王先生的汽车在使用过程中，由于常年在海边日晒雨淋、风吹砂击，车辆底盘腐蚀严重，所以他进店来对底盘进行养护。如果你是美容技师，请对此进行相应处理。

任务提示

根据任务要求，需要掌握汽车底盘装甲的设备和工具的使用方法和注意事项，并能够在了解客户真实需求后为客户对汽车进行底盘装甲作业并解答客户的疑问。

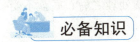

必备知识

一、底盘装甲概述

汽车底盘装甲的学名是汽车底盘防撞防锈隔音涂层（Undercoating），一种高科技的黏附性橡胶沥青涂层。汽车底盘装甲具有无毒、高遮盖率、高附着性，可喷涂在车辆底盘、轮毂、邮箱、汽车下围板、后备厢等暴露部位，快速干燥后形成一层牢固的弹性保护层，可防止飞石和沙砾的撞击，避免潮气、酸雨、盐分对车辆底盘金属的侵蚀，防止底盘生锈和锈蚀，保护车主的行车安全。

汽车底盘清洁护理

底盘装甲并不是在汽车底盘上套层铁甲，而是将一种特殊的弹性胶质材料喷涂在汽车底盘上，将底盘及轮毂上方完全包裹起来。其自然固结后形成的底盘保护层不仅可以降低沙石撞击的损伤，还能防腐防锈，并且底盘装甲还能起到较好的隔音作用。因此，底盘装甲成了目前最行之有效的底盘保护措施。

1. 汽车底盘装甲的必要性

俗话说"烂车先烂底"，终年不见阳光，历经无数坎坷的汽车底盘，腐蚀和损坏的隐患是很大的。城市汽车的底盘都很低，在行驶过程中一些飞溅起来的沙石不停地撞击底盘；在凹凸不平的路面行驶，汽车底盘还有可能被托底；雨雪天汽车底盘易粘结泥块，受到雨水、雪粒的锈蚀；雪后道路上布满具有极强腐蚀的融雪剂，更是对汽车底盘造成致命的摧残，大大缩短车辆的使用寿命。

而很多汽车制造商一味地在降低成本，在新车出厂时，只给汽车底盘喷了一层薄薄的底盘涂料（有些是 PVC 材料的），有的车甚至连这样的涂料也只是简单地喷一下局部，大部分把防锈漆和镀锌层暴露在外。底盘表面如此简单的防锈漆和镀锌层在理想的环境下也许是可以对汽车底盘起到防锈作用的，但是在我们日常行驶过程中环境条件要比理想状况复杂很多，这样的处理是根本起不到什么作用的，所以我们在买车后给车辆装饰一件底盘装甲是非常必要的。

2. 底盘装甲的作用

（1）具有阻隔气候影响的作用。

夏日里地表的烘烤，酸雨的侵袭，大气的潮湿、盐分，冬季雪道上除雪剂的腐蚀等每一种因素都能侵袭车底。即使在沿海温暖潮湿的气候下，带有盐分的海风吹拂也会腐蚀汽车底盘。底盘装甲可有效防止汽车生锈，预防提前老化。

（2）具有防御沙石撞击的作用。

当汽车行驶在路况不好的路面时，路面上的砾石被震动飞溅后会不断撞击汽车底盘与轮毂等部位。底盘装甲可以保护汽车底盘原有的防锈漆和镀锌层，以防金属裸露在外与空气中的潮气和酸雨等接触生锈，强效抵御锈渍蔓延而腐蚀汽车内壳机件。

（3）加强行驶安全性。

受损的底盘可能会导致底盘的一些零件变形，特别是上下臂及左右方向拉杆等容易发生变形，一些轻微的碰刮同样会引起机油底壳或变速箱油等发生轻微渗漏。这些变形和渗漏不容易被检测到，但是会严重影响行车安全。而进行了底盘装甲防撞防锈处理之后，底盘不受损，安全自然有保障。

（4）为车辆保值。

数据显示，通常新车使用3年左右，就会发生锈蚀。而与之相对应的一个事实是：车辆保养越好，价值越高。经过一段时间的行驶后，无论是自己使用还是准备换新车，经过底盘防撞防锈处理的车肯定是能够拥有更高的价值。尽管买车一般都不会冲着投资而去，但同样一辆车，在若干年后价值的差别却是高低立见。

（5）能提高驾驶舒适度。

由于底盘防撞防锈采用具有弹性的材质密封处理，一方面，大大增加了行驶的平稳度；另一方面，极大降低了行驶过程中车辆的噪声和路面上的嘈杂。所以在驾驶的舒适度上比没有做过底盘防撞防锈的车辆高很多。

（6）具有保温并降低油耗的功能。

在炎炎夏日，面对极高的地表温度，汽车底盘容易把热气传导至车内。如果车内开了空调，则需要更多的油耗来降低车内的温度。如果安装了汽车底盘装甲，则可以最大限度地把热量隔绝在外，并保持车内的温度，从而减少油耗。

（7）具有隔音降噪的作用。

是否具有隔音的作用要根据产品来决定。底盘装甲一般都能增加底盘的密封性，降低行车时来自底盘的各种噪声（如沙子、石头等对底盘冲击的声音，空气高速流过不平整的底盘与地面之间产生的噪声）；有的产品是含有橡胶粒的，橡胶粒喷涂在底盘和翼子板上，也可以降低底盘噪声和风噪，从而提高乘员的舒适度。

二、汽车底盘装甲的分类

底盘装甲产品有很多类型，其作用和类型也不一样，主要的底盘装甲产品包括以下四种：

（1）含沥青成分的底盘防锈胶。

含沥青成分的底盘防锈胶是最早期的防锈产品，属第一代产品，如图6-1所示。唯一可取的就是便宜，但是，沥青在干了以后会产生龟裂，有很多裂缝，藏在裂缝里的水，会造成"电池效应"，使车底盘的锈蚀更加严重，对车的危害会更大。所以，最好不要用含沥青成分的底盘防锈胶为底盘装甲。

（2）油性（溶剂性）底盘防锈胶。

这类产品属于第二代产品，含有对人体有害的有毒物质（用来做稀释剂的溶剂，如甲苯），会破坏环境和损害人体健康，如图6-2

图6-1　含沥青成分的底盘防锈胶

所示。所以在一些环保要求严格的欧美国家已很少使用了。另外，油性（溶剂性）产品的胶层很硬，稍为弯曲一下，胶层就会开裂，缺少弹性，在底盘隔音这方面效果较差。

（3）水溶性底盘防锈胶。

属于第三代产品，由于它的稀释剂为水，不含有毒物质，所以又称水溶性底盘防锈胶为环保型底盘防锈胶，如图6-3所示。现在欧美国家大多是选用这类产品。水溶性底盘防锈胶附着力强、胶层弹性较好，底盘隔音效果显著，是做底盘装甲的首选材料。

图6-2　油性（溶剂性）底盘防锈胶

图6-3　水溶性底盘防锈胶

（4）复合高分子树脂漆。

为第四代产品，如图6-4所示。与第一代和第二代产品都为非环保型，正逐步退出市场；第三代产品为环保型，但由于施工受温度、湿度的影响较大，耗时较长。第四代环保快干型底盘装甲具有高防水性、高弹性、高防腐性、高吸音降噪性，并在环保的基础上运用其独特的深层电离四元接枝技术，将四种不同性能的高分子材料融为一体，它不受湿度、温度的控制，大大缩短了施工时间，将以往的底盘封塑固化时间缩短到原来的 $\frac{1}{4}$，极大地方便了车主和施工人员。

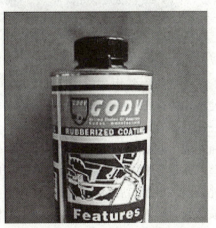

图6-4　复合高分子树脂漆

因此，车主一定要综合自己的驾驶习惯和平时的驾驶路况慎重考虑应该选择什么样的汽车底盘装甲，使得爱车驾驶舒适度最高、驾驶性能最优和使用寿命更长久。

三、汽车底盘装甲施工工艺

1. 底盘清洗

做底盘装甲前用高压水枪将四轮和底盘做一下简单的冲洗。清洗顺序由前到后移动，四轮内侧和翼子板内侧也要做一下简单的清洗。清洗工作完成后将车辆行驶入车位准备上举升机，如图6-5所示。

汽车底盘清洁
护理装饰1

汽车底盘清洁
护理装饰2

2. 局部包裹

将车辆举升到指定高位，然后用气枪、毛巾将底盘表面的水分吹干、擦干。之后用报纸对排气管等发热部位进行保护，将各发热部件保护完成后准备对车辆底盘进行装甲保护。对水渍较多的部位用气枪进行吹拂，让水分加速蒸发。刚喷完装甲不能过有水的路面，所以尽量选择晴天操作，如图6-6所示。

图6-5　底盘清洗

图6-6　局部包裹

3. 仔细喷涂

喷甲前将装甲进行上下左右摇匀，使其均匀分布。一般而言，轿车装甲在三瓶到四瓶，SUV底盘装甲在四瓶到六瓶左右。根据各车型的长度会略有偏差。底盘装甲摇匀后用喷枪将内保护膜扎开。装甲摇匀后对车辆进行均匀涂布喷洒，对车辆底盘进行均匀分布，如图6-7所示。

4. 干透清洁

底盘装甲完成之后要及时清洗喷

图6-7　喷涂装甲

枪，一般会用到柏油清洗剂，将喷枪内部的残余装甲清洗干净，否则时间长了之后装甲会在喷枪内部凝固，导致下次用枪时喷枪堵塞，无法使用。底盘装甲完成之后提醒客户避免经过有水的路面。一般喷完装甲之后二十四小时车辆底盘装甲会自然凝固，凝固完成后就可以行驶各种路面了，如图6-8所示。底盘装甲对车辆底盘具有防腐蚀、防锈、隔音、降噪等功能，能有效提升车辆底盘寿命。

图6-8 干透清洁

四、底盘装甲的注意事项

影响底盘装甲效果主要有以下因素：一是材料也是最为关键的因素；二是施工工艺是否专业，基本可以概括成以下几点：

（1）施工前一定要对底盘及翼子板等施工部位清洗干净，否则会降低装甲产品的附着力，降低产品使用年限。

（2）排气管以及车轮一定要做好防护，这些部位属于散热部件，而底盘装甲是隔热产品，如果误喷，后果不堪设想。

（3）施工后三天内不要洗车，以免洗车对底盘冲刷破坏还未干透的防锈胶。

（4）既然决定底盘装甲施工，建议找一家专业的汽车装甲施工门店，无论是产品真伪、施工技师手艺还是售后服务都是有保证的。

汽车底盘护甲 　汽车底盘护甲 　汽车底盘护甲 　　汽车底盘
加装（装饰）1 　加装（装饰）2 　加装（装饰）3 　　护甲加装

 **任务实施**

一、准备工作

（1）防护装备：车内外三件套。
（2）实训车辆：实训车辆两辆。
（3）工具设备：举升机、气泵、气枪等。
（4）辅助资料：汽车维修手册、教材。

二、实施步骤

根据实训室的车辆配置，完成以下相关的操作：
1）准备好汽车底盘装甲所需要的工具和设备。
2）按步骤完成汽车底盘装甲作业。
3）完成实训任务后，对工作过程进行自我评价，提交实训工作单，接受指导老师的技

能考核。

4）整理并清洁工作场所，清点和收拾借出的工具、设备和资料，交回实训室。

安装底盘装甲任务单如表6-1所示。

表6-1　安装底盘装甲任务单

安装底盘装甲		工作任务单	班级：
			姓名：

1. 学习任务

客户王先生的汽车在使用过程中，由于常年在海边日晒雨淋、风吹砂击，车辆底盘腐蚀严重，所以他进店来对底盘进行养护。如果你是美容技师，请对此进行相应处理

任务		自测标准	学习建议
1.1　资料准备	防护装备	车内外三件套	"工欲善其事，必先利其器。"完成好学习任务的第一步是要熟悉并掌握汽车美容与装饰作业相关的工具设备，做好准备工作
	实训车辆	实训汽车二辆	
	工具设备	举升机、气泵、气枪等	
	辅助资料	汽车维修手册、教材	
1.2　实施步骤	底盘清洗	做底盘装甲前用高压水枪将四轮和底盘做一下简单的冲洗	施工前一定要把底盘及翼子板等施工部位清洗干净，否则会降低装甲产品的附着力，降低产品使用年限。　排气管以及车轮一定要做好防护，这些部位属于散热部件，而底盘装甲是隔热产品，如果误喷，后果将不堪设想
	局部包裹	将车辆举升到指定高位，然后用气枪、毛巾将底盘表面的水分吹干、擦干	
	仔细喷涂	喷甲前将装甲进行上下左右摇匀，使其均匀分布	
	干透清洁	一般喷完装甲之后二十四小时车辆底盘装甲会自然凝固，凝固完成后就可以在各种路面上行驶了	

2. 学习笔记

1）汽车底盘装甲的种类和作用有哪些?

2）汽车底盘装甲的施工工艺有哪些?

3）汽车底盘装甲的注意事项有哪些?

三、任务评价

安装底盘装甲任务评价如表6-2所示。

表6-2　安装底盘装甲任务评价

序号	项目	内容	程度	不能的原因
1	知识学习	汽车底盘装甲的功用与原理	□能　□不能	
2		汽车底盘装甲的施工工艺	□能　□不能	
3		汽车底盘装甲喷涂知识	□能　□不能	
4		汽车底盘装甲是否干燥判断方法	□能　□不能	
5		汽车底盘装甲的注意事项	□能　□不能	
6	技能学习	能正确运用底盘装甲设备和工具	□能　□不能	
7		能正确选用汽车底盘装甲产品	□能　□不能	
8		能将车辆油漆部分和底盘的油管、排气管等部位遮蔽	□能　□不能	
9		能完成汽车外部装饰作业	□能　□不能	
经验积累与问题解决				
经验积累		问题解决		
签审	1. 小组意见：　　　　　　　　　　　　　　年　月　日			评价等级认定
	2. 指导教师意见：　　　　　　　　　　　　年　月　日			

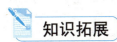

知识拓展

一、车底装饰

车底装饰是指对除轮胎以外最贴近地面的汽车部件进行装饰，通常有底盘封塑、底盘护板等。

1. 底盘封塑

底盘封塑不同于一般的防锈处理，是将一种高附着性的柔性橡胶树脂喷涂在底盘上，使底盘与外界隔绝，达到防腐、防锈、隔音的功能，延长车身寿命。底盘封塑是使用专用的底盘喷胶，将一种高附着性的橡胶树脂分多次喷涂在汽车底盘上，形成约2毫米厚的防护层。

（1）底盘封塑的作用。

底盘封塑的具体作用有以下几点：

①底盘防腐蚀。

汽车的锈蚀均从底板开始，经常会有只跑了两三年的汽车边梁已经开始泛出锈斑的情况。每次洗车污水会残留在底部，长久下去就会形成潜在的腐蚀因素，对爱车造成伤害。如果对车底部进行封塑，那么，即便是酸雨、溶雪剂、洗车碱水都无法侵蚀透这层防护膜。

②防石击。

车辆在行驶的过程中，会溅起小石子，石子冲击底板的力量与你的车速成正比，一般10克的小石子在时速达80千米时冲击力会达到自身重量的100倍。足以击破30微米以下的漆膜，漆膜一旦被击破，锈蚀便从疵点开始并从铁板内部缓慢扩大。如果你的汽车进行了底部封塑，即便砾石以5公斤的力冲击都不能击破它。

③防震。

发动机、车轮均固定在汽车底盘上，它们的震动在某一频率上会与底板产生共鸣，使人产生很不舒适的感觉，而底部防护会消除一定的共鸣。

④隔热。

在冬季，打开车内空调时，热气常会向下沉，而车外的地面冷气向上升，冷热空气大多集中在车辆的地板上进行交换，车辆底部防护效果如何，直接决定着车辆的能量利用的效果如何。如果你的汽车底部封塑，那么，其膜内的石英砂将冷热彻底隔离。

⑤隔音降噪。

车辆行驶在快速路上，车轮与路面的摩擦声与速度成正比，车辆具有完好的底部防护，能大大降低车内的噪声。

⑥防拖底。

底部封塑材料的厚度可达1.5~2.5毫米，当底部被路面突起剐蹭时，底盘封塑可减轻突起物对底盘的伤害。

（2）底盘封塑的工艺。

底盘封塑的主要工艺包括清洗、烘干、喷涂三个步骤。底盘封塑先要仔细地清除底盘油污，用专用的去污剂把沥青、油污彻底去除，并进行烘干，任何污渍都会影响到封塑的牢固程度。随后，要将传动轴等转动部分和尾气管等需要散热的部位用胶带封起来再喷塑，否则会影响它们的正常运转。为了提高隔音和防撞的效果，封塑须进行二次喷涂处理，中间要间隔20分钟，等第一层喷塑干燥之后再实行第二次喷塑，如图6-9所示。

（1）底盘封塑前

（2）底盘封塑后

图6-9　底盘封塑前后对比

2. 底盘护板

底盘护板指在车底需要特殊保护的总成和机构安装护板，以防车底受到碰撞时，车底部的部件损坏。

（1）底盘护板的作用。

①保持发动机舱清洁，防止路面积水灰尘进入发动机舱。

②防止汽车行驶过程中轮胎碾压后卷起的沙石硬物敲击发动机，因为沙石硬物敲击发动机这种现象，短时间内不会对发动机产生影响，但时间长了，对发动机还是有不良影响的。

③还可以防止凹凸不平路面及硬物对发动机的刮碰。

弊端：硬质发动机护板可能在发生碰撞的过程中阻碍发动机保护性下沉，削弱发动机下沉的保护作用。

（2）底盘护板的种类。

①硬塑、树脂下护板：价格较为便宜，生产工艺简单，如图6-10所示。对于泥沙侵蚀，甚至小剐小蹭的底盘伤害可以轻松应对，只是在整体强度方面要差于钢板。虽然有一定的韧性，但是稍微严重些的托底很容易破碎，不过这恰恰在发生较严重事故的时候可以帮助发动机顺利下沉。不建议北方城市车主安装此类底盘护板，因为冬天冷，这种材质的护板太容易碎了。南方的车主可以考虑。

②塑钢护板：优点是弹性、耐腐蚀性、耐磨性都要比硬塑的强而且硬度更高，但重量相差不大，如图6-11所示。缺点：价格比硬塑要贵。装了底盘护板会不会影响发动机下沉？这种情况只可能发生在设计不够科学的护板上。在车辆前面发生碰撞时，确实会影响发动机的下沉，从而影响车厢内人员的安全。但只要在选购时选择一些正规而且设计合理的发动机护板，就可以避免这种情况的发生。

图6-10 树脂下护板

图6-11 塑钢下护板

二、关于底盘装甲的相关问题

1. 新车与旧车做底盘装甲区别

汽车底盘装甲处理越早越好，新车最好处理，用了1~2年的汽车处理效果也较好。新

车不用任何打磨、清洗直接就可以喷涂装甲材料，处理效果也好于开了几年的车。

2. 轿车与 SUV 谁更需要做底盘装甲

SUV 一直是底盘装甲施工市场上的主力军，因为选择 SUV 的车主一般所遇到的路况会比轿车车主遇到的路况复杂一些，底盘装甲给 SUV 车型带来的保护效果相对好一些，因此 SUV 车主会选择安装底盘装甲。很多轿车车主认为，轿车就没有必要对底盘进行装甲了。如果拿底盘的高低来说，轿车的底盘距离地面更近，接触到空气中的盐分、酸、空气中的重金属概率更大，由此可以看出，从这一方面来讲，轿车更应该做底盘装甲。

3. 新车底盘已经有装甲，是否需要重新做

不少中低档车出厂时，厂家出于成本考虑，对底盘的处理非常简单。很多车只喷上薄薄的一层车底涂料，甚至一些车型只喷了局部涂料。正常条件下，新车出厂时做的底盘装甲或者防锈措施只能对底盘起到有限的保护作用，如果需要做完善的底盘保护措施，那就需要重新做底盘装甲。当然也不乏一些车型在出厂时就已经做好了很完善的底盘装甲，当然这也是极少数的车型，像这样的车型就没有必要再做了。

4. 发动机护板与底盘装甲是否要注意其先后顺序

底盘装甲与发动机护板对车子保护的部位是不同的，施工部位也是不同的，所以两者是不存在施工先后顺序的，建议车主在网上购买发动机护板，在施工底盘装甲的时候，携带发动机护板在正规汽车美容店安装。一台车子在底盘装甲施工后又安装了发动机护板，再加上排气管镀铝。这三个项目全部施工后，车子的底盘就有了全方位的防护。

5. 下雨天对底盘装甲施工是否有影响

首先要选对底盘装甲的材质，有的材质是防锈的，有的材质是隔音降噪的，还有的材质是耐磨防托底的。好的底盘装甲的材质是喷涂在最底层的，如果"地基"打好了，产品质量没差，一般是不会脱落的。其次是施工细节，喷涂底盘装甲前一定要对底盘做清洗、除油、除锈才能保证喷涂物粘得更牢固。最后，一般的底盘装甲做完后一个多小时表面基本就干燥了，不会轻易脱落。

6. 做好底盘装甲后如遇下雨怎么办

（1）刚做完底盘装甲，如遇到下雨天，请减速慢行，遇水坑更要缓慢通过。

（2）底盘装甲真正彻底干燥需要一周至一个月的时间，根据产品材质不同，在产品未干透的时间内不要用高压水枪冲洗底盘。

（3）底盘装甲一般有 3～8 年质保，好的施工店会承诺终身保修。如果不放心可以经常到施工店去检查。

（4）只要材质是正品快干型的，施工到位，下雨是没多大影响的。

7. 做完底盘装甲后是否需要做四轮定位

底盘装甲是需要拆卸轮胎的，拆卸下来的轮胎只要不更换位置（左后轮安装在右前轮上）就不需要做动平衡和四轮定位。

8. 什么是排气管镀铝

排气管镀铝其实也是一种底盘装甲措施，即在排气管上喷涂一层铝粉，保护排气管不会被侵蚀。

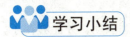**学习小结**

本任务首先介绍了汽车底盘装甲的必要性及相关装甲产品的选择，并通过具体实操过程展示了如何在实车上进行作业。请同学们根据本任务的内容多练习，掌握实操流程和技巧。

自我评估

1. 填空题

1）汽车底盘装甲的学名是<u>汽车底盘防撞防锈隔音涂层</u>（Undercoating），一种高科技的黏附性橡胶沥青涂层。

2）<u>复合高分子树脂漆</u>为第四代产品。

3）汽车底盘装甲具有无毒、<u>高遮盖率</u>、高附着性，可喷涂在车辆底盘、<u>轮毂</u>、油箱、汽车下围板、后备厢等暴露部位。

2. 判断题

1）根据产品材质不同，底盘装甲在产品未干透的时间内可以用高压水枪冲洗底盘。

（ × ）

2）底盘装甲一般都能增加底盘的密封性，降低行车时来自底盘的各种噪声。 （ √ ）

3）底盘装甲并不是在汽车底盘上套层铁甲，而是将一种特殊的弹性胶质材料喷涂在汽车底盘上。

（ √ ）

3. 选择题

底盘装甲的作用包括（**ABCDEF**）等。

A. 具有阻隔气候影响的作用　　　　　B. 防御沙石撞击的作用

C. 加强行驶安全性　　　　　　　　　D. 能提高驾驶舒适度

E. 具有保温并降低油耗的功能　　　　F. 为车辆保值

任务2　汽车轮胎养护

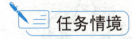**任务情境**

任务描述

客户王先生的汽车已经行驶了 2 000 万千米了，进店充气时询问轮胎养护项目。如果你是美容技师，请对此进行相应处理。

任务提示

根据任务要求，需要掌握汽车轮胎养护的设备和工具使用方法和注意事项，并能够在了解客户真实需求后为客户对汽车轮胎进行养护并解答客户的疑问。

 **必备知识**

轮胎拆装作业

一、汽车轮胎基础知识

1. 轮胎扮演的角色

轮胎是车辆与地面唯一的接触部件，一条轿车轮胎接地面积相当于人的手掌大小，如图6－12所示。在如此小的面积里轮胎要承受来自各个方向的巨大力量，如负载、加速、刹车和转弯。

图 6－12　轮胎与地面的接触面积手掌大小

另外，轮胎对驾乘者的安全也是至关重要的，因此轮胎在车辆使用过程中扮演了非常重要的角色。

2. 轮胎的作用

（1）支撑负载。

此负载指车辆本身的负载和当车辆在动态运动中的负载。当车辆加速、制动、转向时，作用于轮胎上的负载都会发生变化，因此在不同情况下轮胎都必须具有支撑负载的能力。

（2）方向操控（操控、转弯）。

轮胎产生相当大的侧向力使车辆做圆周运动，如图6－13所示。

（3）提供移动性（抓地力）。

轮胎必须能够将发动机扭力从轮毂有效地传递到轮胎接地面，然后轮胎必须抓住地面将发动机扭力转换成推进

图 6－13　轮胎方向操控

力，抓地力对刹车制动也是同样重要，如图6－14所示。

决定轮胎抓地力因素主要有：轮胎接地面积、轮胎负载、轮胎花纹、轮胎橡胶配方。

（4）吸收振动，带来舒适性。

轮胎可以通过在负载情况下垂直屈曲变形，从而在很大程度上吸收振动，不仅对车辆是保护，而且给乘客带来舒适性，如图6-15所示。

图6-14　轮胎抓地力

图6-15　吸收振动

3. 轮胎结构与分类

轮胎结构由胎面、胎肩、胎侧、趾口、胎体、带束层、内衬层及其他部件相互结合组成，如图6-16所示。轮胎是汽车的重要部件之一，它直接与路面接触，和汽车悬架共同来缓和汽车行驶时所受到的冲击，保证汽车有良好的乘坐舒适性和行驶平顺性。

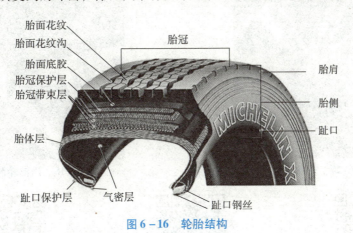

胎面花纹
胎面花纹沟
胎面底胶
胎冠保护层
胎冠带束层
胎体层
趾口保护层　气密层
趾口钢丝
胎冠
胎肩
胎侧
趾口
MICHELIN X

图6-16　轮胎结构

按结构分类，轮胎可分为子午线轮胎、斜交轮胎。

按花纹分类，轮胎可分为条形花纹轮胎、横向花纹轮胎、混合花纹轮胎、越野花纹轮胎。

按种类分类，轮胎大概可分为8种。即：PC——轿车轮胎；LT——轻型载货汽车轮胎；TB——载货汽车及大客车胎；AG——农用车轮胎；OTR——工程车轮胎；ID——工业用车轮胎；AC——飞机轮胎；MC——摩托车轮胎。

按尺寸分类，可以分为全尺寸备胎和非全尺寸备胎。

（1）全尺寸备胎：全尺寸备胎的规格大小与原车其他4条轮胎完全相同，可以将其替换任何一条暂时或已经不能使用的轮胎。

（2）非全尺寸备胎：这种备胎的轮胎直径和宽度都要比其他4条轮胎略小，因此只能作为临时代替使用，而且只能用于非驱动轮，并且最高时速不能超过80 km/h。

二、轮胎养护的方法

1. 轮胎上蜡作业

在轮毂上会产生各种各样的粉尘（包括刹车片与刹车盘摩擦产生的铁粉与磁盘粉尘）。这些粉尘附在轮胎和轮毂上，会使新车轮胎变得像一个老车轮胎一样。卡钳上的白色污垢是铁粉、粉尘、酸雨与树叶腐烂过后产生的腐蚀性水质，附在卡钳上产生的。不管是轮胎还是轮毂都需要定期的保养，如果长期不保养会造成一些必要的危险。比如刹车失灵、轮毂老化变形、轮胎老化，容易发生爆胎爆裂。

轮胎蜡也叫轮胎翻新剂或轮胎增黑剂，分为液体和膏体两种。其主要功能是恢复轮胎原有的崭新面目，阻止紫外线侵蚀，避免橡胶老化、龟裂和失色，有效延长轮胎寿命。能彻底去除轮胎上的油渍、污垢，并具保护作用，防止轮胎硬化。喷后可使轮胎恢复原有的黑色，光洁亮丽不沾土。轮胎上蜡作业可以分两步来完成，即轮胎清洁和轮胎上蜡。

（1）轮胎清洁。

①用喷壶将轮毂专用清净剂进行均匀喷洒，其对轮毂和轮胎的表面脏污有一个分解和润滑的作用，如图6-17所示。

②用硬毛刷来刷轮胎表面，去除一些顽固的污垢，如图6-18所示。

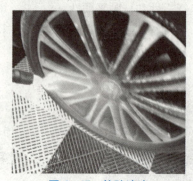

图6-17 轮胎清洁

图6-18 清洁轮胎表面

轮胎清洁作业

轮胎清洁作业装饰（1）

轮胎清洁作业装饰（2）

③用软毛刷来清洁轮毂表面与缝隙，包括轮胎螺栓孔，如图6-19所示。

图6-19 清洁轮毂表面

④用长柄刷来清净轮毂里面，轮毂里面也是最难清洁的地方，如图6-20所示。

（2）轮胎上蜡。

①开：将喷嘴旋转至ON朝上；

②喷：距轮胎约20厘米，薄层喷于轮胎侧面；

③晾：无须擦拭，晾10~20分钟镀膜剂被吸收；

④关：将喷嘴旋转至OFF朝上。

轮胎上蜡如图6-21所示。

图6-20　清洁轮毂内表面

图6-21　轮胎上蜡

轮胎上蜡作业

轮胎上蜡作业装饰（1）

轮胎上蜡作业装饰（2）

需要注意的是，天气潮湿或寒冷时，请适当延长镀膜剂干燥时间；如果天气极为寒冷，镀膜剂喷在轮胎表面有可能结冰；因此，请在0摄氏度以上环境作业。若不小心喷到轮毂上，可用纸巾擦净轮毂残渍，保持美观。

2. 轮胎换位作业

由于轮胎在汽车上安装的位置不同，如前轴与后轴、左侧与右侧、内侧与外侧、转向与非转向、驱动与从动等因素使各轮胎负荷及磨损均有差别，如图6-22所示。所以轮胎经使用一段时间后需要调换位置。

轮胎定期换位是一项提高轮胎行驶里程的行之有效的方法，因为通过换位可以保持胎面磨耗均匀；可以平衡胎体疲劳程度。通常前轮驱动的车辆每行驶8 000千米时应做换位，而四轮驱动车辆则需要在每6 000千米时

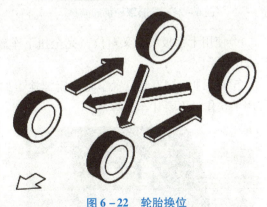

图6-22　轮胎换位

换位。如果20 000千米以上都没有换位，轮胎的磨损已经形成，就不建议进行轮胎换位了，以免发生跑偏的现象。汽车轮胎换位可以分为以下几个步骤进行。

（1）拆卸轮胎。

①使用扭力扳手并根据车型选择适当的扭力系数，通常选择120~140 N·m，如图6-

23 所示。使用扭力扳手配合防盗螺母扭松车轮防盗螺栓帽一周，由于以往车轮拆装的不规范安装操作可能已经导致车轮固定螺栓损伤。如强行施加外力松开螺栓，可能产生螺栓断裂而造成车轮损伤。

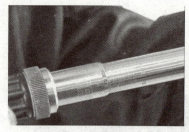

图 6-23　使用扭力扳手拆卸轮胎螺栓

轮胎拆装作业　轮胎拆装作业
装饰（1）　　　装饰（2）

②使用扭力扳手交叉对位扭松车轮固定螺栓帽各一周，如图 6-24 所示。交叉对位松螺栓，可以均匀释放紧固力，这是机械工作中的常识，也是专业性的体现，能保障螺栓的正常使用寿命，并且保护轮辋。

③将车辆举升，换用十字扳手配合防盗螺母，完全扭下车轮防盗螺栓帽放在维修专用车顶层，如图 6-25 所示。

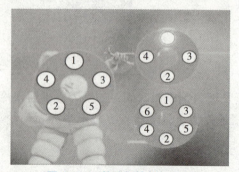

图 6-24　轮胎螺栓拆卸顺序

图 6-25　举升车辆

④使用十字扳手交叉对位，完全扭下车轮所有固定螺栓帽放在维修专用车顶层，如图 6-26 所示。

⑤最后拆下 12 点位置车轮固定螺栓，如图 6-27 所示。注意：拆卸最后一颗螺栓时，应用手扶住，不要让车轮掉落。

图 6-26　拆下螺栓

图 6-27　拆下最后螺栓

⑥将车轮从车轴上小心取下，如图6-28所示。确认将改装轮辋内轮轴孔垫圈取下放在维修专用车顶层。

图6-28 取下轮胎

轮胎拆装作业装饰（3）

轮胎拆装作业装饰（4）

（2）轮胎检查。

①检查轮胎胎面、胎侧、胎肩等部位是否有老化、裂纹、异常磨损、嵌入异物（石头、钉子等），如图6-29所示。如果有，需要将其取出。清洁轮胎，并取出旧的平衡块，为轮胎动平衡做准备。

②检查轮胎胎压是否正常，检查气门嘴是否漏气，需要将其恢复到正常状态，如图6-30所示。

图6-29 检查轮胎胎面、胎侧、胎肩等部位

图6-30 检查胎压

③测量轮胎花纹深度，如图6-31所示。

④检查汽车轮辋状态是否正常，是否有变形、磨损等情况，如图6-32所示。

图6-31 检查花纹深度

图6-32 检查轮辋

3. 轮胎动平衡

①将车轮小心地装在平衡机转轴上并使用车轮平衡卡具将车轮紧固，如图 6 - 33 所示。

②在车轮平衡机上选择平衡铅块安装模式，如图 6 - 34 所示。

图 6 - 33　安装轮胎

图 6 - 34　设置模式

③根据平衡机的要求，输入相应的数据，如图 6 - 35 所示。普通平衡机需要输入 3 个数据：轮辋直径、轮辋宽度（平衡块之间的距离）、轮辋内沿平面到平衡机的距离。

④旋转测试车轮，读取车轮内外不平衡数值（如果数值大于 50 克应停止车轮动平衡操作并重新拆卸及安装轮胎），如图 6 - 36 所示。

图 6 - 35　设置参数

图 6 - 36　旋转测试

⑤将车轮分别转动到内/外侧不平衡点安装相应克数平衡块，注意使用新铅块并小心安装，如图 6 - 37 所示。

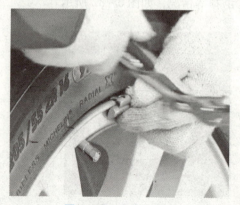

图 6 - 37　安装平衡块

轮胎动平衡作业

轮胎动平衡作业装饰（1）

⑥再次旋转测试车轮，检查平衡状况，如图6－38所示。

⑦将平衡铅块安装牢固后从平衡机转轴上小心拆下车轮，如图6－39所示。

图6－38　再次测试

图6－39　取下车轮

轮胎动平衡作业（装饰）2

4. 轮胎换位

①有旋转方向规定——按照旋向换位，如图6－40所示。

②前后轮规格不一致——同轴左右换位，如图6－41所示。

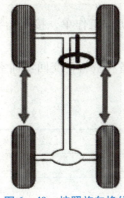

方向性轮胎

不论驱动方向

图6－40　按照旋向换位

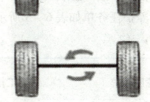

前后轮规格不同时

前后轮规格不一样，同轴轮胎各自左右对调。

图6－41　同轴左右换位

③四轮一致——对角或者前后换位，如图6－42所示。

一般用轮胎

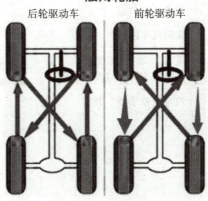

后轮驱动车　　　前轮驱动车

图6－42　常规换位

 任务实施

一、准备工作

（1）防护装备：车内外三件套。

（2）实训车辆：实训车辆两辆。

（3）工具设备：毛刷、动平衡仪、十字扳手、胎压表、花纹深度尺等。

（4）辅助资料：汽车维修手册、教材。

二、实施步骤

根据实训室的车辆配置，完成以下相关的操作：

1）准备好汽车轮胎清洁所需要的工具和设备。

2）完成汽车轮胎打蜡上光作业。

3）按步骤完成轮胎换位操作。

4）完成实训任务后，对工作过程进行自我评价，提交实训工作单，接受指导老师的技能考核。

5）整理并清洁工作场所，清点和收拾借出的工具、设备和资料，交回实训室。

汽车轮胎养护任务单如表6-3所示。

表6-3　汽车轮胎养护任务单

汽车轮胎养护		工作任务单	班级：
			姓名：
1. 学习任务 客户王先生的汽车已经行驶了2 000万千米了，进店充气时询问轮胎养护项目。如果你是美容技师，请对此进行相应处理			
任务	自测标准		学习建议
1.1　资料准备	防护装备	车内外三件套	"工欲善其事，必先利其器。"完成好学习任务的第一步是要熟悉并掌握汽车美容与装饰作业相关的工具设备，做好准备工作
	实训车辆	实训汽车两辆	
	工具设备	毛刷、动平衡仪、十字扳手、胎压表、花纹深度尺等	
	辅助资料	汽车维修手册、教材	

续表

任务		自测标准	学习建议
1.2 实施步骤	拆卸轮胎	使用扭力扳手交叉对位扭松车轮固定螺栓帽各一周	轮胎定期换位是一项提高轮胎行驶里程的行之有效的方法，因为通过换位可以保持胎面磨耗均匀；可以平衡胎体疲劳程度。通常前轮驱动的车辆每行驶 8 000 千米时应做换位，而四轮驱动车辆则需要在每 6 000 千米时换位。如果 20 000 千米以上都没有换位，轮胎的磨损已经形成，就不建议进行轮胎换位了，以免发生跑偏的现象
	轮胎检查	清除石子等异物，胎肩、胎侧检查，去除平衡块	
	轮胎动平衡	将车轮小心地装在平衡机转轴上并使用车轮平衡卡具将车轮紧固	
	轮胎换位	用不同的形式对轮胎旋向换位	

2. 学习笔记

1）汽车轮胎养护的种类和作用有哪些？

2）汽车轮胎养护的施工工艺有哪些？

3）汽车轮胎养护的注意事项有哪些？

三、任务评价

汽车轮胎养护任务评价如表 6-4 所示。

表 6-4 汽车轮胎养护任务评价

序号	项目	内容	程度	不能的原因
1	知识学习	汽车轮胎使用的注意事项	□能　□不能	
2		汽车轮胎的分类与作用	□能　□不能	
3		汽车轮胎的保养方法	□能　□不能	
4		汽车轮胎表面上蜡要点、轮胎蜡的选用知识	□能　□不能	
5		汽车轮胎养护的注意事项	□能　□不能	

续表

序号	项目	内容	程度	不能的原因
6	技能学习	能正确运用轮胎养护设备和工具	□能　□不能	
7		能正确使用轮胎压力表对轮胎压力进行测量并对结果进行判断	□能　□不能	
8		能正确使用轮胎花纹深度计对轮胎花纹深度进行检测并对结果进行判断	□能　□不能	
9		能完成汽车轮胎养护作业	□能　□不能	

经验积累与问题解决		
经验积累		问题解决

签审	1. 小组意见：　　　　　　　　　　　　　　年　月　日	评价等级认定
	2. 指导教师意见：　　　　　　　　　　　　年　月　日	

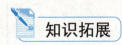

知识拓展

轮胎的日常保养与替换

1. 经常检查气压

至少每个月检查一次所有轮胎在冷却情况下的气压，包括备胎在内。该气压数值以车辆制造商所建议的参数为准。如果气压减少过快，请查明原因（例如：有否扎钉、割破、气门嘴橡胶老化、开裂等）。

轮胎冷却情况的定义：停车后至少3小时后或轮胎行驶不超过2千米，如果只能在热胎时测量胎压，请将所测得的胎压数值减去0.3 bar（＝4 psi）就是轮胎冷却充气压力。车辆厂商建议的轮胎冷却充气压力是2.1 bar，如果热胎时测量的胎压是2.2 bar的话，就须在热胎时增加0.2 bar。

轮胎充气压力必须按照车辆厂家指定的数值，如图6-43所示。此数值通常能在如下地方找到：

A. 车辆用户手册

B. 轿车驾驶座车门旁边的标贴

C. 车厢驾驶座旁的储物抽屉

D. 油缸盖小门

油箱盖　　　车门旁　　　副驾驶抽屉

图6-43　胎压数据所在位置

2. 避免撞击障碍物

车辆高速行驶时，如轮胎撞击坑洞及其他障碍物会导致轮胎在障碍物与轮辋凸缘之间产生严重的挤压变形。这可以造成胎体帘子布断纱，轮胎内部的空气则从断纱处顶起形成鼓包，严重的话，会造成轮胎胎侧破裂，轮胎突然漏气。

驾驶车辆时请注意力集中，如看到前方障碍物（例如：坑洞）请提前作出反应，尽量避免撞击障碍物；如无法避免的话，请尽量减速通过。对于高宽比低的轮胎尤其需要注意，如图 6-44 所示。

撞击障碍物　　鼓包　　联线断裂

图 6-44　轮胎撞击后产生的问题

3. 磨损至磨损指示标志，应停止使用

胎面花纹沟所剩深度 1.6 毫米位置设有磨损指示标志，轮胎胎面花块磨损至此磨损指示标志时，轮胎必须被替换；使用超过磨损指示标志的轮胎在湿地行驶时是很危险的，因为排水性能已大大降低了，从而会严重影响湿地抓地力，如图 6-45 所示。

图 6-45　磨损至磨损指示标志

所剩沟深高于 1.6 毫米（显示良好的湿地抓地力）；所剩沟深低于 1.6 毫米（显示无抓地力）。

4. 防止阳光、油、酸、碳氢化合物损坏轮胎

由于轮胎是橡胶制品，所以在行驶、停车或存储轮胎时必须注意不要和油、酸、碳氢化合物等化学物品接触，否则会造成腐蚀、变形、软化等。停车时，建议将车辆停于阴凉处以免阳光直射造成轮胎过早老化、损坏，如图 6-46 所示。

强光　　油污　　酸及碳氢化合物

图 6-46　阳光、油、酸、碳氢化合物损坏轮胎

 学习小结

本任务首先介绍了汽车轮胎的作用和种类，以及汽车轮胎打蜡上光和换位作业的方法步

骤，并通过具体实操过程展示了如何在实车上进行作业。请同学们根据本任务的内容多练习，掌握实操流程和技巧。

 自我评估

1. 填空题

1）轮胎结构由<u>胎面</u>、胎肩、<u>胎侧</u>、趾口、胎体、<u>带束层</u>、内衬层及其他部件相互结合组成。

2）轮胎蜡也叫<u>轮胎翻新剂</u>或<u>轮胎增黑剂</u>，分为液体和膏体两种。

3）通过轮胎换位可以保持<u>胎面磨耗均匀</u>；可以<u>平衡胎体疲劳程度</u>。

2. 判断题

1）胎面花纹沟所剩深度 16 毫米位置设有磨损指示标志。　　　　　　（×）

2）轮胎是车辆与地面唯一的接触部件，一条轿车轮胎接地面积相当于人的手掌大小。

（√）

3）按花纹分类，可分为条形花纹、横向花纹轮胎、混合花纹轮胎和越野花纹轮胎。

（√）

3. 选择题

决定轮胎抓地力因素主要有（ABCD）等。

A. 轮胎接地面积　　　　　　　　　B. 轮胎负载

C. 轮胎花纹　　　　　　　　　　　D. 轮胎橡胶配方

 阅读之窗

滚滚车轮，砥砺前行

底盘承载着汽车，车轮驱动着汽车。它们是汽车正常行驶必不可少的两部分，对于汽车意义重大。车轮滚滚驰华夏，推动祖国大步跨。不负韶华争朝夕，砥砺前行中国梦。

"青年最富有朝气、最富有梦想，青年兴则国家兴，青年强则国家强。"作为新时代的青年干部，我们应勇敢担起时代赋予的重任，坚定理想信念，以时不我待的觉悟、舍我其谁的气概、矢志不渝的初心，为实现中国梦而砥砺前行，让青春在为祖国、为人民、为民族的奉献中焕发绚丽光彩！

不忘初心，就要坚定理想信念。"功崇惟志，业广惟勤。"理想指引人生方向，信念决定事业成败。没有理想信念，就会导致精神上"缺钙"。我们广大青年不能忘记自己入团入党的初心，必须点亮人生的指路灯，把实现"一年一变化、三年大变化、五年新跨越"作为奋斗目标，把实现中国梦树立为人生理想。

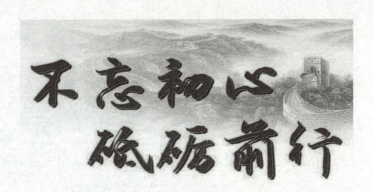

"走得再远、走到再光辉的未来，也不能忘记走过的过去，不能忘记为什么出发。面向未来，面对挑战，全党同志一定要不忘初心、继续前进。"

不忘初心，方得始终。广大党员要从今天做起，从眼前做起，从小事做起，永远保持那份初心，在为人民服务的道路上砥砺前行。

中国梦是我们的，更是青年一代的。中华民族伟大复兴终将在广大青年的接力奋斗中变为现实。这是习总书记对我们的殷切期望，我们应铭记总书记的嘱咐，不忘初心，砥砺前行，怀着"敢教日月换新天"的壮志，在实现中国梦的生动实践中放飞青春梦想，在为人民利益的不懈奋斗中书写人生华章！

项目七　安全辅助装置加装

项目描述

在从事汽车美容与装饰服务工作中，安全辅助装置加装工作是汽车美容与装饰新兴项目之一。能够熟练完成安全辅助装置加装的相关作业项目，是汽车美容人员需掌握的一项专业技能。本学习项目与 1＋X 技能等级考核证书制度"汽车美容装饰与加装改装服务技术"中相关模块对接，主要对安全辅助装置加装进行学习，包括安装倒车雷达与影像、安装车载导航仪等任务。

学习目标

能力目标	知识目标	素养目标	权重
1. 能正确进行汽车倒车雷达和影像系统加装作业 2. 能正确进行汽车车载导航仪加装作业 3. 能对汽车倒车雷达和影像系统加装有效性进行检测 4. 能进行音响电源线的布线 5. 能进行音响音频信号线的布线	1. 掌握汽车倒车雷达和影像系统组成及原理 2. 掌握汽车倒车雷达和影像系统加装注意事项 3. 掌握汽车车载导航仪组成及原理 4. 掌握汽车车载导航仪加装工具的使用 5. 掌握汽车倒车雷达和影像系统加装工具的使用 6. 掌握汽车车载导航仪系统加装注意事项	1. 能够在工作过程中与小组其他成员合作、交流，养成团队合作意识，锻炼沟通能力 2. 养成 7S 的工作习惯 3. 养成服从管理、规范作业的良好工作习惯 4. 提高与时俱进、不断学习的意识 5. 增强追本溯源、勇于探究的精神	30%

续表

能力目标	知识目标	素养目标	权重
1. 能选4个探头 A/B/C/D，安装后应保证在同一水平线上 2. 能进行钻孔，必须选用配备开孔器钻孔 3. 能进行探头组装 4. 能根据不同车型，进行隐蔽辅线 5. 能先插上对应插孔，检测产品性能并调试好 6. 能拆卸中控面板 7. 能加装完毕后，进行功能调试	1. 掌握钻孔方法和技巧 2. 掌握线路接线原理 3. 掌握各线束连接方法 4. 掌握倒车雷达功能测试方法 5. 掌握 CD 机拆装步骤及注意事项 6. 掌握中控面板拆卸流程及注意事项 7. 掌握导航各项功能操作 8. 掌握音响信号及电源线布线方法及注意事项	1. 提高勇于争先、不断学习的意识 2. 增强耐心、韧性	60%
运用知识分析案例，并指定美容装饰方案			10%

任务1 安装倒车雷达与影像

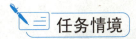

任务情境

任务描述

客户王先生购买了一辆低配置的汽车，由于没有倒车雷达和影像系统，已经发生多次倒车事故，所以他进店来安装倒车雷达与影像。如果你是美容技师，请对此进行相应处理。

任务提示

根据任务要求，需要掌握汽车倒车雷达和影像系统相关知识，并能够在了解客户真实需求后为客户对汽车进行倒车雷达和影像系统加装作业并解答客户的疑问。

 必备知识

一、倒车雷达与影像基础知识

倒车雷达的简介

1. 倒车雷达的概念

倒车雷达（Parking Distance Control）是一种安装在汽车前、后保险杠上的电子侦测系统。采用超声波检测技术，当驾驶汽车前进或倒退在狭窄的车位泊车时，通过声音和提示可知车后是否有不明障碍物距离及远近，从而辅助驾驶员安全、轻松地倒车，避免碰撞，如图7-1所示。

国内品牌主要有豪迪、路标、铁将军、宝仕达、二狼神、世博、德首、天睿、黑鹰、奇真等。

2. 倒车雷达的组成

倒车雷达由超声波传感器（俗称探头）、控制器和显示器（或蜂鸣器）等部分组成，如图7-2所示。

图7-1　倒车雷达

图7-2　倒车雷达的组成

探头装在后保险杠上，根据不同价格和品牌，探头有二、三、四、六只不等。探头以45度角辐射，上下左右搜寻目标。

倒车雷达的显示器可以固定在仪表台上，它不停地提醒司机车距后面物体还有多少距离，到危险距离时，蜂鸣器就开始鸣叫，让司机停车。测距范围达1.5米左右，故在停车时，对司机很实用，如图7-3所示。

3. 倒车雷达的工作原理

超声波是指超过人的听觉范围以上（20 kHz以上）的声波，它具有频率较高、沿直线传播、方向性好、穿透力强、传播速度慢（约340 m/s）等特点。当其在阳光下不透明的固体内传播，可穿透几十米的深度。超声波遇到杂质或分界面时会产生反射波，利用这一特性

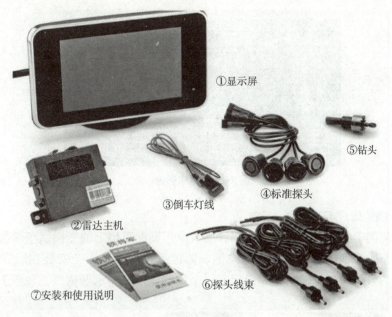

图 7 - 3　倒车影像组成

可构成探深或测距，由此可制成测距系统。

　　传感器发出一束短促的超声波脉冲，当脉冲遇到障碍物时就会发生反射，传感器将会收到反射回波。超声波在常温下、空气中传播速度是一定的（约为 340 m/s），接收器内 CPU 根据发射与接收波之间的时间间隔，计算出传感器与障碍物之间的距离。然后经过计算处理，判断出反射回波是由哪一个传感器接收到的，并根据不同距离，发出缓急不同的报警声，如图 7 - 4 所示。

$$S = 1/2\ ct$$

式中：S——与障碍物之间的距离；v——超声波声速；t——发射脉冲到接受到回波的时间

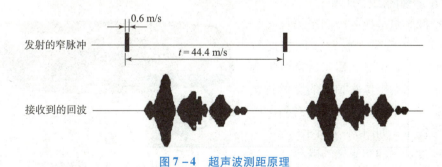

图 7 - 4　超声波测距原理

　　对倒车雷达的性能要求主要有：灵敏度高、是否存在盲区、探测距离范围等。

4. 倒车影像的概念

　　倒车影像系统是汽车泊车或倒车时的安全辅助装置，能以影像显示告知驾驶员周围障碍物的情况，解除了驾驶员泊车、倒车和起动车辆时前后左右探视所引起的困扰，帮助驾驶员扫除视野死角和视线模糊的缺陷，提高驾驶的安全性，如图 7 - 5 所示。

图 7 – 5　倒车影像

5. 倒车影像的组成与种类

市场上安装倒车影像可以选择的主要种类有原厂高配车型上的专用倒车影像一体机、集成式后视镜倒车影像、便携式倒车影像。倒车影像系统主要由一个安装在后方的广角摄像机、一个负责信号处理与传输的控制单元和一个负责显示的显示器构成，如图 7 – 6 所示。

图 7 – 6　倒车影像的组成

6. 倒车影像的工作原理

倒车影像系统是把一个倒车摄像头装在车的尾部，然后当驾驶者挂倒挡的时候，系统就会自动把显示器与后部的摄像头连接起来，然后摄像头拍到的影像就会传输到显示屏当中，驾驶者便能看到车后方的实时影像了，如图 7 – 7 所示。

图 7 – 7　倒车影像简图

7. 360 度全景倒车影像的概念

360 度全景倒车影像是通过对专业相机捕捉整个场景的图像信息，使用软件进行图片拼合，并用专门的播放器进行播放，即将平面照及计算机图变为 360 度全景景观，把二维的平面图模拟成真实的三维空间，呈现给观赏者，更直观地观察车周边的情况，达到主动安全的目的，如图 7 – 8 所示。

8. 360 度全景倒车影像的组成与工作原理

360 度全景倒车影像系统通常由通用版硬件和专车专用配件两方面组成。

图 7 - 8　360 度全景倒车影像

通用版硬件主要有：一个图像处理单元，主机专用线束；四路 CCD 超广角（180°）摄像头，摄像头视频延长线。

专车专用配件主要有：安装摄像头需要的前后左右的专车专用外壳，目的是实现无损安装，避免在对原车后视镜外壳钻孔时出现损坏。

（1）全景影像。

全景泊车影像系统通过安装在车身前后左右的 4 个 180°超广角摄像头，同时采集车辆四周的影像，真正做到无盲区，如图 7 - 9 所示。

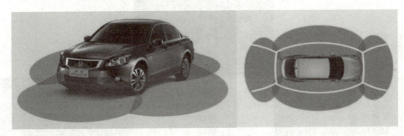

图 7 - 9　全景影像

（2）图像矫正。

经过图像处理单元矫正，将球形的图像摊平，如图 7 - 10 所示。

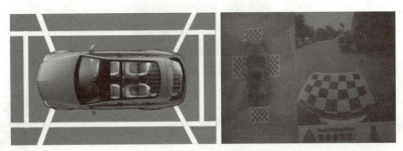

图 7 - 10　图像矫正

（3）无缝拼接。

将摊平后的图像进行融合，如图 7 - 11 所示。

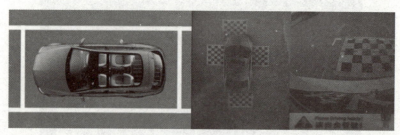

图 7 – 11　无缝拼接

在中控台的显示屏上，360 度全景倒车影像主要分为左右两个画面，左边的画面是全景图，拍摄范围为 10.5 米 × 7 米。即车前 2 米，车后 3.5 米，车左右各 2.5 米。右侧的画面会根据车辆行驶情况进行切换。倒车时视频的右侧图自动切换到后视。取消倒车时右侧图自动切换到前视，15 秒后自动关闭视频。打左转或右转向灯时，显示屏右方界面触发相应的单视图界面。取消左右转向灯后将自动关闭视频。非倒车或转弯时，可用双闪按键切换出视频，显示前视界面，如图 7 – 12 所示。

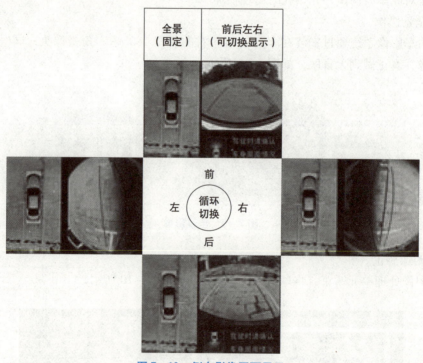

图 7 – 12　倒车影像画面显示

二、汽车倒车雷达与影像加装流程

1. 倒车雷达安装步骤

（1）拆卸后尾灯总成。打开后备厢，拉开左右两侧的遮挡垫子，拆卸固定大灯的胶螺丝以及大灯线束，取下后尾灯总成，如图 7 – 13 所示。

安装倒车雷达和影像

图 7 – 13　拆卸后尾灯总成

（2）拆卸后裙板。用内六花工具拆卸固定后裙板的塑料螺丝，如图 7 – 14 所示。

图 7 – 14　拆卸后裙板

（3）给后裙板钻孔。原车的后裙板安装雷达的位置有标记，用电钻对准十字标记钻孔，注意在裙板漆面处贴上美工胶带保护漆面，钻孔完毕用细砂纸打磨一下，如图 7 – 15 所示。

图 7 – 15　给后裙板钻孔

（4）安装雷达探头。将倒车雷达探头安装到后裙板，如图 7 – 16 所示。

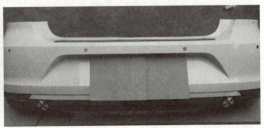

图 7 – 16　安装雷达探头

倒车雷达的安装

（5）布线。雷达控制器以及蜂鸣器安装在右后侧；雷达探头的线从车身右侧圆孔穿进去；控制单元的红色电源线与倒车灯的供电线连接到一起，黑色线为搭铁线，如图 7 – 17 所示。

（6）固定零部件并复原后备厢。装回后裙板和车灯，固定蜂鸣器和倒车雷达控制器，复原后备厢，如图 7 – 18 所示。

图 7 - 17　布线

图 7 - 18　固定零部件并复原后备厢

（7）完工检验。安装完毕后，启动车辆，挂倒挡检验倒车雷达工作是否正常，如图 7 -
19 所示。

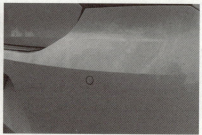

图 7 - 19　完工检验

安装倒车雷达时需注意，安装高度：一般离地 50 ~ 65 厘米；经常清洗探头，防止积土；
不要用坚硬的东西将探头表面遮住，会产生误报或测距不准，如泥浆把探头表面覆盖；冬天
避免结冰；6/8 探头倒车雷达前后探头不可随意对调，可能会引起常鸣问题；注意探头安装
朝向，要按 UP 朝上安装；探头不建议安装在金属板材上，因为金属板材振动时会引起探头
共振，产生误报。

2. 倒车雷达安装步骤

（1）拆卸中控屏。用塑料翘板轻翘中控屏上下边缘，用 T20 的螺丝刀拧下固定螺丝，
如图 7 - 20 所示。

（2）布线。插头连好，线头用电工胶带包好，将线从中控屏右侧穿到手套箱，如图 7 -
21 所示。

（3）线从手套箱左下部穿过，从手套箱右下侧穿出并藏到橡胶密封条底下的缝隙中，
如图 7 - 22 所示。

图7-20 拆卸中控屏

图7-21 布线

图7-22 穿线

（4）将线塞入右侧A柱下部的塑料板下，并沿着边缘往后走线；抬起后座，继续往后走线将线穿到后备厢，如图7-23所示。

图7-23 继续穿线

（5）雷达控制器以及蜂鸣器安装在右后侧；雷达探头的线从车身右侧圆孔穿进去；控制单元的红色电源线与倒车灯的供电线连接到一起，黑色线为搭铁线，如图7-24所示。

（6）撕开黑色隔音棉，拧下塑料螺栓；找到尾灯插头，红色部分往外拉，压下黑色卡子，拆下插头，如图7-25所示。

（7）连接摄像头供电线。取下尾灯插头，用小的探针将插头最左边的黑线取出，此线为倒车灯正极线；将摄像头电源线连接到端子上并复原插头，如图7-26所示。

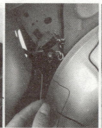

图 7-24　安装蜂鸣器和控制器

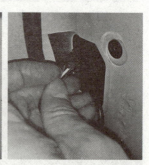

图 7-25　拆下尾灯插头

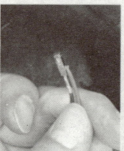

图 7-26　连接摄像头供电线

（8）更换牌照灯壳。拆下尾部塑料板；拆下牌照灯，去掉外壳，安装透明灯壳，如图 7-27 所示。

图 7-27　更换牌照灯壳

（9）连接摄像头。拆下这个方形通风口，方便穿线；将摄像头接线从圆孔穿出来，连接摄像头的正负极，如图7-28所示。

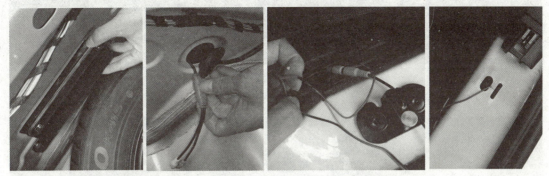

图7-28 连接摄像头

（10）完工检验。安装完毕后，起动车辆，挂入倒挡，检验倒车影像工作是否正常，如图7-29所示。

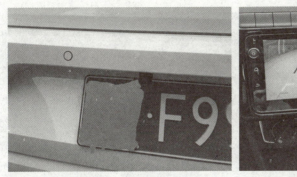

图7-29 完工检验

在安装和使用倒车影像时应注意：在选用倒车影像时需注意是否与自己车型相匹配；摄像头一般安装在尾厢盖开关处，能看到部分车尾保险杠；摄像头要有广角功能，保证视野范围广度；有些倒车影像系统辅助线只显示有固定直线方向，有的还有转弯辅助线，转弯辅助线可以预先提示倒车应该调整方向盘方向角度，倒车辅助线精确度要在使用过程中来判断，必要时可以通过实地测量方法来确认辅助线精度，以确保精确停车效果；倒车影像有死角，最好配合倒车雷达一起使用。

3. 360全景倒车影像安装步骤

（1）拆卸中控台。用翘板拆卸中控台，取下主机显示器和主机，拆下主机连接线，如图7-30所示。

（2）拆卸左右后视镜。拆卸左右门板，取下后视镜，如图7-31   安装360影像（1）
所示。

（3）安装左右后视镜摄像头。拆卸后视镜，钻孔，安装摄像头，安装连接线，并穿线，如图7-32所示。

（4）安装左右后视镜。重新组装后视镜，用万用表找到转向灯的正极线，并与延长转接线的白线连接，如图7-33所示。

图 7-30 拆卸中控台

图 7-31 拆卸左右后视镜

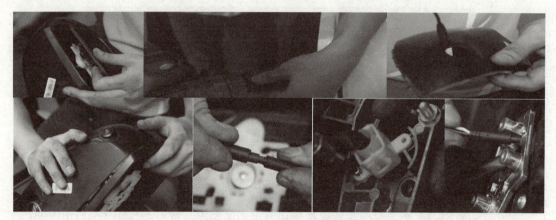

图 7-32 安装左右后视镜摄像头

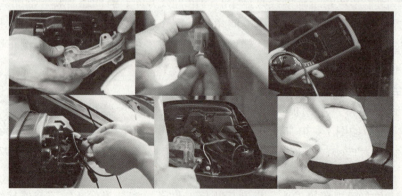

图 7-33 重新组装后视镜

（5）布线并复原门板和镜片。从左右门板里布置延长线，安装门板和后视镜镜片，如图 7-34 所示。

图 7 - 34　布线并复原门板和镜片

（6）安装后摄像头。打开后备厢，拆卸装饰板。取下牌照灯，安装摄像头。将白色触发线与倒车灯正极线相连，连接延长转接线，如图 7 - 35 所示。

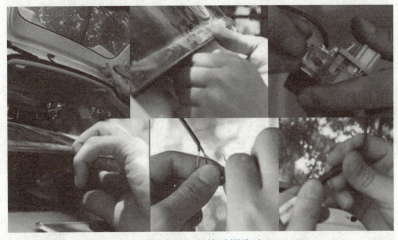

图 7 - 35　安装后摄像头

（7）布线并复原后备厢，如图 7 - 36 所示。

图 7 - 36　布线并复原后备厢

（8）安装前摄像头。打开引擎盖，拆下中网罩固定螺丝，用尖嘴钳剪开车标，方便穿线。将摄像头线从开口穿过，安装摄像头，连接延长转接线并布线，注意避开发动机舱高温区域，如图 7 – 37 所示。

图 7 – 37　安装前摄像头

（9）连接尾线，安装屏幕，复原车辆。将 2 条主机尾线与对应主机接口相连，将线束缠好，安装屏幕，复原车辆，如图 7 – 38 所示。

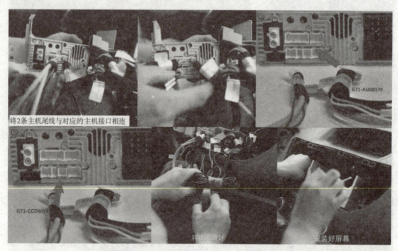

图 7 – 38　连接尾线，安装屏幕

（10）校准布的放置。找一处空旷的平地，放置校准布，要求前后校准布横放与车身平行，而且中间部分正对准车头，使得前后摄像头能看到校准布的中间部分，如图 7 – 39 所示。左右校准布的短边白边儿，和前后车胎外侧的连线对齐，校准布在车轴居中，图中 A 和 B 的距离相等，可以用尺子测量来保证，越准越好。

（11）手机下载"滚学 APP"中心校准模板，操作中控屏进入 360 全景设置，选择光学中心校准，两人配合，一人在车内选择视图，一人在车外用手机校准模板对准摄像头，当红圈与校准模板外围的 4 条横线重合时点击自动校准。分别完成 4 个摄像头的校准，如图 7 – 40 所示。

前后校准布横放与车身平行，且中间部分正对准车头使得前后摄像头能看到校准布的中间部分

左右校准布的短边白边和前后车胎外侧的连线对齐，校准布在车轴居中，即图中A和B的距离相等，可以用尺子测量来保证，越准越好

图 7 – 39　校准布的放置

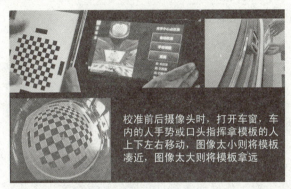

校准前后摄像头时，打开车窗，车内的人手势或口头指挥拿模板的人上下左右移动，图像太小则将模板凑近，图像太大则将模板拿远

图 7 – 40　摄像头校准

（12）移动校准。从中控屏选择移动校准，根据中控屏提示移动车辆完成校准，如图 7 – 41 所示。

图 7 – 41　移动校准

（13）静态校准与盲区调整。选择静态校准，观察全景视图，进行微调，根据车身前后的阴影调整前后盲区的长度，如图 7 – 42 所示。

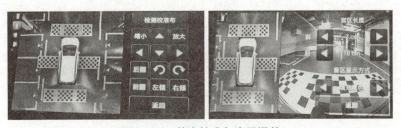

图 7 – 42　静态校准与盲区调整

使用 360 度全景倒车影像时需注意，360 度全景倒车影像显示的图像有畸变，与实际环境有偏差；由于不同品牌的质量不一样，可能有的系统会导致图像反映滞后；360 度全景影像并不代表完全没有盲区，使用时也要通过后视镜注意观察；驾驶员始终应对车辆安全行驶起到主要的责任，任务辅助装置不能代替驾驶员的判断。

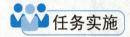

一、准备工作

（1）防护装备：车内外三件套。
（2）实训车辆：实训车辆两辆。
（3）工具设备：电钻、万用表、专用撬板、工具箱等。
（4）辅助资料：汽车维修手册、教材。

二、实施步骤

根据实训室的车辆配置，完成以下相关的操作：
1）准备好汽车倒车雷达与影像加装所需要的工具和设备。
2）按步骤完成汽车倒车雷达与影像加装作业。
3）完成实训任务后，对工作过程进行自我评价，提交实训工作单，接受指导老师的技能考核。
4）整理并清洁工作场所，清点和收拾借出的工具、设备和资料，交回实训室。
安装倒车雷达与影像任务单如表 7-1 所示。

表 7-1　安装倒车雷达与影像任务单

安装倒车雷达与影像	工作任务单	班级：
		姓名：
1. 学习任务 客户王先生购买了一辆低配置的汽车，由于没有倒车雷达和影像系统，已经发生多次倒车事故，所以他进店来安装倒车雷达与影像。如果你是美容技师，请对此进行相应处理		
任务	自测标准	学习建议
1.1　资料准备	防护装备　车内外三件套	"工欲善其事，必先利其器。"完成好学习任务的第一步是要熟悉并掌握汽车美容与装饰作业相关的工具设备，做好准备工作
	实训车辆　实训汽车两辆	
	工具设备　电钻、万用表、专用撬板、工具箱等	
	辅助资料　汽车维修手册、教材	

任务	自测标准		学习建议
1.2　实施步骤	拆卸中控台	用翘板拆卸中控台，取下主机显示器和主机，拆下主机连接线	在安装和使用倒车影像时应注意：在选用倒车影像时需注意是否与自己车型相匹配；摄像头一般安装在尾厢盖开关处，能看到部分车尾保险杠；摄像头要有广角功能，保证视野范围广度；有些倒车影像系统辅助线只显示有固定直线方向，有的还有转弯辅助线，转弯辅助线可以预先提示倒车应该调整方向盘方向角度，倒车辅助线精确度要在使用过程中来判断，必要时可以通过实地测量方法来确认辅助线精度，以确保精确停车效果；倒车影像有死角，最好配合倒车雷达一起使用
	安装左右后视镜摄像头	拆卸后视镜，钻孔，安装摄像头，安装连接线，并穿线	
	布线并复原门板镜片	从左右门板里布置延长线，安装门板和后视镜镜片	
	安装后摄像头	打开后备厢，拆卸装饰板。取下牌照灯，安装摄像头	
	安装前摄像头	打开引擎盖，拆下中网罩固定螺丝，用尖嘴钳剪开车标，方便穿线	
	校准布的放置	找一处空旷的平地，放置校准布，要求前后校准布横放与车身平行，而且中间部分正对准车头	
	移动校准	校准摄像头，从中控屏选择移动校准，根据中控屏提示移动车辆完成校准	
	静态校准与盲区调整	选择静态校准，观察全景视图，进行微调	

2. 学习笔记

1）汽车倒车雷达与影像的种类和作用有哪些？

2）汽车倒车雷达与影像的施工工艺有哪些？

3）汽车倒车雷达与影像的注意事项有哪些？

三、任务评价

安装倒车雷达与影像任务评价表如表7－2所示。

表7－2　安装倒车雷达与影像任务评价表

序号	项目	内容	程度	不能的原因
1	知识学习	汽车倒车雷达和影像系统组成及原理	☐能　☐不能	
2		汽车倒车雷达与影像的分类与作用	☐能　☐不能	
3		汽车倒车雷达和影像系统加装注意事项	☐能　☐不能	
4		汽车线路接线原理	☐能　☐不能	
5		汽车各线束连接方法	☐能　☐不能	
6	技能学习	能选4个探头A/B/C/D，安装后应保证在同一水平线上	☐能　☐不能	
7		能进行探头组装	☐能　☐不能	
8		能进行钻孔，必须选用配备开孔器钻孔	☐能　☐不能	
9		能根据不同车型，进行隐蔽辅线	☐能　☐不能	
经验积累与问题解决				
经验积累		问题解决		
签审	1. 小组意见： 　　　　　　　　　　　　年　月　日			评价等级认定
	2. 指导教师意见： 　　　　　　　　　　　　年　月　日			

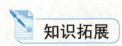知识拓展

行车记录仪的概念

行车记录仪可以说是汽车使用的黑匣子，借由发动引擎随即可以录像录影的功能，透过高清镜头摄影记录车辆行驶途中的影像及声音，当意外发生时，立刻提出证据，保障驾驶人自我权利，如图7－43所示。

安装行车记录仪后，能够记录汽车行驶全过程的视频图像和声音，内部的传感器能够设置冲击力的敏感度，当外界的冲击力大于所设置值，导致该冲击力的现场数据将被记录下来，可为交通事故提供证据。

图 7 – 43　行车记录仪

行车记录仪结构较简单，主要包括主机、电源连接线、电源适配器等组成，如图 7 – 44 所示。热销品牌主要有小米、360、盯盯拍、凌度、海康威视、飞利浦、70 迈等。

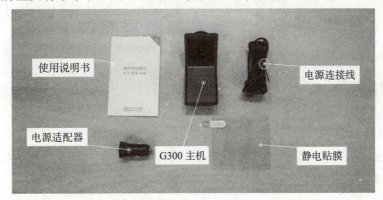

使用说明书

电源连接线

电源适配器

G300 主机

静电贴膜

图 7 – 44　行车记录仪组成

行车记录仪的种类很多，根据录制视频的分辨率分类：720P、1080P、1296P、1440P、1600P 等；根据屏幕尺寸分类：无屏幕 3 ~4.3 英寸、4.3 ~7 英寸、7 ~10 英寸、10 英寸以上等；根据操作方式：按键式、触屏式、APP 控制式；根据拍摄角度：90°以下、90° ~150°、150° ~180°；根据安装方式分为：通用单镜头、通用双镜头、专车专用单镜头、专车专用双镜头、专车专用四路摄像头等；根据款式分为：中控式、迷你隐藏式、智能后视镜式等；根据附加功能分为：GPS、电子狗、倒车影像、夜视加强、前后双录、停车监控、轨道偏离预警等。

学习小结

本任务首先介绍了汽车倒车雷达与影像的相关知识，并通过具体实操过程展示了如何在实车上进行作业。请同学们根据本任务的内容多练习，掌握实操流程和技巧。

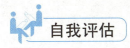自我评估

1. 填空题

1）倒车雷达（Parking Distance Control）是一种安装在汽车前、后保险杠上的电子侦测系统。

2）倒车影像系统是汽车泊车或倒车时的安全辅助装置，能以影像显示告知驾驶员周围障碍物的情况。

3）360度全景倒车影像是通过对专业相机捕捉整个场景的图像信息，使用软件进行图片拼合。

2. 判断题

1）全景泊车影像系统通过安装在车身前后的2个180°超广角摄像头。　　　　（×）

2）安装倒车雷达时需注意，安装高度：一般离地50～65厘米。　　　　　　（√）

3）对倒车雷达的性能要求主要有：灵敏度高、是否存在盲区、探测距离范围等。（√）

3. 选择题

探头装在后保险杠上，根据不同价格和品牌，探头有（ABCD）只不等。

A. 2　　　　　　　B. 3　　　　　　　C. 4　　　　　　　D. 6

任务2　安装车载导航仪

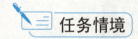

任务描述

客户王先生刚买的汽车配置比较低，没有配置车载导航仪，喜欢自驾游的他非常需要这个功能，于是来店安装导航仪。如果你是美容技师，请对此进行相应处理。

任务提示

根据任务要求，需要掌握汽车车载导航仪的相关知识，并能够在了解客户真实需求后为客户的汽车加装车载导航仪并解答客户的疑问。

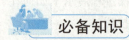

一、汽车车载导航仪基础知识

1. 车载导航仪概念

车载导航仪是帮助用户准确定位当前位置，并且根据既定的目的地计算行程，通过地图显示和语音提示两种方式引导用户行至目的地的仪器的行车辅助设备，如图7-45所示。

图7-45　车载导航仪

2. 车载导航仪功能

目前功能齐全的车载导航仪，结合了全球卫星定位系统（GPS）、地理信息系统（GIS）、全球移动通信系统（GSM）和计算机网络技术，能实现定位、导航、防盗、防劫、监控、商务信息服务等多项功能。

与此同时，在车上安装相应的探测传感器，利用车载GPS定位的GSM网络通信功能，同样能把防盗报警信息发送到第三方，或者把这个报警电话、短信直接发送到车主手机上，完成车载GPS防盗报警。这里可以看出，车载GPS定位的GSM网络部分实际上是一个智能手机，可以和第三方互相通信，还可以把车辆被抢，司机被劫、被绑架等信息发送到第三方，如图7-46所示。

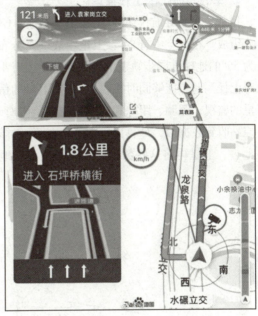

图7-46　导航地图

3. 车载导航仪的组成与功能

汽车车载导航仪是由芯片、天线、处理器、内存、显示屏、扬声器、按键、扩展功能插槽、地图导航软件9个主要部分组成，如图7-47所示。

图7-47　车载导航仪的组成

车载导航仪的简介

汽车导航系统光有 GPS 系统还不够，它只能够接收 GPS 卫星发送的数据，计算出用户的三维位置、方向以及运动速度和时间方面的信息，没有路径计算能力。用户手中的 GPS 接收设备要想实现路线导航功能还需要一套完善的包含硬件设备、电子地图、导航软件在内的汽车导航系统。

目前，车载导航仪的功能很多，主要包括：（1）实景 3D 地图导航；（2）真彩高清数字屏；（3）智能数字操作平台；（4）支持 CMMB 数字电视；（5）支持倒车后视；（6）支持碟箱功能；（7）一键式蓝牙免提；（8）FM/AM 收音；（9）多媒体播放；（10）数码高低音控制；（11）支持 SD/USB；（12）支持画中画。

4. 车载导航仪的工作原理

目前，车载导航仪主要采用 GPS 导航。GPS 是由空间卫星、地面监控和用户接收等三大部分组成。在太空中有 24 颗卫星组成一个分布网络，分别分布在 6 条离地面 2 万千米、倾斜角为 55°的地球准同步轨道上，每条轨道上有 4 颗卫星。GPS 卫星每隔 12 小时绕地球一周，使地球上任一地点能够同时接收 7 ~ 9 颗卫星的信号。地面共有 1 个主控站和 5 个监控站负责对卫星的监视、遥测、跟踪和控制。它们负责对每颗卫星进行观测，并向主控站提供观测数据。主控站收到数据后，计算出每颗卫星在每一时刻的精确位置，并通过 3 个注入站将它传送到卫星上去，卫星再将这些数据通过无线电波向地面发射至用户接收端设备，如图 7 - 48 所示。

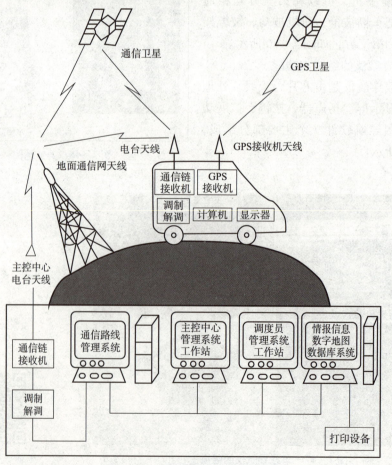

图 7 - 48　车载导航仪的工作原理

这个系统最初是由美国陆海空三军于 20 世纪 70 年代联合研制的，它的主要目的是为陆、海、空三大领域提供实时、全天候和全球性的导航服务，用于情报收集、核爆监测和应急通信等一些军事目的，是美国独霸全球战略的重要部署。GPS 系统历经 20 余年的研究实验，耗资 300 亿美元，直到 1994 年 3 月全球覆盖率高达 98% 的 24 颗 GPS 卫星星座才正式布设完成。现在 GPS 系统的应用不仅局限在军事领域内，而是发展到汽车导航、大气观测、地理勘测、海洋救援、载人航天器防护探测等各个领域。当前，我国北斗卫星已全部布置完毕，我国自主研发的导航系统必将走出国门、服务全球。

5. 车载导航仪发展趋势

（1）信息终端融合化。

汽车导航技术与汽车电子技术的高度融合将是未来技术发展的主要趋势，可以提供动态交通信息、行驶状况信息、通信服务综合信息，配备播放 DVD/VCD/CD/MP3、移动电视、可视化倒车雷达、车载电话、互联网、车辆信息显示、车身故障诊断以及车载办公功能等，满足人们全方位的信息需求，如图 7-49 所示。

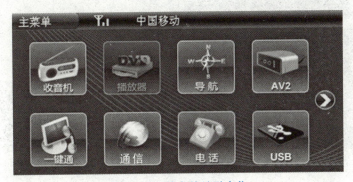

图 7-49　信息终端融合化

（2）交通信息实时化。

支持实时交通信息的智能导航将成为未来的技术亮点。支持实时交通信息的智能导航系统可以接收经过"道路交通信息中心"编辑、处理后的实时道路交通信息，如交通堵塞、交通限制等信息，通过导航计算模块的处理后以文字、语音、图像和地图等形式呈现给驾车者，如图 7-50 所示。

图 7-50　交通信息实时化

（3）信息服务平台化。

通过先进的通信技术人们可以方便地获取网络上的各种信息资源和服务内容。在车载导航系统中，与通信技术紧密结合的通信导航和综合信息服务平台也将成为应用的热点，如图7-51所示。

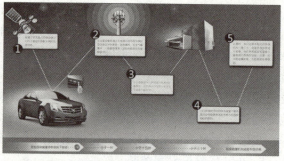

图7-51　信息服务平台化

二、汽车车载导航仪安装步骤

（1）拆掉面板装饰框。用内饰拆装工具中的塑料翘板撬开原车面板装饰框，拆卸时注意不要使用蛮力，避免损坏装饰框，如图7-52所示。

图7-52　拆掉面板装饰框

车载导航仪的安装

（2）拔掉警示灯连接线、解锁键连接线。拆开面板装饰框后，不要用力拉扯，首先应小心地拔掉警示灯连接线、解锁键连接线等线束，如图7-53所示。

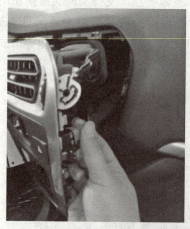
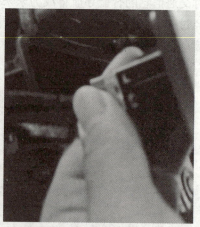

图7-53　拔掉警示灯连接线、解锁键连接线

（3）取下储物盒。拔掉线束后，用世达工具中的螺丝刀拧松螺丝，取下储物盒，如图7-54所示。

图 7 - 54　取下储物盒

（4）用专用钥匙取出 CD 主机，并拔掉主机各连接线，如图 7 - 55 所示。

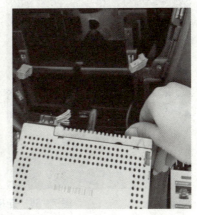

图 7 - 55　取出 CD 主机

（5）拆下需要再次使用的空调出风口和按钮，准备新的导航主机，如图 7 - 56 所示。

图 7 - 56　拆下空调按钮

（6）连接导航主机转换线，布置 USB 线，一端到副驾驶储物箱内，另一端与主机相连，如图 7 - 57 所示。

图 7-57　连接导航主机转换线

（7）连接收音机转换线，布置导航卫星天线，布置卫星天线时需要注意不要损坏线束，如图 7-58 所示。

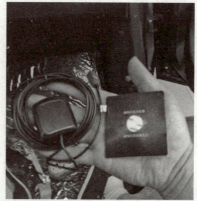

图 7-58　连接收音机转换线

（8）布置后视摄像头连接线，一端布线到后备厢内，另一端与导航相连，这个过程比较烦琐，需要沿着车辆地板或者顶棚的边缘进行布线，如图 7-59 所示。

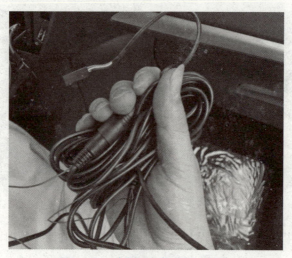

图 7-59　布置后视摄像头连接线

（9）布线完成后，连接导航主机的各个线束，线束接口通常都是一一对应，不会接错，如图7-60所示。

图7-60 连接主机

（10）连接警示灯连接线，解锁键连接线，如图7-61所示。

图7-61 连接警示灯连接线

（11）将主机固定到车上，并通电测试，检查功能是否正常，如图7-62所示。

图7-62 功能检查

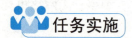任务实施

一、准备工作

（1）防护装备：车内外三件套。

（2）实训车辆：大众宝来汽车等。

（3）工具设备：万用表、专用撬板、工具箱等。

（4）辅助资料：汽车维修手册、教材。

二、实施步骤

根据实训室的车辆配置，完成以下相关的操作：

1）准备好汽车车载导航仪加装所需要的工具和设备。

2）按步骤完成汽车车载导航仪加装作业。

3）完成实训任务后，对工作过程进行自我评价，提交实训工作单，接受指导老师的技能考核。

4）整理并清洁工作场所，清点和收拾借出的工具、设备和资料，交回实训室。

安装车载导航仪任务单如表7-3所示。

表7-3 安装车载导航仪任务单

安装车载导航仪		工作任务单	班级：
			姓名：
1. 学习任务 客户王先生刚买的汽车配置比较低，没有配置车载导航仪，喜欢自驾游的他非常需要这个功能，来店安装导航仪。如果你是美容技师，请对此进行相应处理			
任务		自测标准	学习建议
1.1 资料准备	防护装备	车内外三件套	"工欲善其事，必先利其器。"完成好学习任务的第一步是要熟悉并掌握汽车美容与装饰作业相关的工具设备，做好准备工作
	实训车辆	实训汽车两辆	
	工具设备	万用表、专用撬板、工具箱等	
	辅助资料	汽车维修手册、教材	
1.2 实施步骤	拆掉面板装饰框	用内饰拆装工具中的塑料翘板撬开原车面板装饰框	汽车导航技术与汽车电子技术的高度融合将是未来技术发展的主要趋势，可以提供动态交通信息、行驶状况信息、通信服务综合信息，配备播放DVD/VCD/CD/MP3、移动电视、可视化倒车雷达、车载电话、互联网、车辆信息显示、车身故障诊断以及车载办公功能等，满足人们全方位的信息需求
	拆线	拔掉警示灯连接线、解锁键连接线	
	拆卸零部件	拆卸储物盒、CD主机、空调出风口等	

续表

任务		自测标准	学习建议
1.2 实施步骤	连线	连接导航主机转换线，布置USB线，一端到副驾驶储物箱内，另一端与主机相连	
	布线	布置导航卫星天线和后视摄像头连接线，一端布线到后备厢内，另一端与导航相连	
	功能检测	将主机固定到车上，并通电测试，检查功能是否正常	

2. 学习笔记

1）汽车车载导航仪的种类和作用有哪些？

2）汽车车载导航仪的施工工艺有哪些？

3）汽车车载导航仪的注意事项有哪些？

三、任务评价

安装车载导航仪任务评价如表7-4所示。

表7-4 安装车载导航仪任务评价

序号	项目	内容	程度	不能的原因
1	知识学习	汽车车载导航仪组成及原理	□能 □不能	
2		汽车车载导航仪的分类与作用	□能 □不能	
3		汽车车载导航仪加装注意事项	□能 □不能	
4		汽车线路接线原理	□能 □不能	
5		汽车各线束连接方法	□能 □不能	

续表

序号	项目	内容	程度	不能的原因
6	技能学习	能先插上对应插孔，检测产品性能并调试好	□能 □不能	
7		能拆卸中控面板	□能 □不能	
8		能加装完毕后，进行功能调试	□能 □不能	
9		能完成车载导航仪的安装作业	□能 □不能	

经验积累与问题解决		
经验积累		问题解决

签审	1. 小组意见： 年　月　日	评价等级认定
	2. 指导教师意见： 年　月　日	

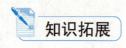

知识拓展

北斗卫星导航系统

中国北斗卫星导航系统（BeiDou Navigation Satellite System，BDS）是中国自行研制的全球卫星导航系统，也是继 GPS、GLONASS 之后的第三个成熟的卫星导航系统。北斗卫星导航系统和美国 GPS、俄罗斯 GLONASS、欧盟 GALILEO，是联合国卫星导航委员会已认定的供应商。

北斗卫星导航系统由空间段、地面段和用户段三部分组成，可在全球范围内全天候、全天时为各类用户提供高精度、高可靠定位、导航、授时服务，并且具备短报文通信能力，已经初步具备区域导航、定位和授时能力，定位精度为分米、厘米级别，测速精度 0.2 米/秒，授时精度 10 纳秒。

2020 年 7 月 31 日上午，北斗三号全球卫星导航系统正式开通。目前，全球范围内已经有 137 个国家与北斗卫星导航系统签定合作协议。随着全球组网的成功，北斗卫星导航系统未来的国际应用空间将会不断扩展。2020 年 12 月 15 日，北斗导航装备与时空信息技术铁路行业工程研究中心成立，如图 7-63 所示。

中国高度重视北斗系统建设发展，自 20 世纪 80 年代开始探索适合国情的卫星导航系统发展道路，形成了"三步走"发展战略：2000 年年底，建成北斗一号系统，向中国提供服务；2012 年年底，建成北斗二号系统，向亚太地区提供服务；2020 年，建成北斗三号系统，向全球提供服务。

图7－63　北斗三号全球卫星导航系统

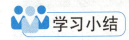 **学习小结**

　　本任务首先介绍了汽车车载导航仪的相关知识，并通过具体实操过程展示了如何在实车上进行加装车载导航仪作业。请同学们根据本任务的内容多练习，掌握实操流程和技巧。

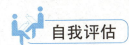 **自我评估**

1. 填空题

　　1）车载导航仪是帮助用户准确定位当前位置，并且根据既定的目的地计算行程，通过地图显示和语音提示两种方式引导用户行至目的地的仪器的行车辅助设备。

　　2）汽车车载导航仪是由芯片、天线、处理器、内存、显示屏、扬声器、按键、扩展功能插槽、地图导航软件9个主要部分组成。

　　3）连接导航仪主机转换线，布置USB线，一端到副驾驶储物箱内，另一端与主机相连。

2. 判断题

　　1）目前车载导航只能采用美国GPS系统。　　　　　　　　　　　　　　　（ × ）

　　2）利用车载GPS定位的GSM网络通信功能，同样能把防盗报警信息发送到第三方。

　　　　　　　　　　　　　　　　　　　　　　　　　　　　　　　　　　　（ √ ）

　　3）我国北斗导航已经研发成功。　　　　　　　　　　　　　　　　　　　（ √ ）

3. 选择题

　　车载导航仪发展趋势主要有（ABC）等。

A. 信息终端融合化　　　　　　B. 交通信息实时化

C. 信息服务平台化　　　　　　D. 交通信息共享化

 阅读之窗

人民安全是国家安全的宗旨

道路千万条，安全第一条。行车安全是重中之重，是第一等的大事。当前，很多高档轿车都有很多主动安全配置，自适应巡航、360°全景影像、主动刹车等，低配的车辆也可以加装。关于安全总书记也说过，保证国家安全、人民安全是头等大事。

"安而不忘危，存而不忘亡，治而不忘乱。"坚持总体国家安全观，是习近平新时代中国特色社会主义思想的重要内容。总书记围绕总体国家安全观发表了一系列重要论述，立意高远，内涵丰富，思想深邃。

以人民安全为宗旨，以政治安全为根本，走出一条中国特色国家安全道路。当前，我国国家安全内涵和外延比历史上任何时候都要丰富，时空领域比历史上任何时候都要宽广，内外因素比历史上任何时候都要复杂，必须坚持总体国家安全观，以人民安全为宗旨，以政治安全为根本，以经济安全为基础，以军事、文化、社会安全为保障，以促进国际安全为依托，走出一条中国特色国家安全道路。